大数据管理会计分析

（微课版）

主　编　赵天宇
参　编　李　淇　吴旖阳　郑茹心
　　　　胡生鸿　段佳昱　杨芳鑫
　　　　朱文帅　汪誉东

北京理工大学出版社
BEIJING INSTITUTE OF TECHNOLOGY PRESS

内 容 简 介

《大数据管理会计（微课版）》是一本以读者为中心、融合理论与实践的教材，旨在适应信息时代企业数据量爆炸增长的需求，提升企业竞争力。该教材通过大数据技术，对企业的财务和非财务数据进行深入分析，提高决策质量和效率。

教材分为三大模块：理论模块、技术模块和实践应用模块。理论模块包括大数据的起源、定义和特征及其对管理会计的影响，以及大数据管理会计的数据基础，包括财务数据、业务数据和关联数据和数据来源和类型。技术模块包括大数据管理会计的 Python 基础，包含数据清洗、数据分析和数据可视化技术。实践应用模块包括大数据管理会计在战略分析、预算分析、全面质量管理、绩效评价、风险管理、企业价值评估和财务报表分析等领域的应用，帮助读者掌握数据收集、预处理、模型构建、训练、测试和可视化的各个环节。

本书可作为普通高等院校会计学、财务管理等专业用书，也可供企业相关职业人员使用。

版权专有　侵权必究

图书在版编目（CIP）数据

大数据管理会计分析：微课版 / 赵天宇主编.
北京：北京理工大学出版社，2025.1.
ISBN 978-7-5763-4716-6

Ⅰ．F275.2

中国国家版本馆 CIP 数据核字第 2025R9N138 号

责任编辑：申玉琴	**文案编辑**：申玉琴	
责任校对：刘亚男	**责任印制**：李志强	

出版发行 / 北京理工大学出版社有限责任公司
社　　址 / 北京市丰台区四合庄路 6 号
邮　　编 / 100070
电　　话 / (010) 68914026（教材售后服务热线）
　　　　　　 (010) 63726648（课件资源服务热线）
网　　址 / http://www.bitpress.com.cn

版 印 次 / 2025 年 1 月第 1 版第 1 次印刷
印　　刷 / 涿州市新华印刷有限公司
开　　本 / 787 mm×1092 mm　1/16
印　　张 / 17.25
字　　数 / 402 千字
定　　价 / 92.00 元

图书出现印装质量问题，请拨打售后服务热线，负责调换

前 言

在数字化浪潮席卷全球的今天，财务领域也迎来了前所未有的变革。党的二十大报告明确提出，要"加快建设制造强国、质量强国、航天强国、交通强国、网络强国、数字中国"，并强调"构建新发展格局，推动高质量发展"的战略目标，要求"深化要素市场化改革，建设高标准市场体系，健全现代预算制度，优化税制结构"。这一顶层设计为财务数字化转型注入了强劲的政策动力，也为管理会计与新兴技术的深度融合指明了方向。

在数字经济与实体经济深度融合的背景下，传统会计分析方法正逐渐被高效、精准的大数据算法所取代。二十大报告进一步指出需"实施产业基础再造工程和重大技术装备攻关工程，推动制造业高端化、智能化、绿色化发展"，这要求企业必须依托大数据技术重构管理会计体系，从战略高度实现资源优化配置与风险动态管控。例如，通过实时数据分析优化供应链效率、基于算法模型预测市场趋势，均是响应"提升战略性资源供应保障能力"的具体实践。同时，财政部在《会计改革与发展"十四五"规划纲要》中明确要求以数字化技术推动会计职能向"价值管理"和"决策支持"转型，强调数据标准化与业财融合的必要性，这与二十大报告中"完善宏观经济治理体系"的要求形成政策闭环。

正是基于这样的背景，本教材将大数据算法与管理会计分析相结合，以期为广大读者提供一本系统、实用的学习指南。本教材从大数据的起源、定义及特征入手，深入剖析了大数据管理会计的相关概念以及产生和发展的过程。本教材首先详细介绍了大数据管理会计的数据范围、数据来源以及数据类型等内容，为读者在实际学习中提供有力的数据支持。然后详细探讨了大数据技术在管理会计中的应用场景，包括战略分析、预算分析、全面质量管理分析、绩效评价、风险管理分析、企业价值评估以及管理会计报告分析等。

本教材特别注重理论与实践的结合，通过引入大量的实际案例和数据分析，帮助读者更好地理解和应用大数据管理会计的理论知识。本教材的特色主要有以下三点。

一、跨学科融合，创新视角

本教材打破了传统会计学教材的框架，将大数据算法与管理会计分析紧密结合，展现了跨学科融合的魅力。本教材不仅介绍了常见的大数据算法，如可视化算法、LSTM 算法、随机森林和逻辑回归算法以及文本分析算法等，还深入探讨了这些算法在管理会计领域的应用，如战略管理、预算管理、绩效管理、风险管理等领域。这种创新视角使读者能够从一个全新的角度理解管理会计，掌握现代财务分析的前沿技术。

二、案例丰富，实践性强

为了加深读者对理论知识的理解，本教材在编写过程中注重案例的引入。本教材精选了多个具有代表性的企业案例，通过分析这些案例中的实际问题，展示了大数据算法在管理会计分析中的具体应用。这些案例不仅涵盖了不同行业、不同规模的企业，还涉及了不同的数据场景和分析需求，使读者能够在实践中加深对理论知识的理解和掌握。

三、技术前沿，更新迅速

大数据技术的发展日新月异，本教材在编写过程中注重跟踪前沿技术，及时更新教材内容。本教材关注最新的算法研究成果和技术应用动态，将其纳入教材中，使读者能够了解并掌握最新的大数据技术和应用方法。同时，还将在教材的后续版本中不断更新和完善内容，确保教材的时效性和实用性。

本教材由赵天宇担任主编，负责教材的总体框架设计与统稿。各章具体编写分工如下：赵天宇负责编写第1章、第2章、第6章，胡生鸿负责编写第3章，段佳昱负责编写第4章，李淇负责编写第5章、第7章，吴旖阳负责编写第8章、第9章，郑茹心负责编写第10章、第11章。教材相关视频资源的录制还得到了杨芳鑫、朱文帅、汪誉东的大力帮助。

本教材属于江西财经大学智能会计专业系列教材之一，获批江西财经大学"信毅教材大系"立项资助，在编写和出版的过程中得到了江西财经大学以及会计学院领导的大力支持。同时，也要感谢北京理工大学出版社的编辑，他们的辛勤付出使得本教材能够顺利出版。

当然，由于大数据在管理会计领域的应用仍在不断发展变化中，教材中难免存在不足之处。恳请各位专家、同行以及广大读者批评指正。

编 者

2024年4月于江西财经大学

目录

1 大数据管理会计概述 …………………………………………………… (001)
  1.1 大数据管理会计相关概念 ………………………………………… (002)
    1.1.1 大数据的起源、定义及特征 ………………………………… (002)
    1.1.2 管理会计的定义和特征 ……………………………………… (003)
    1.1.3 大数据管理会计的定义和特征 ……………………………… (005)
  1.2 大数据管理会计的产生和发展 …………………………………… (006)
    1.2.1 大数据管理会计的产生 ……………………………………… (006)
    1.2.2 大数据管理会计的发展 ……………………………………… (007)
  1.3 大数据技术在管理会计中的应用场景 …………………………… (008)
    1.3.1 大数据技术在战略管理中的应用 …………………………… (008)
    1.3.2 大数据技术在预算管理中的应用 …………………………… (010)
    1.3.3 大数据技术在绩效管理中的应用 …………………………… (011)
    1.3.4 大数据技术在风险管理中的应用 …………………………… (012)
    1.3.5 大数据技术在投资管理中的应用 …………………………… (013)
    1.3.6 大数据技术在管理会计报告中的应用 ……………………… (014)

2 大数据管理会计的数据基础 …………………………………………… (018)
  2.1 大数据管理会计的数据范围 ……………………………………… (019)
    2.1.1 财务数据的范围 ……………………………………………… (019)
    2.1.2 业务数据的范围 ……………………………………………… (020)
    2.1.3 关联数据的范围 ……………………………………………… (021)
  2.2 大数据管理会计的数据来源 ……………………………………… (021)
  2.3 大数据管理会计数据类型 ………………………………………… (022)
    2.3.1 结构化数据 …………………………………………………… (023)
    2.3.2 半结构化数据 ………………………………………………… (025)
    2.3.3 非结构化数据 ………………………………………………… (026)

3 大数据管理会计的 Python 基础 ·· (029)

3.1 数据清洗技术 ··· (030)
3.1.1 空缺值处理 ··· (030)
3.1.2 异常值处理 ··· (031)
3.1.3 重复值处理 ··· (033)
3.1.4 数据格式统一 ··· (034)
3.1.5 数据类型转换 ··· (035)
3.1.6 数据一致性检验 ··· (035)
3.1.7 数据整合和合并 ··· (037)

3.2 数据分析技术 ··· (038)
3.2.1 描述性统计分析 ··· (038)
3.2.2 探索性数据分析 ··· (039)
3.2.3 数据挖掘 ··· (041)
3.2.4 预测分析 ··· (044)
3.2.5 数据可视化 ··· (047)
3.2.6 关联分析 ··· (049)
3.2.7 文本挖掘和情感分析 ··· (050)
3.2.8 假设检验和统计推断 ··· (052)
3.2.9 数据驱动的决策支持 ··· (053)

3.3 数据可视化技术 ··· (055)
3.3.1 柱形图 ··· (055)
3.3.2 饼图 ··· (056)
3.3.3 散点图 ··· (057)
3.3.4 词云图 ··· (058)
3.3.5 雷达图 ··· (059)

4 基于可视化算法的战略分析 ·· (062)

4.1 理论概述 ··· (063)
4.1.1 战略分析 ··· (063)
4.1.2 张氏战略分析法 ··· (063)
4.1.3 战略激进度 ··· (065)

4.2 流程分析 ··· (065)
4.2.1 张氏战略分析法流程分析 ··· (065)
4.2.2 战略激进度分析流程 ··· (069)

4.3 具体流程 ··· (070)
4.3.1 张氏战略分析法具体流程 ··· (070)
4.3.2 战略激进度分析具体流程 ··· (088)

5 基于 LSTM 算法的预算分析 ·· (101)

5.1 理论概述 ··· (102)

		5.1.1	销量预算及现金流预算 ……………………………… (102)
		5.1.2	时间序列 ……………………………………………… (103)
		5.1.3	神经网络 ……………………………………………… (103)
		5.1.4	循环神经网络 ……………………………………… (103)
		5.1.5	LSTM …………………………………………………… (103)
	5.2	流程分析 …………………………………………………… (103)
		5.2.1	销量预测流程分析 ………………………………… (103)
		5.2.2	现金流预算流程分析 ……………………………… (105)
	5.3	具体流程 …………………………………………………… (111)
		5.3.1	销量预测具体流程 ………………………………… (111)
		5.3.2	现金流预算具体流程 ……………………………… (118)

6 基于 Streamlit 框架的全面质量管理分析 ……………………… (128)

6.1	理论概述 …………………………………………………………… (130)
	6.1.1 全面质量管理 ……………………………………………… (130)
	6.1.2 Streamlit 框架 …………………………………………… (131)
6.2	流程分析 …………………………………………………………… (133)
6.3	具体流程 …………………………………………………………… (136)
	6.3.1 数据处理 ……………………………………………………… (136)
	6.3.2 面板设计 ……………………………………………………… (137)
	6.3.3 可视化结果呈现 ……………………………………………… (137)

7 基于主客观组合赋权算法的绩效评价 …………………………… (143)

7.1	理论概述 …………………………………………………………… (144)
	7.1.1 企业绩效评价 ……………………………………………… (144)
	7.1.2 主成分分析法 ……………………………………………… (145)
	7.1.3 层次分析法 ………………………………………………… (145)
	7.1.4 熵值法 ……………………………………………………… (145)
	7.1.5 CRITIC 法 ………………………………………………… (145)
7.2	流程分析 …………………………………………………………… (146)
	7.2.1 数据收集 ……………………………………………………… (146)
	7.2.2 数据预处理 ………………………………………………… (148)
	7.2.3 主成分分析法流程分析 …………………………………… (148)
	7.2.4 层次分析法流程分析 ……………………………………… (150)
	7.2.5 熵值法流程分析 …………………………………………… (151)
	7.2.6 CRITIC 法流程分析 ……………………………………… (152)
	7.2.7 层次分析法-熵值法组合流程分析 ……………………… (153)
7.3	具体流程 …………………………………………………………… (153)
	7.3.1 数据收集 ……………………………………………………… (153)
	7.3.2 数据预处理 ………………………………………………… (154)

7.3.3　主成分分析法具体流程 ·· (156)
　　　7.3.4　层次分析法具体流程 ·· (157)
　　　7.3.5　熵值法具体流程 ··· (161)
　　　7.3.6　CRITIC法具体流程 ·· (164)
　　　7.3.7　层次分析法-熵值法组合具体流程 ······························ (166)
　　　7.3.8　基于主客观赋权绩效评分可视化 ································ (168)

8　基于随机森林和逻辑回归算法的风险管理分析 ··············· (173)

　8.1　概念介绍 ·· (174)
　　　8.1.1　风险管理 ·· (174)
　　　8.1.2　随机森林算法 ·· (174)
　　　8.1.3　逻辑回归算法 ·· (175)
　　　8.1.4　过采样和欠采样 ··· (176)
　8.2　流程分析 ·· (176)
　　　8.2.1　基于随机森林算法的财务舞弊识别流程分析 ················ (176)
　　　8.2.2　基于逻辑回归算法的财务困境识别流程分析 ················ (181)
　8.3　具体流程 ·· (184)
　　　8.3.1　基于随机森林算法的财务舞弊识别具体流程 ················ (184)
　　　8.3.2　基于逻辑回归算法的财务困境识别具体流程 ················ (188)

9　基于BP神经网络算法的企业价值评估 ························· (195)

　9.1　理论概述 ·· (196)
　　　9.1.1　企业价值评估 ·· (196)
　　　9.1.2　神经网络 ·· (196)
　　　9.1.3　BP神经网络 ·· (196)
　9.2　流程分析 ·· (196)
　　　9.2.1　数据收集 ·· (197)
　　　9.2.2　数据预处理 ·· (198)
　　　9.2.3　BP神经网络模型构建 ··· (198)
　　　9.2.4　模型结果与可视化 ··· (201)
　9.3　具体流程 ·· (201)
　　　9.3.1　数据收集 ·· (201)
　　　9.3.2　数据预处理 ·· (202)
　　　9.3.3　模型构建 ·· (203)
　　　9.3.4　模型训练 ·· (206)

10　基于文本分析算法的企业管理会计报告分析 ··············· (212)

　10.1　理论概述 ··· (213)
　　　10.1.1　管理层语调 ·· (213)
　　　10.1.2　文本分析 ··· (213)

10.1.3　正则匹配 ………………………………………………………………… (214)
　　10.1.4　语义网络 ………………………………………………………………… (214)
　　10.1.5　情感分析 ………………………………………………………………… (214)
10.2　流程分析 ……………………………………………………………………………… (215)
　　10.2.1　数据收集 ………………………………………………………………… (215)
　　10.2.2　数据预处理 ……………………………………………………………… (215)
　　10.2.3　文本分析 ………………………………………………………………… (215)
　　10.2.4　情感分析 ………………………………………………………………… (217)
10.3　具体流程 ……………………………………………………………………………… (217)
　　10.3.1　数据收集 ………………………………………………………………… (217)
　　10.3.2　数据预处理 ……………………………………………………………… (217)
　　10.3.3　文本分析 ………………………………………………………………… (220)
　　10.3.4　情感分析 ………………………………………………………………… (226)
　　10.3.5　分析结果可视化 …………………………………………………………… (229)

11　基于管理层驾驶舱的企业财务报表分析 ……………………………………………… (233)
11.1　理论概述 ……………………………………………………………………………… (234)
　　11.1.1　管理层驾驶舱 ……………………………………………………………… (234)
　　11.1.2　财务报表分析 ……………………………………………………………… (234)
11.2　流程分析 ……………………………………………………………………………… (235)
11.3　具体流程 ……………………………………………………………………………… (235)
　　11.3.1　基于盈利能力的管理层驾驶舱分析 ……………………………………… (235)
　　11.3.2　基于偿债能力的管理层驾驶舱分析 ……………………………………… (244)
　　11.3.3　基于营运能力的管理层驾驶舱分析 ……………………………………… (245)
　　11.3.4　基于发展能力的管理层驾驶舱分析 ……………………………………… (245)
　　11.3.5　四大面板整合 ……………………………………………………………… (246)

参考文献 …………………………………………………………………………………… (249)

练习题参考答案 …………………………………………………………………………… (256)

1 大数据管理会计概述

章节引入

在21世纪的商业领域,大数据已经渗透到企业管理的每一个角落,成为推动企业创新和增长的关键动力。大数据管理会计作为一门新兴学科,它将传统的管理会计理念与现代的大数据技术相结合,为企业的决策制定、风险控制和绩效提升提供了全新的视角和工具。本章将深入探讨大数据管理会计的相关概念;通过历史发展的脉络,揭示大数据如何重塑管理会计的实践,并展望这一领域的未来发展;分析大数据技术如何帮助企业从海量数据中提取有价值的信息,以及这些信息如何转化为企业战略规划和日常运营中的具体行动。

章节分析

本章回顾了大数据的起源,阐述了大数据的定义及"4V"特征——体量大(Volume)、速度快(Velocity)、类型多(Variety)和价值密度低(Value),并介绍了IBM提出的第五个特征——真实性(Veracity),探讨了管理会计的定义和特征,突出了管理会计在企业中的价值创造和维护作用;定义了大数据管理会计,并讨论了其在数据规模、数据类型、实时性要求、数据质量、数据驱动决策、敏捷性、综合性等方面的特征。

学习目标

知识目标
- 理解大数据的起源、发展以及在管理会计中的应用。
- 掌握大数据管理会计的定义和核心特征。
- 掌握管理会计的基本职责和它在企业中的作用。

能力目标
- 能够分析和解释大数据在管理会计中的具体应用案例。

素质目标
- 培养数据驱动的决策思维,提高数据分析能力。
- 发展创新意识,学会运用大数据技术解决管理会计问题。

1.1 大数据管理会计相关概念

1.1.1 大数据的起源、定义及特征

(1)起源。

从远古时代的"结绳记事"开始,数据一直伴随着人类社会的发展和变迁。人类使用数据的记录可以追溯到 7 000 多年前,美索不达米亚文明引入会计记录作物生长和放牧,直到以计算机为代表的现代信息技术出现后,人类掌握数据、处理数据的能力才实现了质的跃升。第二次世界大战期间,英国人发明了破解纳粹密码的机器,这台机器被称为 Colossus,它以每秒五千个字符的创纪录速度工作。

大数据作为一种概念和思潮由计算领域发端,之后逐渐延伸到科学和商业领域。在 1980 年,未来学家阿尔文·托夫勒在其作品《第三次浪潮》中曾提到过大数据,并认为大数据是"第三次浪潮"的华彩乐章。伴随着互联网和超级计算机的出现,在 20 世纪 90 年代,数据以指数速度增长。1998 年,《纽约时报》将大数据一词的首次使用归功于 John Mashey。2008 年,《自然》杂志提出了大数据的概念,大数据开始在信息技术行业受到重视。2011 年,麦肯锡全球研究院宣布大数据时代已经到来,并发表《大数据:下一个创新、竞争和生产率的前沿》,此后,各国政府也开始大力推动大数据产业发展。2012 年,奥巴马政府发布《大数据研究和发展计划》,启动 2 亿美元的大数据研发计划,旨在推动大数据基础研究。2015 年,我国国务院发布《促进大数据发展行动纲要》,提出了未来 5~10 年我国大数据发展的具体目标、任务。2017 年 1 月,《大数据产业发展规划(2016—2020 年)》正式发布,全面制定了未来五年的大数据产业发展规划,为"十三五"时期大数据产业的持续健康发展确立了目标与路径。2020 年 5 月,《关于工业大数据发展的指导意见》发布,推动了工业数据全面采集和工业数据开放共享。

(2)定义。

对于大数据,目前并没有一个权威的定义,但不同的组织给出了不同的定义。

研究机构 Gartner 从描述数据的系统过程出发给出了这样的定义:大数据是需要新的处理模式才能具有更强的决策力、洞察发现力和流程优化能力来适应海量、高增长率和多样化的信息资产。

麦肯锡全球研究所基于数据特征的视角将大数据定义为一种规模大到在获取、存储、管理、分析方面大大超出了传统数据库软件工具能力范围的数据集合,具有海量的数据规

模、快速的数据流转、多样的数据类型和价值密度低四大特征。

大数据技术的战略意义不在于掌握庞大的数据信息，而在于对这些含有意义的数据进行专业化处理。换而言之，如果把大数据比作一种产业，那么这种产业实现盈利的关键，在于提高对数据的"加工能力"，通过"加工"实现数据的"增值"。从技术上看，大数据与云计算的关系就像一枚硬币的正反面一样密不可分。大数据必然无法用单台的计算机进行处理，必须采用分布式架构。它的特色在于对海量数据进行分布式数据挖掘，但必须依托云计算的分布式处理、分布式数据库和云存储、虚拟化技术。

随着云时代的来临，大数据也吸引了越来越多的关注。分析师团队认为，大数据通常用来形容一个公司创造的大量非结构化数据和半结构化数据，这些数据在下载到关系型数据库用于分析时会花费过多时间和金钱。大数据分析常和云计算联系到一起，因为实时的大型数据集分析需要类似 MapReduce 一样的框架来向数十台、数百台甚至数千台的计算机分配工作。适用于大数据的技术，包括大规模并行处理（MPP）数据库、数据挖掘、分布式文件系统、分布式数据库、云计算平台、互联网和可扩展的存储系统。

(3) 特征。

大数据的特征的概念首先由维克托·迈尔·舍恩伯格和肯尼斯·库克耶在他们编写的《大数据时代》一书中提出，通常称为大数据的"4V"特征。后来，IBM 提出大数据的"5V"特征：大量（Volume）、高速（Velocity）、多样性（Variety）、低价值密度（Value）、真实性（Veracity）。

第一，大量。数据量大，即采集、存储和计算的数据量都非常大。大数据的起始计量单位是 TB（1024 GB）、PB（1024 TB）。

第二，高速。数据增长速度快，处理速度也快，时效性要求高。比如，搜索引擎要求几分钟前的新闻能够被用户查询到，个性化推荐算法要求尽可能实时完成推荐。这是大数据区别于传统数据挖掘的显著特征。

第三，多样性。种类和来源多样化。种类上包括结构化、半结构化和非结构化数据，具体表现为网络日志、音频、视频、图片、地理位置信息等，数据的多类型对数据处理能力提出了更高的要求。数据可以由传感器等自动收集，也可以由人手工记录。

第四，低价值密度。数据价值密度相对较低。随着互联网及物联网的广泛应用，信息感知无处不在，信息量大，但价值密度较低。如何结合业务逻辑并通过强大的机器算法来挖掘数据的价值，是大数据时代最需要解决的问题。

第五，真实性。数据的准确性和可信赖度高，即数据的质量高。数据本身如果是虚假的，那么它就失去了存在的意义，因为任何通过虚假数据得出的结论都可能是错误的，甚至是相反的。

1.1.2 管理会计的定义和特征

(1) 定义。

管理会计（Management Accounting），就是成本管理会计的简称，是一个管理学名词。管理会计是从传统的会计系统中分离出来，与财务会计并列，着重为企业进行最优决策，改善经营管理，提高经济效益服务的一个企业会计分支。为此，管理会计需要针对企业管理部门编制计划、做出决策、控制经济活动的需要，记录和分析经济业务，捕捉和呈报管理信息，并直接参与决策控制过程。

管理会计包括成本会计和管理控制系统两大组成部分。研究管理会计技术方法的演进，是以历史和发展的眼光，审视管理会计各个阶段的变化和发展，结合考察管理会计研究焦点的演变及未来管理会计工作的变动趋势，试图从中得出对管理会计学术研究和实务运用有益的启示。管理会计在企业的财务管理活动中起到越来越重要的作用。在管理会计的核心理念中，价值的创造与维护是最为重要的两点。基于此，管理会计是实现企业的战略、业务、财务一体化最有效的工具。

管理会计的主要职责包括以下几个方面。

第一，成本核算和成本管理。管理会计负责确定和分析产品、服务或项目的成本，并提供与成本相关的信息和报告。这有助于管理层了解成本结构、成本效益和成本控制的情况，以支持经营决策。

第二，预算制定和控制。管理会计参与制定组织的预算，为管理层提供预算相关的信息和报告。这有助于管理层设定目标、跟踪绩效、评估预算执行情况，并及时采取行动进行调整。

第三，绩效评估和管理。管理会计通过制定和分析关键绩效指标（KPIs），评估组织的绩效和业务成果。通过监测和比较实际绩效与预算和目标之间的差距，管理层可以识别问题领域，优化资源配置，并采取行动改进绩效。

第四，决策支持和战略规划。管理会计为管理层提供决策支持信息，如投资分析、风险评估、战略规划等，帮助管理层做出明智的决策，并制定长期的战略规划。

第五，内部报告和沟通。管理会计负责向管理层提供定制化的内部报告和沟通，以满足其特定信息需求。这涉及准备和解释与经营活动相关的数据、报告和分析，支持管理层的决策制定和业务管理。

（2）特征。

管理会计是一种用于内部管理目的的会计方法和技术，它的特征包括以下6个方面。

第一，内部导向。管理会计主要关注企业内部的管理需求和决策，与财务会计的外部报告目的不同。它为管理层提供各种信息和报告，以帮助他们做出战略和运营决策。

第二，决策导向。管理会计致力于为管理层提供决策所需的信息。它不仅关注过去的业绩，还着眼于未来的预测和规划，以支持管理层制定和执行战略。

第三，内部报告。管理会计的信息主要用于内部报告，通常不向外部利益相关方公开。它可以包括内部报告、预算、绩效评估和成本分析等。

第四，综合性。管理会计不仅关注财务方面的信息，还包括非财务信息。它涵盖了各个层面和部门的数据，包括财务、运营、市场等各方面的信息。

第五，灵活性。管理会计方法和技术可以根据组织的需要进行调整和定制。它可以根据管理层的要求和情况进行灵活设计，以满足不同的管理需求。

第六，预测和控制。管理会计不仅提供过去业绩的信息，还能进行未来的预测分析和控制。通过各种工具和方法，管理会计可以帮助管理层预测和规划未来，同时监控和控制业务运营。

这些特征使得管理会计成为管理层决策和内部控制的重要工具，可以帮助组织优化资源配置、提高业绩和竞争力。

1.1.3　大数据管理会计的定义和特征

（1）定义。

在大数据时代背景下，传统的管理会计存在数据渠道狭隘，数据储存能力不足，数据处理方法存在局限性等问题。大数据能够对上述几个方面进行改善，促使管理会计各方面的变革，使管理会计能够更好地发挥控制、规划、决策和考核等职能，进而保证企业管理的有效运行以及价值创造的实现。

目前，大数据管理会计并没有一个较为明确的定义。根据前文，可以将大数据管理会计定义为利用管理会计的方法和原则，运用大数据技术和工具，处理和分析数据，为管理层提供决策支持和管理信息的过程。它旨在帮助管理层理解和管理组织的大数据资产，优化资源配置，提高业务绩效，并做出更明智的决策。大数据管理会计的实施可以通过大数据分析、数据驱动的预算制定、绩效管理和内部报告等方式来实现。

大数据在移动互联网、物联网、智能化以及云计算的应用及普及的基础上发展而来，并在诸多行业领域得到广泛推广，收获了可观的应用成效。为了实现企业的有序健康发展，迫切需要借助大数据思维来满足现阶段企业财务管理工作的需求，在日趋白热化的市场竞争中提升工作效率。但传统意义层面的财务管理方式方法难以满足企业发展需求，唯有对先进的技术进行学习借鉴，并不断推进思维的创新应用，才能为企业财务管理工作有序开展打下良好基础。而大数据促进了管理会计的变革，能够在一定程度上解决传统管理会计工作方式与企业发展需求之间的矛盾，主要体现在管理会计所需数据的收集、存储以及分析处理等方面。

首先，管理会计工作的开展需要以大量的数据为前提。传统的管理会计所需数据的来源渠道比较狭窄，基本来源于企业内部的业务活动。然而大数据时代，数据资源在一定程度上可以得到共享，使管理会计所需数据的来源渠道变得多样化，既可以从企业内部的业务活动中获取，也可以从企业外部获取。

其次，管理会计所需的数据既包括文本内容（即结构化的、半结构化的以及非结构化的），也包括基于多重平台（如社交媒体站点、网络物理系统、物联网等）的视频、图像、音频通信等多媒体内容。但目前企业的数据库一般仅能存储类型单一的结构化数据，且基本不能存储 TB 以上级别的数据，不能适应大数据背景下管理会计所需的多种类型数据的要求。这就需要运用计算机集群和分布式存储技术建立大数据库，满足海量数据的存储要求。

最后，管理会计工作所需的数据完成收集和存储后，还需要数据价值的挖掘和提炼。在大数据背景下，传统数据抽样分析以及针对结构化数据的分析处理方法已不能满足如今大数据的挖掘和提炼工作。因此，在大数据库的基础上构建以云计算为核心的大数据分析平台，可以实现数据的快速传输和信息共享，并且可以在保持原有数据信息不失真的情况下实现不同格式文件的相互转换。这样能够对海量数据进行分析处理，挖掘有价值的数据信息，以供企业管理层决策和内部控制。

（2）特征。

大数据管理会计是一种结合大数据技术和管理会计理论的新型会计方法，它具有以下特征。

第一，数据规模庞大。大数据管理会计需要处理大规模的数据集合。这些数据可能以亿甚至十亿级的记录或文件存在，并且总体大小常以 TB，PB 乃至 EB 来计量。管理会计需要应对海量的数据并确保有效的数据管理和分析。

第二，多样的数据类型和来源。大数据管理会计涉及多种类型和来源的数据。除了结构化数据（如数据库中的表格数据），还包括非结构化数据（如文本、图像、音频、视频等）和半结构化数据（如日志文件、电子邮件等）。管理会计需要处理和整合不同数据类型的数据，以获得全面的信息。

第三，高速增长和实时性要求。大数据管理会计的数据通常以高速增长的趋势产生，如社交媒体上的实时数据、物联网设备的传感器数据等。此外，管理会计也需要满足实时性的要求，以支持迅速变化的业务决策和绩效管理。

第四，数据质量和一致性挑战。大数据的质量和准确性可能存在问题，如数据缺失、噪声、错误等。管理会计需要面对数据质量和一致性的挑战，并采取相关的数据清洗、校验和整合措施，以确保数据的可靠性和准确性。

第五，强调数据驱动的决策。大数据管理会计鼓励基于数据驱动的决策制定。通过运用大数据分析和挖掘技术，管理会计可以帮助管理层发现数据中的模式、趋势和洞察，从而支持更明智和基于证据的决策。

第六，敏捷性和灵活性。大数据管理会计需要具备敏捷性和灵活性，以适应不断变化的业务环境和需求。管理会计需要快速响应和适应新的数据源、技术和工具，以及对数据的分析和报告方式的变化。

第七，综合性和整体性。大数据管理会计通过综合分析多个数据源和维度，提供整体性的管理信息。这可能涉及不同的部门、业务功能和业务流程，以及跨多个组织单元的数据分析和报告。

1.2 大数据管理会计的产生和发展

1.2.1 大数据管理会计的产生

（1）起源。

大数据管理会计是随着大数据技术的迅速发展和应用而产生的。大数据技术的出现使得企业可以获取并处理大量的数据，这些数据涵盖了从内部业务操作到外部市场趋势的各个层面。管理会计是一种决策管理和业务控制的方法，旨在提供定量和定性的信息以支持管理者的决策过程。因此，大数据的应用对于管理会计的发展产生了重大影响。

（2）大数据管理会计的产生原因。

大数据管理会计产生的主要原因有以下几方面。

大数据技术的兴起：随着互联网的快速发展和计算技术的进步，数据的产生和存储成本大幅下降，数据量呈指数级增长。这使得企业可以获取到以前无法想象的大规模、多样化的数据。

企业管理的复杂性增加：全球化竞争、市场变化、供应链复杂性等因素导致企业管理变得更加复杂和困难。传统的管理会计方法不再能够满足对决策支持的需求，需要更全面、准确、实时的信息来指导管理者的决策。

数据驱动决策的需求：随着企业对数据价值的认识提高，以数据驱动决策成为一种趋势。管理者希望能够利用大数据技术和数据分析方法，从海量的数据中挖掘出有价值的信息和见解，作为决策的依据。

技术和方法的交叉融合：大数据管理会计的起源不仅仅是大数据技术的应用，还涉及多个领域的技术和方法的交叉融合。例如，统计学、机器学习、数据挖掘、人工智能等技术与传统的管理会计方法相结合，为管理者提供更智能化的决策支持。

企业实践的探索和创新：一些先行者企业开始尝试将大数据技术应用于管理会计领域，探索如何利用海量的数据来改进决策质量、优化资源配置、提高业绩等。这些实践不断积累经验和成果，逐渐形成了大数据管理会计的理论和方法。

综上所述，大数据管理会计的产生是由大数据技术的兴起、企业管理复杂性的增加、数据驱动决策的需求以及技术与方法的交叉融合所推动的。在实践的基础上，大数据管理会计逐渐形成了一套适应大数据环境的管理会计方法和工具，为企业提供更准确、全面和智能化的决策支持。

1.2.2　大数据管理会计的发展

大数据管理会计的发展主要经历了以下几个阶段。

(1) 初始阶段。

在大数据技术还未广泛应用的初期，企业主要依靠传统的会计系统和方法进行财务数据的管理和报告。数据主要来自内部的财务系统，基本上局限于企业的财务状况和业绩核算。

(2) 数据源的多样化。

随着大数据技术的发展，企业逐渐意识到数据的重要性，并开始探索将其他数据源用于管理会计。除财务数据外，销售数据、供应链数据、客户数据、社交媒体数据等开始被纳入考虑范围，以获取更全面的信息。

(3) 数据采集与整合。

为了利用多元数据源，企业开始建立数据采集和整合的能力。数据采集涉及从不同部门和系统中收集数据，可能需要采用ETL(抽取、转换、加载)等技术，确保数据的准确性和一致性。数据整合则是将来自不同源头的数据进行整合，形成一个全面的数据视图。

(4) 数据分析和数据挖掘的应用。

企业开始利用数据分析和数据挖掘技术来探索数据中的模式、趋势和关联。通过使用统计分析、机器学习、数据挖掘等方法，企业能够发现隐藏在数据中的商业见解，如产品销售趋势、成本效益分析、客户行为模式等。

(5) 实时性和预测性的增强。

随着大数据处理速度的提升，企业可以更快地处理和分析数据，使得管理会计能够实现更高的实时性。实时数据监测和分析能够对业务变化迅速做出反应。此外，预测性分析也得到了推广，通过建立预测模型和算法，企业能够预测未来的市场需求、销售趋势等，为决策提供更有前瞻性的信息。

(6) 智能决策支持系统的出现。

借助人工智能和机器学习技术的发展，智能决策支持系统开始应用于大数据管理会计。这些系统利用大数据和模型算法，可以自动进行数据分析、模式识别、风险评估等工作，帮助管理者做出更准确和迅速的决策。

(7)数据治理和隐私保护。

随着大数据管理会计的发展，数据治理和隐私保护成为重要议题。企业需要确保数据的质量、安全和合规性，遵守数据保护法规，并采取有效的数据管理和安全措施，以保护客户和企业的数据隐私。

总结来说，大数据管理会计的发展经历了从数据源的多样化到数据采集与整合，再到数据分析和数据挖掘的应用，进而实现了实时性和预测性的增强，最终出现了智能决策支持系统。这一系列的发展过程使企业能够更好地利用大数据，提供更准确、全面和智能化的管理会计支持。

1.3 大数据技术在管理会计中的应用场景

随着互联网和信息技术的迅猛发展，大量的数据被生成和收集，传统的数据处理方法已经无法满足对这些大规模数据进行挖掘和利用的需求，因此大数据技术应运而生，它是用于处理、存储和分析大规模数据集的技术和方法。管理会计需要处理和分析大量的财务数据、成本数据、销售数据等，以支持企业的决策制定和经营管理。大数据技术可以帮助管理会计更好地处理和分析这些数据，发现隐藏的模式和关联关系，并提供更准确、实时的决策支持。通过大数据技术的应用，管理会计可以实现更高效的数据整合和处理，减少错误和重复工作，提高分析的准确性和深度，从而为企业创造更大的价值。

大数据环境下发展的数据共享技术、云计算平台、Hadoop、互联互通与可视化工具等可实现有效的成本控制。同时，当前我国经济发展已经进入高质量发展阶段。因此，企业要想长远发展，就要充分利用大数据优势根据不同人群特点满足差异化的产品需求。

本节将从大数据技术在战略管理、预算管理、绩效管理、风险管理、投资管理及管理会计报告等方面的应用进行具体介绍。

1.3.1 大数据技术在战略管理中的应用

(1)战略管理定义。

战略管理是指组织在实现长期目标和使命的过程中，针对外部环境和内部资源进行规划、决策和执行的过程。

(2)大数据技术在战略管理中的作用。

在当前，数据的庞大和复杂使得传统战略管理思路的弊端更加明显，不利于企业适应新的经济形势。未来要想抓住大数据带来的发展新机遇，在竞争激烈的市场中立于不败之地，企业战略管理就必须依托大数据技术。

在战略管理中，大数据技术的应用具有以下重要作用，可以解决一些现有问题。

①更准确的数据基础。传统的战略管理往往依赖于有限的、抽样的数据，难以全面获得市场、竞争对手和消费者等方面的数据。大数据技术能够处理和分析大规模的、多样化的数据，从而提供更准确和全面的数据基础，帮助管理层做出更明智的战略决策。

②实时的市场洞察力。传统的战略管理周期相对较长，无法快速响应市场的变化。而大数据技术能够通过分析实时数据，实时监测市场变动、消费者需求和竞争动态，使管理层能够更及时地调整战略方向和决策，保持竞争优势。

③企业和消费者互动的了解。大数据技术可以挖掘和分析大量消费者行为和反馈数据，包括购买模式、偏好、评价等，从而深入了解消费者的需求和期望。这将有助于企业制定与消费者需求紧密匹配的战略，并提供更个性化和精准的产品和服务。

④多维度的绩效分析。传统的绩效分析主要侧重于财务指标，难以全面评估战略的实施效果。大数据技术可以对多个维度的数据进行综合分析，如销售数据、市场份额、客户满意度等，以更全面的方式评估战略的绩效。这有助于管理层更准确地认识到战略执行中的优点和缺陷，并及时调整战略方向。

⑤预测和模拟分析。通过大数据技术，可以利用历史数据和模型进行预测和模拟分析，帮助管理层评估各种战略方案的风险和收益。这有助于降低决策的不确定性，为战略决策提供更科学和可靠的依据。

总之，大数据技术在战略管理中的作用在于提供更准确、实时、全面和可预测的数据支持，使管理层能够做出更明智的战略决策，并及时调整和优化战略实施过程。它能够帮助企业更好地把握市场机会、应对挑战，提高竞争力和业绩表现。

(3) 大数据技术在战略管理中的具体应用。

①在制造业，大数据技术在企业基本活动以及支持性活动中均有不同程度的应用。

采购管理方面。企业采购管理过程中，需要对供应商的资质和能力进行评价和选择。过去企业获取的采购信息主要是由数量有限的供应商提供，有时无法满足企业全部需求，特别是在产品的价格和性能方面。网络环境下，数据共享技术和互联互通可以实现企业之间信息数据的实时共享。在这种方式下，企业与外界联系更加紧密，任何企业都能在大数据平台中找到匹配度更高的供应商，更好地服务于企业的生产经营活动。即便是预测到未来可能会出现供应链断裂的情况，企业也能够通过大数据迅速做出反应，进行多供应商调配，保障企业的正常运行。

市场营销方面。成功的市场营销能够增加客户数量并提高买方购买力，这就需要企业前期清楚自身产品定位同时足够了解购买人群。大数据营销打破了"广告轰炸"的传统营销模式，通过快速、准确获取客户个人信息，例如，职业、年龄、消费偏好、购买记录等，做到"一对一"的精准营销。大数据背景下，每一次理性消费背后都是企业制定营销行动的数据基础，使企业重新审视消费者和产品之间的关系，快速定位产品目标客户并提供有多种针对性的营销策略，从而使企业制定的营销策略更成功。同时，大数据下的市场营销更加强调从消费者角度出发制定营销策略，这种以顾客为中心的理念有助于提高客户参与度，逐步培养消费者对产品的忠诚度，让企业品牌深入人心。

②在酒店业，大数据技术有以下应用。

市场定位与客户洞察：通过大数据技术分析用户的搜索行为、预订记录和社交媒体数据，酒店可以更好地了解客户的偏好和需求，进行精准的市场定位，并个性化推荐适合客户的服务和体验。

价格优化与竞争监测：利用大数据技术，酒店可以实时监测竞争对手的价格和需求情况，通过动态定价策略来优化房间价格，提高酒店的收益率和市场竞争力。

消费者体验和服务优化：通过大数据分析客户的评价和反馈数据，酒店可以了解客户的满意度和需求，优化服务质量，提供更加个性化的服务和定制化体验，从而提升客户忠诚度和口碑。

通过数据分析和洞察，企业可以更好地了解客户需求，优化资源配置，提高产品和服务的质量，以及制定创新的商业策略。

总之，在大数据时代，只有更加准确快捷地处理和挖掘数据信息才能获得企业的竞争优势。

1.3.2 大数据技术在预算管理中的应用

（1）预算管理的定义。

预算管理是一个组织或个人对收入和支出进行计划、控制和评估的过程，旨在帮助实现经济目标和效益最大化。它是财务管理和战略管理的重要工具，有助于组织有效管理资源和实现长期可持续发展。

（2）大数据技术在预算管理中的作用。

①数据获取和整合：大数据技术使得获取和整合各种类型和来源的数据变得更加便捷。预算管理需要考虑多方面的数据，包括财务数据、市场数据、供应链数据、客户数据等。大数据技术可以帮助预算管理者从多个渠道获取这些数据，并将它们整合到一个统一的平台或系统中，以便更好地进行分析和决策。

②数据分析和预测：大数据技术提供了强大的数据分析和预测能力，可以帮助预算管理者更好地理解和利用数据。通过对大数据进行分析，预算管理者可以发现数据中的模式、趋势和关联性，以获取更准确的信息和洞察。此外，基于大数据的预测模型和算法可以帮助预测未来的趋势和风险，以支持预算的制定和调整。

③实时监控和反馈：传统的预算管理往往依赖于周期性的报告和审查，信息更新的速度较慢。而大数据技术使得在预算执行过程中实现更实时的监控和反馈成为可能。通过实时收集和处理大数据，预算管理者可以及时了解实际情况与预算的偏差，及时调整预算策略，确保预算的有效执行。

④决策支持：在预算管理过程中，大数据技术可以为决策提供更全面、准确的信息。通过大数据分析，预算管理者可以深入了解企业的财务状况、市场需求、客户行为等方面的情况，为决策提供更科学、客观的依据。这有助于优化资源配置、降低风险、提高预算的可行性和效益。

总之，大数据技术在预算管理中丰富和提升了预算管理的能力和效果。它帮助预算管理者更好地利用大量的数据资源，开展数据驱动的预算计划、监控和调整，为管理者提供更全面、准确和实时的决策支持，帮助组织在预算管理中取得更好的业绩和效益。

（3）大数据技术在预算管理中的具体应用。

①大数据技术在预算管理的各个阶段起着重要的作用。

预算目标确定阶段：企业借助大数据预测分析以及数据挖掘等技术能够预测企业未来的经营状况和发展趋势，依托可视化技术能够对企业交易行为、各部门资源使用等情况进行精准画像，各类大数据技术的应用能够有效提高预算目标的准确性、前瞻性、可实现性。

预算编制阶段：运用大数据文本分析、机器学习、序列分析等技术对历年预算材料进行文本分析，对同类型资金的使用情况进行聚类分析、趋势分析，能够得到可靠的分析结果，以便为全面预算编制提供科学的参考。

预算执行阶段：借助大数据的异类挖掘算法，企业可以敏锐感知全面预算实施过程中的异常之处并及时调整偏差，从而保障企业资源使用情况与预算目标相一致。此外，数据采集技术的应用能够帮助企业快速收集和更新数据，实时监测和反馈预算执行情况，动态调整和配置资源。

预算评价阶段：借助大数据分类挖掘算法以及关联分析技术，企业能够实现全面预算与实际经营状况、企业战略目标等事项的融合分析，进而使全面预算评价更加客观、真实、全面。

②制造业。

从供应链数据入手，通过收集和分析供应链数据，如原材料价格、运输成本、库存水平等，预算管理者可以更好地监控和管理成本。例如，通过实时监测原材料价格变化，预算管理者可以调整采购策略，选择最优的供应商和采购时间，以降低成本。

从生产数据入手，利用大数据技术分析生产数据，如设备稼动率、生产效率、能耗情况等，预算管理者可以确定生产成本的关键因素，并提出改进措施以优化成本。例如，通过数据分析发现低效的生产流程，预算管理者可以提出调整生产线布局、改良工艺等改进方案，从而降低生产成本。

总之，预算管理者可以利用各种大数据技术工具和分析方法，从不同方面入手，实现成本控制和优化、资源规划和效率提升以及市场需求预测和生产计划等目标。通过精细的数据分析和决策支持，预算管理者可以为各行各业实现更高效的运营和更好的经济效益。

1.3.3 大数据技术在绩效管理中的应用

（1）绩效管理的定义。

绩效管理是一种通过设定目标、评估员工绩效和提供反馈来管理和改进员工表现的过程。它是组织中确保员工与组织目标保持一致和持续提高绩效的重要手段。

（2）大数据技术在绩效管理中的作用。

①数据收集与分析：大数据技术可以帮助企业收集、整理和存储海量的绩效数据，包括员工表现、销售数据、客户反馈等。通过数据分析，企业可以获取更全面、准确的绩效信息，帮助管理者了解员工的工作状态和潜在问题，发现关键绩效指标及其影响因素。

②预测与预警：利用大数据技术，可以建立预测模型，基于历史绩效数据和其他变量，预测未来的绩效走势和趋势。通过预警系统，管理者可以及时发现异常情况，预测潜在的绩效问题，采取相应的措施进行干预和调整，以提高绩效水平。

③个性化管理：大数据技术可以帮助企业进行个性化的绩效管理。通过对员工的个人特征、能力和兴趣进行分析，制定个性化的绩效目标和评价指标，提供个性化的培训和发展计划。这有助于激发员工的积极性，发现人才潜力，并提高员工的工作满意度和绩效表现。

④实时反馈与改进：大数据技术可以实现绩效数据的实时监控和反馈。通过数据分析和可视化展示，员工和管理者可以及时了解当前的绩效状态，发现问题、弱项和改进空间。及时的反馈和改进有助于员工改善工作表现、提高工作效率，同时也帮助企业调整绩效管理策略，提升整体绩效水平。

需要注意的是，大数据技术在绩效管理中的应用需要综合考虑数据隐私和安全保护，确保数据的合法性和保密性。同时，在应用大数据技术进行绩效管理时，也需要结合有效的管理方法和人文关怀，综合考虑各种因素，以实现绩效管理的最佳效果。

(3)大数据技术在绩效管理中的具体应用。

①零售业。

通过大数据分析零售企业的销售数据、库存数据和顾客行为等信息，可以识别绩效较好的销售员和门店，从而进行差异化的绩效奖励和激励机制，以提高整体销售绩效，并做出更明智的资源调配决策。

利用大数据分析技术，可以将顾客满意度和销售绩效数据结合起来，了解具体销售员在顾客互动和服务方面的表现。这有助于制订针对性的培训计划，提升销售团队的服务质量和绩效水平。

通过分析顾客购买历史、偏好和行为数据，可以为销售员提供个性化的销售目标和指导，以更好地满足顾客需求，提高销售绩效和顾客满意度。

②酒店业。

利用大数据技术分析顾客的评论和评价数据，可以了解员工的服务质量和顾客满意度。这有助于识别绩效优秀的员工，改进服务流程，并提供相应的奖励和激励措施。

通过分析预订系统中的数据，可以评估销售人员的绩效。例如，分析销售数据、预订量和客户类型，可以识别高绩效的销售人员，并为其他销售人员提供培训和资源支持。

1.3.4　大数据技术在风险管理中的应用

(1)风险管理的定义。

风险管理是一种系统化的过程，用于识别、分析、评估和应对潜在风险。它涉及识别和评估潜在风险的出现概率和影响程度，以及采取相应措施来减轻或控制这些风险的能力。风险管理的目标是最大程度地降低负面风险对组织、项目或活动的影响，并增加机会的利用。这可以通过预防、转移、减轻或接受风险来实现，以确保组织的持续运营和可持续发展。

(2)大数据技术在风险管理中的作用。

①风险预测和模型构建：大数据技术可以帮助整合和分析大量的数据，从而构建准确的风险模型和预测模型。通过对历史数据和实时数据的分析，可以发现潜在的风险趋势和模式，提前预测潜在的风险事件，并采取相应的措施进行风险管理。

②数据挖掘和分析：大数据技术可以帮助挖掘和分析海量的数据，以发现隐藏在数据中的风险信号和模式。通过数据挖掘和分析，可以更好地理解和评估潜在风险的来源、关联，帮助制定有效的风险管理策略。

③实时监测和预警：大数据技术可以实时地监测和分析数据流，识别异常和风险信号，并及时发出预警。这使组织可以快速反应并采取行动来应对潜在风险，降低风险事件的发生概率和影响程度。

④数据驱动的决策：大数据技术可以为决策者提供全面、准确的数据支持，帮助他们做出基于数据和事实的风险管理决策。通过数据驱动的决策，组织可以更好地规避和应对风险，提高决策的准确性和效果。

总之，大数据技术可以提供更全面、准确的数据分析和预测，帮助组织更好地识别和评估潜在风险，并制定相应的风险管理策略和措施。这将提高组织对风险的应对能力和决策质量，降低风险带来的影响和损失。

(3) 大数据技术在风险管理中的具体应用。

①健康保险行业。

风险评估和定价：利用大数据技术分析个人健康数据、生活方式以及遗传信息等，可以更精确地评估被保险人的风险水平，并相应地定价保险产品。

健康监测和预警：通过智能医疗设备和传感器收集大规模的健康数据，大数据技术可以实时监测被保险人的健康状态，发现潜在的疾病风险，并及时发出预警。

保险欺诈检测：大数据技术可以分析保险索赔数据、医疗记录以及行为模式，识别异常或欺诈性的索赔行为，有助于降低保险欺诈的风险和成本。

②银行和其他金融机构。

信用风险评估：通过分析大量的财务数据、信用记录和交易信息，大数据技术可以生成更准确的信用评估模型，帮助银行评估客户的信用风险，并制定适当的贷款策略。

欺诈检测和反洗钱：大数据技术可以分析大规模的交易数据和行为模式，识别可疑的交易模式和欺诈行为，提供实时的欺诈报警和反洗钱支持。

市场风险分析：通过分析市场数据、交易信息和情绪指标等大数据，银行和其他金融机构可以更好地了解市场风险趋势和波动性，从而做出更明智的投资和资产配置决策。

1.3.5 大数据技术在投资管理中的应用

（1）投资管理定义。

投资管理是指对一定数量的资金进行有效配置和管理，以实现预期投资回报的过程。它涉及对资本市场、投资品种和投资组合的研究，以及对风险管理、资产分配和绩效评估的实施。投资管理旨在通过优化资金的配置和风险控制，提高投资组合的价值和回报，并实现投资目标。

（2）大数据技术在投资管理中的作用。

在当前大环境下，全球经济、金融市场的高波动性、不确定性以及科技发展带来的信息过载和信息不对称问题都增加了投资管理的风险。传统的投资管理模型可能无法准确预测并应对这些快速变化和不确定性带来的市场波动，从而增加了投资风险。因此，未来想要及时适应市场的变化和新兴领域的发展，企业战略投资管理就需要借助大数据技术来改善传统投资管理的效率和准确性。

大数据技术在企业进行投资管理中也扮演着重要的角色，它可以提供以下几个方面的作用。

①市场调研和商业洞察：大数据技术可以帮助企业进行市场调研和获取商业洞察。通过分析大规模的市场数据和消费者行为数据，企业可以了解市场趋势、竞争对手情况、消费者需求等，从而做出更明智的投资决策。

②投资决策支持：大数据技术可以提供数据支持和分析工具，帮助企业进行投资决策。通过分析历史数据和实时数据，企业可以评估投资项目的潜在回报和风险，选择最具潜力和可持续发展的投资机会。

③风险管理和预警：大数据技术可以帮助企业进行风险管理和风险预警。通过实时监控和分析市场数据、供应链数据等，企业可以及时发现潜在风险和问题，并采取相应的措施进行应对，降低投资风险。

④绩效评估和优化：大数据技术可以帮助企业进行绩效评估和优化。通过分析企业内

部数据和市场数据，企业可以评估投资项目的绩效，并进行优化和调整，以提高投资回报和效率。

⑤资产管理和配置：大数据技术可以帮助企业进行资产管理和配置。通过分析企业的资产状况、市场情况和投资目标，企业可以制定合理的资产配置策略，最大程度地实现资产增值和风险控制。

总之，大数据技术在企业进行投资管理中的作用是提供更全面的数据支持、更准确的市场分析、更有效的风险管理和更优化的投资决策。它可以帮助企业更好地理解市场和消费者，降低投资风险，提高投资回报。

(3) 大数据技术在投资管理中的具体应用。

①零售业。

洞察消费者方面：大数据技术可以分析消费者的购买习惯、偏好、行为等数据，帮助零售企业了解消费者群体的需求和趋势。通过深入了解消费者，零售企业可以更准确地预测市场需求，调整产品策略和目标市场，以获得更高的投资回报。

优化和分析价格方面：通过大数据分析，零售企业可以实时监测市场竞争对手的定价策略和产品促销活动，并利用这些数据进行价格优化和分析。这有助于企业确定最佳的定价策略，提高销售额和利润率，同时降低投资风险。

网络销售和电子商务方面：大数据技术在零售业的在线销售和电子商务中扮演重要角色。通过分析用户的在线行为和交易数据，企业可以优化网站和移动应用的用户体验，提供更加个性化的产品和服务，增加交易转化率和忠诚度，实现投资收益的最大化。

这些是零售业中大数据技术在投资管理中的具体应用示例，帮助企业更好地了解消费者、制定定价策略以及推广活动，以获得更好的投资回报和竞争优势。当然，实际应用可能因具体企业的需求和情况而有所差异。

②金融行业。

风险评估和管理方面：大数据技术可以通过分析金融市场数据、经济指标和公司财务数据等，帮助金融机构进行风险评估和管理。通过监测市场波动、预测风险趋势，并利用机器学习算法进行风险建模和控制，金融机构可以更准确地评估投资风险，采取相应的风险管理策略。

优化投资组合方面：大数据技术可以对大量的金融数据进行分析和建模，以优化投资组合。通过运用数据科学方法，如组合优化算法和机器学习技术，金融机构可以确定最佳的资产配置和投资组合，平衡风险和回报，从而提高投资绩效。

洞察客户方面：大数据技术可以帮助金融机构获取对客户行为和偏好的深入洞察，并基于这些洞察提供个性化的金融服务。通过分析客户的交易数据、社交媒体数据和其他行为数据，金融机构可以定制化推荐产品、提供投资建议和财务规划，提高客户满意度和忠诚度。

这些是金融行业中大数据技术在投资管理中的一些具体应用示例。大数据技术的应用可以帮助金融机构更好地评估风险、优化投资组合、提供个性化服务，以实现更好的投资回报和风险控制。需要注意的是，具体应用可能因金融机构的类型和业务模式而有所差异。

1.3.6 大数据技术在管理会计报告中的应用

(1) 管理会计报告定义。

管理会计报告是通过收集、分析和解释财务和非财务信息，为管理层提供决策支持和业绩评估的报告。它的目的是帮助管理层了解企业的财务状况、经营绩效和风险情况，以便进行决策和规划。

（2）大数据技术在管理会计报告中的作用。

在大环境下，传统的管理会计报告存在耗时长、缺乏灵活性、侧重历史数据、信息过载导致难以提取出有用信息、对专业知识要求高导致信息沟通和决策效率低下等问题。为了应对这些问题，现代的管理会计报告正朝着更加实时、灵活、预测性和简化的方向发展。它们依靠大数据技术，提供更智能、个性化和直观的报告形式，以更好地满足管理层的决策需求。

大数据技术在管理会计报告中起到了重要的作用，包括以下几个方面。

①数据收集和整合：大数据技术可以帮助企业收集、整合和存储大量的内部和外部数据，包括财务数据、销售数据、生产数据、市场数据等。通过结构化和非结构化数据的整合，可以为管理会计报告提供更全面和准确的基础数据。

②实时分析和决策支持：大数据技术可以实现对实时数据的分析和处理，通过高速计算和实时监控系统，可以提供实时的经营数据和业绩指标。这使管理层可以实时获得最新的信息，并做出快速的决策。

③预测和模型建立：大数据技术可以应用数据挖掘和机器学习算法，对历史数据进行分析和建模，以预测未来的趋势和结果。这一定程度上保证了对业务风险和机会的更准确预测，为管理层的规划和决策提供重要参考。

④数据可视化和报告呈现：大数据技术可以通过数据可视化工具，将庞杂的数据转化成直观、易于理解的图表和报告。这使管理层可以更快速地理解和分析数据，发现潜在问题和机会。

⑤智能分析和推荐：大数据技术可以应用人工智能和智能分析技术，对数据进行深度挖掘和模式识别，从中发现隐藏的规律和关联。这可以为管理层提供更智能化的洞察和决策建议。

总之，大数据技术在管理会计报告中的作用是提供更准确、实时、智能化的数据分析和决策支持，帮助管理层更好地理解企业的财务和经营状况，并做出更明智的决策。

（3）大数据技术在管理会计报告中的具体应用。

①电子商务行业。

成本分析和利润优化方面：大数据技术可以帮助电子商务企业对成本进行深入分析，包括物流成本、广告费用、客户服务成本等。通过对成本数据的跟踪和分析，可以识别成本的主要驱动因素，寻找降低成本和提高利润的机会，为企业的战略决策提供依据。

库存管理和供应链优化方面：大数据技术可以帮助电子商务企业优化库存管理和供应链过程。通过对销售数据和供应链数据的实时监控和分析，可以准确预测产品需求和库存储备，以避免库存积压或缺货，降低资金占用和销售损失。同时，可以优化供应链的运输路线和配送计划，提高交付效率和满意度。

客户分析和个性化营销方面：大数据技术可以对客户的购买记录、浏览行为和社交媒体数据进行分析。通过建立客户画像和预测模型，企业可以了解客户的兴趣偏好和消费习惯，以便进行个性化的产品推荐和营销活动，提高客户留存率和购买转化率。

因此，通过应用大数据技术，电子商务企业可以有效优化运营和决策，提高竞争力和盈利能力。

②制造业。

分析生产效率方面：利用大数据技术，制造业可以收集和分析生产线上的数据，包括设备利用率、生产过程数据、产品质量指标等。通过对这些数据的分析，企业可以评估生产线的效率和瓶颈，进行生产计划调整和流程优化，从而提高生产效率和降低成本。

资产管理和维护方面：制造业通常拥有大量的生产设备和机器，大数据技术可以帮助企业进行资产管理和维护。通过实时监测设备的运行数据和传感器数据，企业可以预测设备故障和维修需求，实现计划性维护，减少停机时间和生产损失。

供应链优化方面：制造业的供应链涉及多个环节，包括原材料采购、生产计划、库存管理等。大数据技术可以跟踪和分析供应链上的数据，包括订单量、交付时间、物流成本等。通过对这些数据的分析，企业可以优化供应链计划和流程，避免物料短缺和库存积压，提高交付效率和满意度。

因此，借助大数据技术，制造业企业能够实时了解生产和供应链情况，进行精细化的管理和决策，提高效率和竞争力。

知识拓展

随着大数据技术在管理会计中的深入应用，人工智能（AI）的融合成为该领域发展的新趋势。AI 的引入能够进一步优化大数据分析，提升管理会计的决策质量和效率。通过机器学习和深度学习算法，AI 可以识别复杂的数据模式，预测财务趋势，并提供更为精准的业务洞察。

在风险管理领域，AI 能够实时监测市场动态和交易行为，自动识别潜在的风险点，从而帮助企业及时调整策略，降低不确定性。此外，AI 在欺诈检测方面也展现出巨大潜力，通过分析异常交易模式，有效预防财务欺诈行为。

在预算管理方面，AI 技术能够根据历史数据和实时市场变化，自动调整预算分配，提供动态的预算管理方案。这不仅提升了预算编制的科学性，也为资源优化配置提供了数据支持。

未来，大数据管理会计与 AI 的结合将更加紧密，实现从数据收集、处理到分析、决策的全流程智能化。这不仅将改变管理会计的工作方式，也将推动企业管理模式的创新。随着技术的进步，我们有理由相信，大数据管理会计将更加智能化、自动化，成为企业决策的重要支撑。

练习题

一、多选题

1. 管理会计的应用场景有（　　）。
   A. 管理会计报告　　B. 战略管理　　C. 预算管理　　D. 投资管理
2. 大数据技术在绩效管理的作用有（　　）。
   A. 预测与预警　　　　　　　　B. 个性化管理
   C. 风险预测和模型构建　　　　D. 数据收集与分析

3. 大数据管理会计的特征有(　　)。
A. 多样的数据类型和来源　　　　　　B. 数据质量和一致性挑战
C. 敏捷性和灵活性　　　　　　　　　D. 综合性和整体性
4. 管理会计的特征除了内部导向和决策导向还有(　　)。
A. 内部报告　　　B. 综合性　　　C. 灵活性　　　D. 预测和控制

二、判断题

1. 大数据管理会计经历的第三个阶段是数据源的多样化。（　　）
2. 在大数据管理会计发展的初始阶段，数据主要来自内部的财务系统，基本上局限于企业的财务状况和业绩核算。（　　）
3. 大数据管理会计的产生原因有大数据技术的兴起、企业管理的复杂性增加、数据驱动决策的需求等。（　　）
4. 在大数据技术还未广泛应用的初期，企业主要依靠传统的会计系统和方法进行财务数据的管理和报告。（　　）

2 大数据管理会计的数据基础

章节引入

在当今数字化时代,企业面临的数据量正以前所未有的速度增长。这些数据包括财务数据、业务数据和关联数据,构成了企业决策的数据基础。如何有效管理和分析这些数据,成为企业管理会计的关键挑战。本章将聚焦大数据管理会计的数据基础,探讨如何通过整合和分析各类数据,为企业决策提供支持,展示大数据在管理会计中的应用价值,以及如何通过数据驱动的方式提升企业的管理效率和决策质量。

章节分析

本章分析了大数据管理会计的数据范围:财务数据包括企业的财务报表、会计凭证、收入和成本数据等,它们是企业决策、管理、报告和监督的重要依据;业务数据则涉及企业运营和业务活动相关的信息,如销售数据、客户数据和员工数据,这些数据支持企业的决策制定和业务运营;关联数据则涵盖了关系型数据、非关系型数据、文本数据和图数据等,它们通过共享的关键字或特征来连接和组织数据,提供更深入和综合的数据分析和洞察。本章还探讨了大数据管理会计数据的来源和类型。

学习目标

知识目标
- 理解大数据管理会计中财务数据、业务数据和关联数据的范围和重要性。
- 掌握不同数据类型的特征和在企业决策中的应用。

> **能力目标**
> - 能够识别和收集企业中的各类数据，包括内部数据和外部数据。
> - 能够分析和利用这些数据支持企业的决策制定和业务运营。
>
> **素质目标**
> - 培养数据意识，提升数据分析和解读能力。
> - 发展批判性思维，学会从数据角度评估企业战略和管理问题。

2.1 大数据管理会计的数据范围

2.1.1 财务数据的范围

财务数据是指与企业财务状况和经营业绩相关的数据。它包括企业的财务报表、会计凭证、资产负债表、利润表、现金流量表等核心财务报告，以及与这些报表相关的详细数据和记录，主要包括以下内容。

（1）财务报表数据：包括资产负债表、利润表、现金流量表等核心财务报表，以及附注和其他补充财务信息。这些数据展示了企业在特定时点或期间的财务状况和经营业绩。

（2）会计凭证数据：记录了企业各项经济业务活动的会计凭证，包括借贷方金额、科目、记账日期等信息。

（3）收入和成本数据：包括企业的销售收入、营业收入、其他收入以及与之关联的成本数据，如直接成本、间接成本、销售费用、研发费用等。

（4）资金和投资数据：包括企业的资金流入流出情况、投资活动的资金支出和回报情况，以及与资金相关的信息，如贷款、利息、股权投资等。

（5）资产和负债数据：包括企业的资产组成，如现金、存货、应收账款、固定资产等，以及负债组成，如应付账款、借款、负债准备等。

（6）股东权益和分红数据：包括企业的股东投资和权益变动情况，如股本、股东权益、未分配利润等，以及分红政策和实施情况。

（7）业务指标和比率数据：包括企业的财务比率、关键业务指标的数据，如毛利率、净利润率、资产收益率等，这些指标可以用于衡量企业的财务健康和经营绩效。

（8）税务和法规数据：涉及企业的税务记录、税务申报情况、遵守法规的相关数据。

财务数据的范围与企业的规模、行业和财务需求有关。它们是企业决策、管理、报告和监督的重要依据，为企业和外部利益相关者提供了对企业财务状况和业绩的全面了解。

在管理会计中，财务数据扮演着重要的角色，具有以下几个作用。

（1）决策支持：财务数据是管理者进行决策和规划的重要依据。通过分析财务数据，管理者可以评估公司的财务状况，了解盈利能力、偿债能力、财务风险等关键指标，从而制定合理的决策方案。另外，财务数据可以帮助管理者判断投资项目的可行性，评估产品和市场的盈利潜力，进行成本控制和预算管理等。

（2）绩效评估：财务数据是评估企业绩效的主要依据之一。通过对财务数据的分析，可以衡量和比较企业绩效，如销售收入、净利润率、投资回报率等。财务数据还可以用于制定绩效指标和绩效奖励制度，激励员工追求卓越，并与目标相一致。

（3）资金管理：财务数据对于企业的资金管理至关重要。通过对现金流、资本结构、资产负债状况等财务数据的分析，可以有效管理企业的资金，优化资金结构，降低融资成本，合理运用现金流，提高资金使用效率，确保企业资金的充足性和稳定性。

（4）报告和披露：财务数据对于报告和披露的要求是必不可少的。管理会计通过财务报表、年度报告等形式，在合规要求下向内外部利益相关者提供财务数据。这些报表和披露数据对于投资者、股东、监管机构等利益相关者来说是评估企业财务状况和经营绩效的重要依据。

（5）税务管理：财务数据是税务申报和税务筹划的基础。通过对财务数据的分析，可以合法合规地进行税务规划，降低税务风险和税务负担。

综上所述，财务数据在管理会计中具有重要的作用，在决策支持、绩效评估、资金管理、报告披露以及税务管理等方面提供了重要的信息支持。

2.1.2 业务数据的范围

业务数据是指与企业运营和业务活动相关的信息和数字记录。这些数据可以通过不同的系统和工具收集、存储和分析，以支持企业的决策制定和业务运营。它们通常包含了各种类型的数据，如销售数据、财务数据、客户数据、员工数据等。下面举几个业务数据的例子。

（1）销售数据：销售额、销售数量、销售渠道、销售地区等。这些数据可以帮助企业了解产品或服务的销售情况和趋势，评估市场需求和销售策略的有效性，以及制订营销和销售计划。

（2）财务数据：营业收入、成本费用、利润、现金流等。这些数据可以帮助企业了解财务状况、盈利能力和偿债能力，进行财务分析和预测，以支持财务决策和财务规划。

（3）客户数据：客户信息、购买历史、客户满意度、客户反馈等。这些数据可以帮助企业了解客户需求、购买行为和偏好，进行客户细分和个性化营销，提供更好的客户服务，提高客户忠诚度。

（4）员工数据：员工信息、薪资、绩效评估、培训记录等。这些数据可以帮助企业管理人力资源，进行员工绩效评估和激励措施，提供培训和发展计划，以支持人力资源管理和组织发展。

在管理会计中，业务数据扮演着重要的角色，具有以下几个作用。

（1）决策支持：通过分析业务数据，企业可以获得洞察力，从而更好地制定战略决策和运营决策，提高决策的准确性和效率。

（2）业务优化：业务数据可以揭示业务过程中的瓶颈和问题，并提供改进和优化的建议，以提高效率，降低成本，提升产品或服务质量。

（3）客户洞察：通过客户数据分析，企业可以了解客户需求和行为，预测客户行为趋势，从而更好地满足客户需求，改善客户关系，增加销售额。

（4）监测和评估：业务数据可以用于监测业务指标和关键绩效指标，评估业务绩效，并及时发现业务问题和机会，进行调整和改进。

总之，业务数据在企业中发挥着重要的作用，帮助企业了解和管理业务运营的方方面面，支持决策制定，优化业务过程，提供个性化的客户体验和提升绩效水平。

2.1.3 关联数据的范围

关联数据是指在一个数据集中,不同属性之间存在某种相关性或者联系的数据。关联数据涵盖了多种类型的数据,如关系型数据、非关系型数据、文本数据、图数据等。这些数据是通过共享的关键字或者特征来连接和组织的,可以在各个领域和应用中发挥重要作用,提供更深入和综合的数据分析和洞察。

关联数据涵盖了多种类型的数据,包括但不限于以下几种。

(1)关系型数据:关系型数据库是最常见的关联数据形式,数据以表格的形式组织,表格之间通过共享的关键字(主键和外键)建立关联关系。

(2)非关系型数据:非关系型数据库或 NoSQL 数据库存储的数据可以是文档、键值对、列族、图等形式,并可以通过多种方式(如嵌套、引用、索引等)建立数据之间的关联。

(3)文本数据:文本数据中的关联可以通过关键词、共现关系、上下文等方式进行建模。这种关联数据类型常用于文本挖掘、自然语言处理和信息检索领域。

(4)图数据:图数据库构建的数据模型主要基于节点和边,节点代表实体,边代表实体之间的关联关系。图数据可以用于知识图谱、推荐系统、社交网络等领域。

关联数据在企业中具有重要的作用,以下是一些常见的作用。

(1)数据分析和决策支持:关联数据可以帮助企业进行全面和综合的数据分析。通过分析数据之间的关联关系,可以揭示隐藏在数据中的模式、趋势和洞察,为企业决策提供有力的支持。

(2)业务流程完善和优化:关联数据可以帮助企业理解各个业务流程的关系和依赖。通过分析数据关联关系,企业可以发现业务流程中的瓶颈、冗余和改进空间,从而优化业务流程、提升效率和降低成本。

(3)个性化服务和推荐系统:关联数据可以帮助企业构建个性化的服务和推荐系统。通过分析用户行为数据和关联数据,企业可以了解用户的兴趣、偏好和需求,从而提供更加个性化的产品、服务和推荐。

(4)数据集成和一致性:关联数据可以帮助实现不同系统和数据源之间的数据集成和一致性。通过建立数据之间的关联关系,可以确保数据的准确性、一致性和完整性,消除数据孤岛,从而提供全面的数据视图。

这些只是关联数据作用的一部分,实际上,关联数据在企业中具有广泛的应用,可以帮助企业提升数据价值、优化业务流程和提供更好的服务。

2.2 大数据管理会计的数据来源

当谈到大数据管理会计的数据来源时,可以将其分为内部数据来源和外部数据来源。

其中,大数据管理会计的内部数据指的是企业内部系统和过程中生成的数据。以下是一些常见的内部数据。

(1)财务数据:包括企业的财务报表、销售收入、成本、利润等数据。这些数据通常由财务系统生成,并反映了企业的财务健康和绩效状况。

（2）销售数据：包括产品销售数量、销售额、销售渠道、客户信息等数据。这些数据可以帮助企业了解销售趋势、客户行为以及市场份额。

（3）采购数据：包括采购订单、供应商信息、采购成本等数据。这些数据可以帮助企业进行供应链管理和成本控制。

（4）库存数据：包括产品库存数量、库存价值、库存周转率等数据。这些数据可以帮助企业优化库存管理和预测需求。

（5）生产数据：包括生产产能、生产效率、生产成本等数据。这些数据可以帮助企业优化生产过程和资源利用。

（6）人力资源数据：包括员工信息、薪酬数据、培训记录等数据。这些数据可以用于人力资源管理和绩效评估。

（7）客户数据：包括客户信息、购买历史、反馈数据等。这些数据可以帮助企业了解客户需求、提供个性化服务和改进销售策略。

通过对这些内部数据的收集、整合和分析，大数据管理会计可以为企业提供更深入的洞察力，支持财务决策、风险管理和绩效评估。

大数据管理会计的外部数据指的是来自企业所在的外部环境和市场的数据。这些外部数据可以用于分析和评估企业的财务和业务情况，以及了解市场趋势和竞争对手的表现。以下是一些常见的外部数据来源。

（1）行业统计数据：行业协会、市场研究机构等发布的行业统计数据。这些数据可以提供关于市场规模、市场份额、增长率等方面的信息，帮助企业了解所在行业的整体状况。

（2）经济指标数据：来自政府、央行等机构发布的经济指标数据。这些数据包括国内生产总值（GDP）、通货膨胀率、利率等，可以帮助企业了解宏观经济环境的变化，为决策提供参考依据。

（3）竞争对手数据：来自竞争对手的公开信息，如竞争对手的销售额、市场份额、产品特点等。这些数据可以帮助企业了解竞争对手的表现和策略，在竞争中找到优势和机会。

（4）社交媒体数据：来自社交媒体平台的用户生成内容（UGC），如用户评论、分享、点赞等。这些数据可以用于了解消费者的喜好、需求以及对产品和服务的反馈，从而优化营销和客户关系管理。

（5）外部数据库和数据提供商：一些专业数据提供商提供各种外部数据，如市场调研数据、消费者行为数据、地理数据等。这些数据可以提供更深入的市场洞察，帮助企业调整市场策略并发现商机。

外部数据对于大数据管理会计至关重要，它们提供了更全面、客观的信息，帮助企业更好地了解市场、把握机遇，并做出更准确、有针对性的决策和规划。

2.3 大数据管理会计数据类型

大数据是一个数据集合，按照其数据组织方式的不同将其分为结构化数据、半结构化数据和非结构化数据三类，接下来将对这三类数据进行介绍。

2.3.1 结构化数据

结构化数据是按照一定的格式和规则组织和存储的数据。它通常是以表格或数据库的形式存在。结构化数据确保了数据一致性和可靠性,这样能够简化数据的录入和验证,从而高效地分析数据,但它限制了数据的表达能力。

在关联数据中,常见的结构化数据类型包括以下几种。

(1)客户资料管理卡。

客户资料管理卡可以用于了解客户的购买偏好、行为模式、反馈意见等,以支持客户关系管理和个性化营销,如表 2-1 所示。

表 2-1 客户资料管理卡

客户资料管理卡						
公司名称		电话		传真	
地　　址				邮编	
企业类型		注册资金			
营业内容		内销:	%	外销:	%
营业情况	内外销比				
	营业性质				
	信用状况				
	营业状态				
	员工人数				
	淡旺季分布				
	最高购买额/月				
	平均购买额/月				
主要负责人概况	姓名	职务	电话	性格特点	偏好
使用本公司主要产品				
首次交易时间				
备注		总经理	经理	主管	制卡

（2）人力资源管理表。

人力资源管理表包括员工基础信息、岗位、在职时间等，可以为企业提供人力资源管理和决策支持，如表2-2所示。

表2-2 人力资源管理表

现有人员构成状况统计	性别	男		女	
		已婚	未婚	已婚	未婚
	学历	硕士以上	本科	大专	其他
	户口	本地户口		外地户口	
	年龄	51岁及以上	36~51岁	26~35岁	25岁及以下
	服务时间	5年以上	3~5年	1~3年	1年以下
	岗位层级	总经理	副总级	部门经理级	主管级	一般员工
	岗位类别	管理类	技术类	营销类	后勤类	生产作业类

（3）企业组织架构表。

企业组织架构表可以帮助企业了解员工的层级关系、团队归属、工作职责等，以支持人力资源管理和协作，如表2-3所示。

表2-3 企业组织架构表

	集团职能				
	管理体系				专业体系
	集团职能	事业部	职能部门	分公司	工厂	
特一等	集团总经理					
特二等	集团副总经理	事业部总经理	总处长			
特三等	总监	事业部副总经理	处长		总厂长	
特四等		协理	副处长	行销总监	协理	
委一等		经理	经理	经理	厂长	高级专员
委二等		副经理	副经理	副经理	副厂长	专员
委三等		主任	课长	课长	课长	副专员
聘四等		课长	主任	主任	主任	高级事务员

续表

集团职能					
管理体系					专业体系
集团职能	事业部	职能部门	分公司	工厂	
聘五等	组长	组长	组长	组长	中级事务员
聘六等				班长	事务员
雇七等					作业员

2.3.2 半结构化数据

半结构化数据是指具有一定结构但不符合传统关系型数据库表格结构的数据类型。它相对于结构化数据不具备严格的模式和格式要求，但仍然具有一定程度的组织性和可解释性。

以下是一些常见的业务数据中的半结构化数据类型，我们用具体的示例来说明。

(1)日志文件。

日志文件是记录系统、应用程序或网络设备活动的文件，通常以文本形式存在。简化的日志文件示例如下所示。

'''

时间戳 日志内容

2023-08-30 12：00：01 用户登录成功

2023-08-30 12：15：27 记录错误：无法连接到数据库

2023-08-30 12：30：10 生成报告：销售统计数据

'''

(2)电子邮件。

电子邮件是用于传递信息的电子通信方式，包含发送者、收件人、主题、正文、附件等信息。简化的电子邮件示例如下所示。

'''

发件人：John@ example. com

收件人：Jane@ example. com

主题：关于会议时间的提醒

正文：会议时间改为下周三上午10点，请大家准时参加。

附件：会议议程. docx

'''

(3)调查问卷。

调查问卷数据包含问题和回答选项，可以是多选、单选、评分或开放性回答。简化的调查问卷示例如下所示。

'''

问题：你对产品的满意度如何？

——非常满意

——满意

——一般

——不满意

——非常不满意

问题：你使用产品的频率是？

——每天

——每周

——每月

——偶尔

，，，

（4）文本数据。

业务中的文档、报告、合同等文本数据也属于半结构化数据。简化的文本数据示例如下所示。

'''

标题：公司年度财务报告

内容：本报告包含了公司 2023 财务年度的详细财务表现和数据分析。

附件：财务报表.xlsx

'''

以上示例展示了业务数据中常见的半结构化数据类型。实际业务场景中的半结构化数据可能更加复杂和多样化，但通过这些示例可以理解半结构化数据的形式和特点。

2.3.3 非结构化数据

非结构化数据是指在存储和处理上不具有明确结构和模式的数据，如文本文档、图像、音频、视频等。非结构化数据通常以文件或多媒体格式存储，存储时没有固定的模式，因此需要特定的技术和算法进行数据提取和分析。非结构化数据是企业重要的数据资产，本质上是结构化数据之外的一切数据，难以用预定义的模型进行描述，不容易组织和格式化，一般存储在非关系数据库中，使用 NoSQL 进行查询。

在管理会计中，业务数据通常是结构化数据，例如，财务报表、销售数据、成本数据、库存数据等都具有明确的数据模型和关系。然而，也存在一些管理会计中的业务数据可能包含一定程度的非结构化数据，具体取决于组织和业务的特定情况。以下是一些管理会计中可能包含非结构化数据的示例。

（1）文字注释和附注：财务报表中的附注部分可能包含文字性的解释、分析和描述，而注释信息常常以自由文本的形式提供。

（2）预算说明和备忘录：在制定和管理预算过程中，可以涉及一些文字性的说明、备忘或其他补充信息。

（3）风险评估和管理报告：在进行风险评估和管理时，业务数据中可能包含一些风险描述、风险因素分析、控制措施等。

（4）绩效评估和评价：在进行绩效评估时，业务数据中可能包含一些文字性的评价和解释，如对绩效指标的说明、评估结果的解读等。

需要注意的是，尽管这些业务数据中可能包含一定的非结构化数据，但通常仍然以结构化数据为主。在管理会计中，大部分数据仍然可以通过统一的数据模型和关系进行管理和分析。对于非结构化数据，可以采取相应的技术和方法，如自然语言处理、文本挖掘等，将非结构化数据转化为结构化形式，以便进行更深入的分析和决策支持。

知识拓展

在大数据时代，数据治理在管理会计中扮演着至关重要的角色，尽管这在文档中未被直接提及，但其重要性不容忽视。数据治理涉及数据的质量、安全性、可访问性和合规性，是确保数据资产得到有效管理和利用的一套流程和政策。

高质量的数据是管理会计分析的前提。数据治理通过确保数据的准确性和及时性，帮助企业构建可靠的财务报告和业务洞察。此外，良好的数据治理还能降低数据相关的风险，如数据泄露或误用，这对于保护企业的财务和声誉至关重要。

在管理会计实践中，数据治理还涉及数据的可访问性和透明度。通过实施有效的数据治理策略，企业能够确保关键决策者访问到他们需要的数据，同时保证数据的安全性和合规性。这不仅提高了决策的效率，也增强了企业对外部监管和内部审计的响应能力。

随着数据分析技术的进步，数据治理在支持先进的分析方法，如人工智能和机器学习方面也变得越来越重要。这些技术能够从大量复杂的数据中提取有价值的信息，但它们的有效性依赖于数据的质量和治理。因此，数据治理为管理会计提供了一个坚实的基础，使其能够充分利用大数据的潜力。

总之，数据治理是大数据管理会计成功的关键。它不仅保护了企业的数据资产，还提高了数据的可用性和价值，从而为企业的战略决策和业务优化提供了强有力的支持。随着数据在企业运营中的作用日益增强，数据治理将继续成为管理会计不可或缺的一部分。

练习题

一、单选题

1. 下列不属于财务数据的范围的是（　　）。
A. 资金和投资数据　　　　　　　　B. 客户满意度调查结果
C. 财务报表数据　　　　　　　　　D. 收入和成本数据

2. 业务数据的范围包括（　　）。
A. 财务数据　　　　　　　　　　　B. 供应链管理数据
C. 股东权益和分红数据　　　　　　D. 人力资源管理数据

3. 在管理会计中，财务数据的作用不包括（　　）。
A. 决策支持　　　B. 业务优化　　　C. 绩效评估　　　D. 报告和披露

4. 下列属于业务数据的是（　　）。
A. 财务报表数据　　　　　　　　　B. 客户购买历史记录
C. 股东权益变动情况　　　　　　　D. 税务申报情况

5. 大数据管理会计的内部数据不包括（　　）。

A. 销售数据　　　　B. 客户数据　　　　C. 行业统计数据　　D. 采购数据

6. 结构化数据的主要特点是(　　)。

A. 没有固定模式　　　　　　　　　B. 存储在非关系数据库中

C. 以表格或数据库形式存在　　　　D. 难以用预定义的模型描述

7. 以下属于半结构化数据的是(　　)。

A. 图像文件　　　　B. 日志文件　　　　C. 音频文件　　　　D. 文本文档

8. 非结构化数据的存储格式通常为(　　)。

A. 表格　　　　　　B. 多媒体　　　　　C. 文本　　　　　　D. 数据库

9. 在管理会计中, 可能包含非结构化数据的业务数据示例是(　　)。

A. 财务报表　　　　B. 销售数据　　　　C. 风险评估报告　　D. 预算说明

10. 针对管理会计中的非结构化元素, 采用的方法包括(　　)。

A. 数据模型和关系　　　　　　　　B. 自然语言处理、文本挖掘

C. 结构化查询语言　　　　　　　　D. 数据录入和验证

二、简答题

1. 大数据管理会计的数据来源有哪些?
2. 什么是结构化数据? 结构化数据有什么优缺点?
3. 什么是半结构化数据? 半结构化数据有什么特点?
4. 什么是非结构化数据? 非结构化数据有什么特点?
5. 请举出几种结构化数据并阐述其作用。

3 大数据管理会计的 Python 基础

章节引入

在大数据时代背景下，管理会计领域正经历着一场技术革新。企业决策者需要从海量数据中提取有价值的信息，以支持更精准的决策制定。然而，数据的多样性和复杂性使得这一过程充满挑战。为此，大数据管理会计的概念应运而生，它通过运用先进的数据处理技术，如 Python 编程语言，清洗、分析和可视化数据，从而提高会计信息的质量和决策的有效性。本章将探讨大数据管理会计的 Python 基础，展示如何利用 Python 进行数据清洗，以及如何通过数据分析来揭示数据背后的商业洞察。

章节分析

本章深入分析了大数据管理会计中的数据清洗、分析和可视化技术。数据清洗技术包括空缺值处理、异常值处理、重复值处理等，这些技术对于确保数据质量至关重要；同时通过具体的 Python 代码示例，展示了如何使用 pandas 和 NumPy 等库来执行数据清洗任务。数据分析技术包括描述性统计分析、探索性数据分析、数据挖掘、预测分析等，这些技术有助于企业从数据中发现模式和趋势，为决策提供科学依据。数据可视化技术包括柱形图、饼图、散点图等的制作。

学习目标

知识目标
- 理解大数据管理会计的概念及其在现代企业管理中的作用。
- 掌握数据清洗和数据分析的基本原则及技术。

- 学习Python在数据管理会计中的应用，包括相关库的使用方法。

能力目标
- 能够运用Python进行数据清洗和分析，处理实际工作中的数据问题。
- 能够使用数据分析技术提升商业洞察能力，支持决策制定。

素质目标
- 培养数据分析的思维能力，提升解决复杂问题的能力。
- 培养对数据的敏感性，提高数据驱动决策的意识。

3.1 数据清洗技术

数据清洗技术是在数据处理过程中用于去除、修复或处理数据中的错误、缺失、重复或不一致等问题的方法和技术。以下是一些常用的数据清洗技术。

3.1.1 空缺值处理

空缺值是指数据中的空值或无效值。常见的处理方法包括删除包含空缺值的行或列、填充空缺值，或使用插值方法来估计空缺值。以下是一些用Python pandas库处理空缺值的常见代码示例及其解释。

（1）导入所需库。

```
import pandas as pd
import numpy as np
```

使用pandas库处理数据。NumPy库提供了处理空缺值的一些方法。

（2）创建待处理数据，以下为示例数据。

```
data={
    'A': [1, 2, np.nan, 4],
    'B': [np.nan, 6, 7, 8],
    'C': [9, 10, 11, 12]
}
df=pd.DataFrame(data)
```

创建一个如下形式的数据框，其中包含空缺值（np.nan）。

```
    A     B    C
0   1.0   NaN  9
1   2.0   6.0  10
2   NaN   7.0  11
3   4.0   8.0  12
```

（3）删除包含空缺值的行。

```
df_dropna_rows=df.dropna(axis=0)
```

将删除包含至少一个空缺值的行。

（4）删除包含空缺值的列。

```
df_dropna_columns=df.dropna(axis=1)
```

将删除包含至少一个空缺值的列。

（5）用特定值填充空缺值。

```
df_fillna_value=df.fillna(value=0)
```

将所有空缺值替换为 0。

（6）使用前一个值填充空缺值。

```
df_fillna_forward=df.fillna(method='ffill')
```

将空缺值替换为前一个非空缺值。对于第一行且值空缺的情况，它将保持为空缺值。

（7）使用后一个值填充空缺值。

```
df_fillna_backward=df.fillna(method='bfill')
```

将空缺值替换为后一个非空缺值。对于最后一行且值空缺的情况，它将保持为空缺值。

（8）使用平均值填充空缺值。

```
df_fillna_mean=df.fillna(df.mean())
```

将使用列平均值替换空缺值。可以通过设置 axis 参数来沿行填充平均值。

（9）使用插值方法估计空缺值。

```
df_interpolate=df.interpolate()
```

默认情况下，使用线性插值方法来估计空缺值。可以通过设置 method 参数来选择其他插值方法。

这些都是处理空缺值的常见方法。视具体情况和领域知识而定，可以选择适当的方法来处理包含空缺值的数据。

3.1.2 异常值处理

异常值是指与其他观测值明显不同的数值。可以使用统计方法或箱线图等可视化方法来检测和处理异常值。处理方法包括删除异常值、替换为合理的值或使用插值方法来修复异常值。以下是一些使用 Python 来检测和处理异常值的常见代码示例及其解释。

（1）导入所需库。

```
import pandas as pd
import numpy as np
import matplotlib.pyplot as plt
import seaborn as sns
```

使用 pandas 库处理数据，NumPy 库提供了处理异常值的一些方法。matplotlib 库和 seaborn 库用于数据可视化。

（2）创建待处理数据，以下为示例数据。

```
data = {
    'A': [1, 2, 3, 4, 5, 100],
    'B': [6, 7, 8, 9, 10, 25],
    'C': [11, 12, 13, 14, 15, 16]
}
df = pd.DataFrame(data)
```

此数据框中，可以看到 A 列和 B 列的尾部数据为异常值。

（3）绘制箱体图。

```
plt.figure(figsize=(10, 5))
sns.boxplot(data=df)
plt.show()
```

plt.figure(figsize=(10,5))设置绘图的尺寸。sns.boxplot(data=df)使用 seaborn 库绘制箱线图，其中参数 data 指示绘制哪些数据。plt.show()函数显示绘制的图形。箱线图可以帮助识别出每列潜在的异常值。

（4）使用箱线图检测异常值。

```
def detect_outliers_iqr(data, multiplier=1.5):
    Q1 = data.quantile(0.25)  # 第一四分位数
    Q3 = data.quantile(0.75)  # 第三四分位数
    IQR = Q3 - Q1    # 四分位距
    lower_bound = Q1 - multiplier * IQR
    upper_bound = Q3 + multiplier * IQR
    return data[(data < lower_bound) | (data > upper_bound)]
outliers = df.apply(detect_outliers_iqr)
print(outliers)   # 打印找到的异常值。
```

以上定义了一个名为 detect_outliers_iqr 的函数，接收 Series 类型数据和一个可选的乘数参数，默认值为1.5。函数计算了数据中的第一、第三四分位数，以及四分位距（IQR）。计算数据的下界和上界值，以识别潜在的异常值。最后，函数只返回异常值。outliers = df.apply(detect_outliers_iqr)该行代码使用 apply()函数将上述函数应用于数据框的每一列，并将找到的异常值存储在 outliers 中。

（5）删除异常值。

```
df_cleaned = df[(df['A'] < outliers['A'].max()) & (df['B'] < outliers['B'].max())]
```

创建一个新的数据框 df_cleaned，筛选掉包含检测到的异常值所在的行。这里使用了条件过滤和逻辑操作。

（6）替换异常值为合理的值（如平均值，中值）。

```
df_replaced = df.copy()
df_replaced['A'] = np.where((df['A'] >= outliers['A'].max()), df['A'].median(), df['A'])
df_replaced['B'] = np.where((df['B'] >= outliers['B'].max()), df['B'].median(), df['B'])
```

创建一个新数据框 df_replaced（原始数据框的副本），使用 np.where（）函数，根据条件将异常值替换为中值（在这个例子中，可以选择平均值或其他合适的值）。

（7）使用插值方法修复异常值。

```
df_interpolated=df.copy()
df_interpolated['A']=np.where((df['A']>=outliers['A'].max()), np.nan, df['A'])
df_interpolated['B']=np.where((df['B']>=outliers['B'].max()), np.nan, df['B'])
df_interpolated.interpolate(inplace=True)
```

创建一个新数据框 df_interpolated（原始数据框的副本），将异常值替换为 np.nan。然后，使用 interpolate（）函数对数据进行插值，其中异常值将被估算的合理值填充。默认情况下，使用线性插值，通过设置 method 参数来选择其他插值方法。参数 inplace=True 表示在原数据框上直接修复异常值。

这些都是处理异常值的常见方法。根据数据的特点和领域知识选择适当的方法来处理异常值。

3.1.3 重复值处理

重复值是指数据中存在完全相同的记录。可以使用去重方法来删除重复值，保留唯一的记录。以下是删除重复值的代码示例，以及每行代码的详细解释。

（1）导入所需库。

```
import pandas as pd
import numpy as np
```

导入用于处理数据的 pandas 库，以及支持基本数学运算的 NumPy 库。

（2）创建待处理数据，以下为示例数据。

```
data={
    'A': [1, 2, 2, 4, 5, 4],
    'B': ['a', 'b', 'b', 'd', 'e', 'd'],
    'C': [1.1, 1.2, 1.2, 1.4, 1.5, 1.4]
}
df=pd.DataFrame(data)
```

创建一个名为 data 的字典，包含三个键（A、B、C），然后使用这个字典创建一个新的数据框。

（3）查找整行完全相同的重复记录。

```
duplicates=df[df.duplicated()]
print(duplicates)
```

df.duplicated（）函数检查完全相同的重复行，并返回一个布尔值 Series，其中重复行对应的值为 True。duplicates 将保存满足条件的所有重复行。

（4）删除所有重复行。

```
df_unique=df.drop_duplicates()
print(df_unique)
```

df. drop_duplicates()函数去除数据框中所有完全相同的行,并将结果保存在一个名为 df_unique 的新数据框里。drop_duplicates()函数使用参数 subset 默认为 None,表示考虑所有列。若仅基于特定列删除重复值,可以提供列名列表给 subset 参数。

```
df_unique_A=df. drop_duplicates(subset=['A'])
```

删除数据框中 A 列的重复值,参数 subset=['A']仅考虑 A 列的重复值。其他可选参数如下。

keep:用于确定应保留哪个重复值。默认值为 first,表示保留第一个出现的重复值。参数可以设置为 Last 或 False,表示保留最后一个重复值或删除所有重复值。

inplace:布尔值,默认值为 False。如果为 True,则在原数据框上删除重复值,而不返回新对象。

通过这些步骤,可以有效地识别和去除重复值,确保数据质量。

3.1.4　数据格式统一

数据中可能存在不一致的格式,如大小写不统一、日期格式不一致等。可以使用字符串处理方法将文本转换为统一的大小写,或使用日期解析函数将不同格式的日期转换为统一的格式。以下是解决数据不一致性(如大小写不统一、日期格式不一致等)的一些代码示例及详细解释。

(1)导入所需库。

```
import pandas as pd
from dateutil. parser import parse
```

导入用于数据处理的 pandas 库和 dateutil. parser 模块中的 parse()函数。pandas 库主要用于数据解析和存储,dateutil. parser 模块主要用于处理日期格式问题。

(2)创建待处理数据,以下为示例数据。

```
data={
    'Name': ['JOHN', 'ANNA', 'angela', 'Maria', 'tOm'],
    'Birthday': ['1993.10.11', '2000-01-14', '1986/09/15', '22-11-1990', '01.05.79']
}
df=pd. DataFrame(data)
```

创建了一个名为 data 的字典,包括 5 个名字(具有不同的大小写模式)和 5 个日期(具有不同的日期格式)。然后使用这个字典创建一个新的数据框。

(3)将所有名称转换为首字母大写,其余小写。

```
df['Name']=df['Name']. str. title()
```

使用 pandas 的 str. title()函数,将 Name 列的所有名称转换为首字母大写,其余小写的格式。

(4)将所有日期转换为统一格式。

```
df['Birthday']=df['Birthday']. apply(lambda x: parse(x). strftime('%Y-%m-%d'))
```

使用 lambda 和 apply()函数,结合 dateutil 库中的 parse()函数和 strftime()函数,将 Birthday 列所有的日期转换为统一的形式'%Y-%m-%d'(年-月-日)。其中:

lambda x：parse(x).strftime('%Y-%m-%d')：创建了一个匿名函数，这个函数带有一个参数 x，它的作用是以'%Y-%m-%d'的形式格式化解析后的日期；

apply()：它能够将一个函数应用到数据框的某一列或某一行的所有元素上；

parse(x)：它是由 dateutil 库提供的函数，它会自动从字符串中识别出日期；

strftime('%Y-%m-%d')：它是将日期格式化为特定形式的函数，在这里它将日期格式化为"年–月–日"的形式。

3.1.5 数据类型转换

根据数据的含义和使用需求，需要将数据转换为正确的数据类型。例如，将文本型数据转换为数字型、日期型数据转换为日期对象等。以下是将数据转换为正确的数据类型的一些代码示例以及详细解释。

（1）导入所需库。

```
import pandas as pd
```

此段代码用于导入 pandas 库，该库在 Python 中用于处理数据。

（2）创建待处理数据，以下为示例数据。

```
data={
    'Item': ['Item_1', 'Item_2', 'Item_3', 'Item_4', 'Item_5'],
    'Price': ['12.5', '15.39', '23.0', '9', '18.25'],
    'ReleaseDate': ['2021-10-20', '2021-11-05', '2021-11-10', '2021-10-30', '2021-11-15']
}
df=pd.DataFrame(data)
```

创建一个名为 data 的字典来生成样本数据。然后，使用这个字典创建一个新的数据框。在这个数据框中，有三列，分别为 Item、Price 和 ReleaseDate，其中 Price 列应为数值类型，ReleaseDate 列应为日期类型。

（3）将 Price 列转换为浮点数。

```
df['Price']=df['Price'].astype(float)
```

这行代码使用了 astype() 函数，将 Price 列中的数值转换为浮点数。在这个步骤之后，Price 列中的数值将以 float 数据类型展示。

（4）将 ReleaseDate 列转换为日期类型。

```
df['ReleaseDate']=pd.to_datetime(df['ReleaseDate'], format='%Y-%m-%d')
```

使用 pandas 库的 to_datetime() 函数将 ReleaseDate 列中的日期转换为特定格式的 Datetime 对象。在这里，指定 format 参数格式为"%Y-%m-%d"。

（5）检查数据类型。

```
print(df.dtypes)
```

输出前面更改的各列数据类型。可使用 df.dtypes 获取数据框的所有列的数据类型。

3.1.6 数据一致性检验

校验数据的一致性和关联性，包括检查数据中的重要字段是否唯一、字段之间的关联关系是否正确等。可以使用逻辑校验、数据透视表、SQL 查询等方法进行数据一致性校验。以下是一些用于校验数据一致性和关联性的代码示例及详细解释。

(1)导入所需库。

```
import pandas as pd
```

(2)创建待处理数据，以下是示例数据。

```
data = {
    'ID': [101, 102, 103, 104, 104, 106],
    'Name': ['John', 'Anna', 'Sophia', 'Tom', 'Tom', 'Lily'],
    'Email': ['john@example.com', 'anna@example.com', 'sophia@example.com', 'tom@example.com', 'tom@example.com', 'lily@example.com'],
    'Age': [26, 25, 29, 28, 28, 24],
    'City': ['New York', 'San Francisco', 'Los Angeles', 'Chicago', 'Chicago', 'Boston']
}

df = pd.DataFrame(data)
```

创建一个名为 data 的字典并通过该字典创建了一个新的数据框。数据框包含了 ID(其中一个值重复)、Name、Email、Age 和 City 字段。

(3)检查 ID 字段的唯一性。

```
if df['ID'].nunique() == len(df):
    print("ID 列是唯一的。")
else:
    print("ID 列不是唯一的,有重复的 ID。")
```

使用 pandas 库的 nunique() 函数检查 ID 列中的唯一值数量，并将其与数据框中的行数进行比较。如果数量相等，则说明 ID 列中的值是唯一的；否则，表示 ID 列有重复的值。

(4)数据透视表校验关联关系。

```
pivot_df = df.pivot_table(index=['ID', 'Name', 'Age'], values='Email', aggfunc='count')
print(pivot_df)
```

使用 pandas 库的 pivot_table() 方法创建一个数据透视表，以检查 ID、Name 和 Age 之间的关联关系是否正确。将 ID、Name 和 Age 作为索引，并使用 aggfunc='count' 对 Email 进行计数。这有助于查看具有相同 ID、Name 和 Age 组合的数据的计数。

(5)使用 SQL 查询进行数据一致性校验。

为了用 SQL 查询校验数据，需要安装并导入 pandasql 库。

```
! pip install pandasql
import pandasql as psql
query = '''
SELECT DISTINCT ID, COUNT(*) as CountOfRows
FROM df
GROUP BY ID
HAVING COUNT(*) > 1
```

```
'''
duplicated_ids=psql. sqldf(query)
print(duplicated_ids)
```

使用 SQL 查询来查找具有重复 ID 的行。使用 SELECT DISTINCT 和 GROUP BY 子句进行分组，对每个 ID 进行计数，然后使用 HAVING 子句筛选出计数大于 1 的 ID。

通过以上代码，可以校验数据的一致性和关联性。根据需要，可以针对不同字段执行更多类型的校验。

3.1.7 数据整合和合并

当数据有不同的来源或格式时，可能需要对数据进行整合和合并。可以使用合并方法、连接操作等技术将多个数据集合并为一个数据集。以下是使用 Python 的 pandas 库来整合和合并数据的示例。

（1）导入所需库。

```
import pandas as pd
```

（2）创建待处理数据，以下是示例数据。

```
df1=pd. DataFrame({
    "Name": ["John", "Anna", "Sophia"],
    "Age": [26, 25, 29],
    "City": ["New York", "San Francisco", "Los Angeles"]
})

df2=pd. DataFrame({
    "Name": ["Tom", "Anna"],
    "Job": ["Engineer", "Doctor"],
    "Salary": [70000, 80000]
})
```

创建了两个数据框：df1 和 df2。这些数据框模拟有不同来源或格式的数据。

（3）使用合并（merge）操作将数据集合并。

```
df3=pd. merge(df1, df2, on='Name', how='outer')
```

使用 pandas 库的 merge( ) 函数将 df1 和 df2 合并。on 参数用于指定合并的键，即两个数据框需要匹配的列名。在此例中，基于 Name 列来合并数据。

how 参数定义了两个数据框的合并类型。可选值包括 left（只使用左边数据框的键），right（只使用右边数据框的键），outer（使用两个数据框的键），inner（只使用两个数据框中共有的键）。

how='outer'这里表示如果某个键在一个数据框中但不在另一个数据框中，结果数据框中也会包含这个键。所有的键都会出现在结果数据框中，不存在的值将被填充为 NaN。

（4）检查合并的结果。

```
print(df3)
```

输出的 df3 数据框显示 df1 和 df2 基于 Name 列成功地被合并。这样即可创建一个包含所有相关信息的综合数据集。

以上是一些常见的数据清洗技术，根据具体的数据特点和业务需求，可以选择合适的数据清洗技术来处理和优化数据，以确保数据的准确性、一致性和完整性，从而提高数据分析和应用的可信度和效果。

3.2 数据分析技术

数据分析技术是指在数据处理和挖掘过程中用于发现、解释和预测数据中潜在规律和趋势的方法和技术。以下是一些常用的数据分析技术。

3.2.1 描述性统计分析

描述性统计分析用于对数据进行总结和描述，包括计算均值、中位数、标准差等统计指标，绘制频率分布、直方图、箱线图等图表。

（1）计算均值。

为了计算这些统计指标并创建图表，通常使用 Python 编程语言及其流行的数据库 pandas、NumPy 和 Matplotlib。下面是一些基本的代码示例。

导入 Python 中用于数据处理和分析的几个主要库。pandas 库用于数据处理和分析，NumPy 库提供了强大的数值计算功能，Matplotlib 库用于数据可视化，而 SciPy 库是一个包含许多科学计算工具的库。

```python
import pandas as pd
import numpy as np
import matplotlib.pyplot as plt
from scipy import stats
```

创建一个包含 10 个数值的数据框（DataFrame），所有数值都存储在名为 Value 的列中。

```python
#假设有以下数据：
data=[1, 2, 3, 4, 5, 6, 7, 8, 9, 10]
df=pd.DataFrame(data, columns=['Value'])
```

计算 Value 列的平均值，并打印出来。Mean 是输出的文本，而 mean 是计算得到的平均值。

```python
mean=df['Value'].mean()
print("Mean:", mean)
```

（2）计算中位数。

计算 Value 列的中位数，并打印出来。Median 是输出的文本，而 median 是计算得到的中位数。

```python
median=df['Value'].median()
print("Median:", median)
```

(3) 计算标准差。

std_dev=df['Value'].std()
print("Standard Deviation:", std_dev)

(4) 绘制频率分布和直方图。

bins=10 表示将数据分为 10 个区间，alpha=0.5 表示直方图中的柱状条的透明度为 0.5。

plt.hist(df['Value'], bins=10, alpha=0.5)
#Frequency Distribution 是图的标题。
plt.title('Frequency Distribution')

Value 和 Frequency 分别是 x 轴和 y 轴的标签。

plt.xlabel('Value')
plt.ylabel('Frequency')

最后，使用 plt.show() 函数将图形显示出来。

plt.show()

(5) 绘制箱线图。
Box Plot 是图的标题。

plt.boxplot(df['Value'])

在箱线图中，箱体表示四分位数范围（Q1~Q3），箱线表示异常值，箱外的小点表示离群值。在这种情况下，y 轴实际上是多余的，因为箱线图是关于单个变量的图形。但为了遵循 matplotlib 的语法，仍然需要它。

Value 是 x 轴和 y 轴的标签。

plt.xlabel('Value')
plt.ylabel('Value')

最后，使用 plt.show() 函数将图形显示出来。

plt.show()

3.2.2 探索性数据分析

探索性数据分析（EDA）通过可视化和统计方法分析数据的分布、关系和异常等，帮助发现有趣的模式和结构，指导进一步的分析。

下面是使用 Python 的 pandas 库进行探索性数据分析的示例。

(1) 导入必要的库。

导入 pandas 库，并使用别名 pd 来代替它。pandas 是一个用于数据操作和分析的强大 Python 库。

import pandas as pd

导入 NumPy 库，并使用别名 np 来代替它。NumPy 是一个用于数值计算的 Python 库。

import numpy as np

导入 Matplotlib 库的 pyplot 模块，并使用别名 plt 来代替它。Matplotlib 是一个用于绘制图表和图像的库。

import matplotlib.pyplot as plt

从 SciPy 库中导入 stats 模块。SciPy 是一个用于科学计算的库，而 stats 模块包含了很多用于统计分析的函数。

from scipy import stats

（2）读取数据集。

使用 pandas 的 read_csv() 函数读取名为 data.csv 的 CSV 文件，并将结果存储在变量 data 中。CSV 是常见的一种数据格式。

data=pd.read_csv('data.csv')

（3）查看数据集的前几行。

打印数据集的前五行。

print(data.head())

（4）描述性统计分析。

使用 pandas 的 describe() 函数打印数据集的描述性统计信息，包括平均值、标准差、最小值、最大值和计数。

print(data.describe())

（5）绘制直方图：注释说明接下来的代码将绘制数据的直方图。

使用 matplotlib 库的 hist() 函数绘制名为 column_name 的列的直方图。bins 参数表示直方图的条形数量，alpha 参数表示条形的透明度。

plt.hist(data['column_name'], bins=30, alpha=0.5)

设置直方图的标题。

plt.title("Histogram of column_name")

设置 x 轴的标签。

plt.xlabel("Value")

设置 y 轴的标签。

plt.ylabel("Frequency")

显示图像。

plt.show()

（6）绘制箱线图：注释说明接下来的代码将绘制数据的箱线图。

使用 Matplotlib 库的 boxplot() 函数绘制名为 column_name 的列的箱线图。

plt.boxplot(data['column_name'])

设置箱线图的标题。

plt.title("Box plot of column_name")

设置 x 轴的标签。

```
plt. xlabel("Value")
```

设置 y 轴的标签。

```
plt. ylabel("Frequency")
```

显示图像。

```
plt. show()
```

(7)绘制散点图：注释说明接下来的代码将绘制数据的散点图。

使用 Matplotlib 库的 scatter() 函数绘制名为 column_1 和 column_2 的两个列的散点图。

```
plt. scatter(data['column_1'], data['column_2'])
```

设置散点图的标题。

```
plt. title('Scatter plot of column_1 vs column_2')
```

设置 x 轴的标签。

```
plt. xlabel("Column_1")
```

设置 y 轴的标签。

```
plt. ylabel('Column_2')
```

显示图像。

```
plt. show()
```

(8)计算相关性：注释说明接下来的代码将计算两个变量之间的相关性。

使用 pandas 库的 corr() 函数计算名为 column_1 和 column_2 的两个列之间的相关性，并将结果存储在变量 corr 中。

```
corr = data['column_1']. corr(data['column_2'])
```

打印相关性结果。

```
print(f'Correlation between column 1 and column 2: {corr}')
```

3.2.3　数据挖掘

数据挖掘是通过应用机器学习、统计学和模式识别等技术，挖掘数据中的隐藏模式和知识。常见的数据挖掘方法包括分类、聚类、关联规则、异常检测等。

(1)分类。

分类是一种预测性的数据挖掘技术，它涉及预测一个离散的目标变量。例如，可以使用逻辑回归模型进行分类。

从 scikit-learn 库中导入所需的模块。train_test_split() 函数用于划分数据集为训练集和测试集。

```
from sklearn. model_selection import train_test_split
#LogisticRegression 用于逻辑回归模型。
```

```
from sklearn.linear_model import LogisticRegression
#datasets 用于加载数据集。
from sklearn import datasets
```

加载鸢尾花数据集,并将其特征数据和标签分别存储在 x 和 y 中。

```
iris = datasets.load_iris()
x = iris.data
y = iris.target
```

将数据集划分为80%的训练集和20%的测试集。

```
x_train, x_test, y_train, y_test=train test_split(x, y, test_size=0.2, random_state=42)
```

创建一个逻辑回归模型并使用训练数据对其进行训练。

```
model = LogisticRegression()
model.fit(x_train, y_train)
```

下面第一行代码对测试集进行预测,第二行代码输出模型的准确率。

```
predictions = model.predict(x_test)
print('Accuracy:', model.score(x_test, y_test))
```

(2)聚类。

从 scikit-learn 库中导入所需的模块,KMeans 模块用于 k-means 聚类算法,make_blobs()函数用于创建模拟数据集。

```
from sklearn.cluster import KMeans
from sklearn.datasets import make_blobs
```

创建一个具有 300 个样本和 4 个中心的数据集,每个聚类的标准偏差为 0.60。

```
x,y=make_blobs(n_samples=300, centers=4, cluster_std=0.60, random_state=0)
```

创建一个 k-means 模型,指定 4 个聚类,使用数据对其进行训练。

```
model = KMeans(n_clusters=4)
model.fit(X)
```

输出聚类的中心。

```
print('Cluster centers:', model.cluster_centers_)
```

(3)关联规则。

使用 mlxtend 库进行频繁项集挖掘和关联规则生成的 Python 代码。mlxtend 是一个用于机器学习任务的 Python 库,提供了许多实用的数据挖掘工具。

从 mlxtend 库的频繁模式模块导入 Apriori 算法,用于发现频繁项集。

```
from mlxtend.frequent_patterns import apriori
```

从 mlxtend 库的频繁模式模块导入关联规则算法。

```
from mlxtend.frequent_patterns import association_rules
```

从 mlxtend 库的预处理模块导入 TransactionEncoder 类，用于将购物清单数据转换为编码格式。

from mlxtend.preprocessing import TransactionEncoder

导入 pandas 库，并使用别名 pd。pandas 是用于数据处理和分析的流行 Python 库。

import pandas as pd

创建一个数据集，表示四个购物清单。
dataset=[['牛奶','面包','黄油'],['啤酒','黄油','尿布'],['牛奶','啤酒','尿布','鸡蛋'],['面包','黄油','尿布','鸡蛋']]

创建一个 TransactionEncoder 对象，该对象将用于将购物清单数据转换为编码格式。

te = TransactionEncoder()

使用 fit() 函数对数据集进行拟合，并使用 transform() 方法将数据集转换为编码格式。

te_ary = te.fit(dataset).transform(dataset)

将编码后的数据集转换为 pandas DataFrame 格式，并设置列名为 TransactionEncoder 对象返回的列名。

df = pd.DataFrame(te_ary, columns=te.columns_)

使用 Apriori 算法找到频繁项集，其中 min_support 参数设置为 0.6，表示最小支持度为 60%。use_colnames 参数设置为 True，表示使用列名作为项集的标识。

frequent_itemsets = apriori(df, min_support=0.6, use_colnames=True)

使用关联规则算法生成关联规则，其中 metric 参数设置为 lift，表示使用提升度作为度量标准。min_threshold 参数设置为 1，表示最小阈值为 1。

rules = association_rules(frequent_itemsets, metric="lift", min_threshold=1)

输出关联规则及其 lift 值。

print(rules)

(4) 异常检测。

异常检测是一种数据挖掘技术，用于识别与正常数据明显不同的数据点。例如，可以使用 Isolation Forest 模型进行异常检测。

从 scikit-learn 库的 ensemble 模块导入 IsolationForest，它是一个用于异常值检测的孤立森林模型。

from sklearn.ensemble import IsolationForest

导入 NumPy 和 pandas，并使用别名 np 和 pd。NumPy 是用于数值计算的 Python 库，pandas 是用于数据处理和分析的 Python 库。

import numpy as np
import pandas as pd

从 scikit-learn 库的 datasets 模块导入 make_blobs() 函数，这个函数可以生成用于聚类的随机数据。

from sklearn. datasets import make_blobs

导入 Matplotlib 库的 pyplot 模块并使用别名 plt，然后创建一个新的图形，大小为 12×8。

from matplotlib import pyplot as plt
plt. figure(figsize=(12,8))

导入 Seaborn 库的 scatterplot() 函数，并使用别名 scatterplot。seaborn 是一个基于 Matplotlib 库的数据可视化库。

from seaborn import scatterplot as scatterplot

从 sklearn. preprocessing 模块导入 StandardScaler，用于数据的标准化。

from sklearn. preprocessing import StandardScaler

从 sklearn. cluster 模块导入 KMeans，用于 k-means 聚类。

from sklearn. cluster import KMeans

从 mlxtend. preprocessing 模块导入 TransactionEncoder，用于数据预处理。

from mlxtend. preprocessing import TransactionEncoder

从 mlxtend. frequent_patterns 模块导入 apriori() 和 association_rules() 函数，用于发现频繁项集和生成关联规则。

from mlxtend. frequent_patterns import apriori
from mlxtend. frequent_patterns import association_rules

3.2.4　预测分析

预测分析使用历史数据和模型来预测未来趋势和结果。常用的预测分析方法包括回归分析、时间序列分析、机器学习算法等。

（1）回归分析。

从 sklearn. model_selection 模块导入 train_test_split() 函数，这个函数用于将数据集分割为训练集和测试集。

from sklearn. model_selection import train_test_split

从 sklearn. linear_model 模块导入 LinearRegression 类，这个类是用于创建线性回归模型。

from sklearn. linear_model import LinearRegression

从 scikit-learn 库导入 metrics 模块，这个模块包含了很多用于评估模型性能的函数。

from sklearn import metrics

导入 pandas 库并使用别名 pd。pandas 是一个用于数据操作和分析的库。

import pandas as pd

导入 NumPy 库并使用别名 np。NumPy 是一个用于数值计算的库。

import numpy as np

创建一个 df,数据由随机的数值生成,用于模拟实际数据。

```
df = pd.DataFrame({
    'feature1': np.random.rand(100),
    'feature2': np.random.rand(100),
    'target': np.random.rand(100) * 2-1,  # 生成一些随机数据
})
```

从数据框 df 中提取特征矩阵,其中包含 feature1 和 feature2 列。

```
X=df[['feature1', 'feature2']]
```

从数据框 df 中提取目标变量,存储在变量 y 中。

```
y=df['target']
```

使用 train_test_split() 函数将数据集分割为训练集和测试集。其中,参数 test_size=0.2,即 20% 的数据被用作测试集。参数 random_state=42 确保每次运行时分割的方式相同。

```
X_train, X_test, y_train, y_test = train_test_split(X, y, test_size=0.2, random_state=42) # 使用 train_test_split() 函数
```

创建一个新的线性回归模型实例。

```
model=LinearRegression()
```

使用训练数据集(即 X_train 和 y_train)对模型进行训练。

```
model.fit(X_train, y_train)
```

使用已训练的模型对测试数据集进行预测。预测的结果存储在变量 y_pred 中。

```
y_pred=model.predict(X_test)
```

打印出平均绝对误差(mean absolute error),这是一个常用的回归模型性能评估指标。

```
print('Mean Absolute Error:', metrics.mean_absolute_error(y_test, y_pred))
```

打印出均方误差(mean squared error),这也是一个常用的回归模型性能评估指标。

```
print('Mean Squared Error:', metrics.mean_squared_error(y_test, y_pred))
```

打印出均方根误差(root mean squared error),这是另一种常用的回归模型性能评估指标。

```
print('Root Mean Squared Error:', np.sqrt(metrics.mean_squared_error(y_test, y_pred)))
```

(2)时间序列分析。

从 pandas 库的 tseries 模块导入 ARIMA 类,用于创建并拟合 ARIMA 模型。

```
from statsmodels.tsa.arima.model import ARIMA
import pandas as pd
import numpy as np
```

设置随机数种子以确保结果的可重复性。

```
np.random.seed(7)
```

生成一个长度为 100 的随机数据序列，数据由正态分布产生并累积相加。

```
data=np.random.randn(100).cumsum()
```

将生成的随机数据序列转换为 pandas Series 对象。

```
series=pd.Series(data)
```

使用生成的随机数据序列创建并拟合一个 ARIMA 模型，这里的参数(5，1，0)代表 p（自回归项的阶数）、d（差分次数）和 q（移动平均项的阶数）即 ARIMA(5，1，0)。

```
model = ARIMA(series, order=(5,1,0))
```

使用提供的参数和数据来拟合（或训练）模型。拟合的结果被存储在 model_fit 变量中。

```
model_fit = model.fit()
```

打印模型的摘要信息。

```
print(model_fit.summary())
```

（3）机器学习算法。

这段代码是使用 Python 语言的机器学习库 scikit-learn 来进行线性回归的示例。下面是对每行代码的解释。

从 sklearn.model_selection 模块导入 train_test_split() 函数，该函数用于将数据集分割为训练集和测试集。

```
from sklearn.model_selection import train_test_split
```

从 scikit-learn 库中导入 LinearRegression 类，该类实现线性回归模型。

```
from sklearn.linear_model import LinearRegression
```

从 scikit-learn 库导入 metrics 模块，该模块包含了很多用于评估模型性能的函数。

```
from sklearn import metrics
```

导入 pandas 库并使用别名 pd，pandas 是一个用于数据操作和分析的库。

```
import pandas as pd
```

导入 NumPy 库并使用别名 np，NumPy 是一个用于数值计算的库。

```
import numpy as np
```

使用 pandas 库的 read_csv() 函数读取名为 data.csv 的 CSV 文件，并将数据存储在变量 data 中。

```
data = pd.read_csv('data.csv')
```

从数据集 data 中提取特征变量 feature1 和 feature2，并将它们存储在变量 X 中。

```
X = data[['feature1', 'feature2']]
```

从数据集 data 中提取目标变量 target，并将它存储在变量 y 中。

y = data['target']

使用 train_test_split() 函数将数据集划分为训练集和测试集。其中测试集的大小为数据集的 20%(即 test_size=0.2),随机种子设置为 42(即 random_state=42)。划分结果存储在变量 X_train、X_test、y_train 和 y_test 中。

X_train, X_test, y_train, y_test=train_test_split(X, y, test_size=0.2, random_state=42)

创建一个新的线性回归模型实例,并将其存储在变量 model 中。

model = LinearRegression()

使用训练数据(即 X_train 和 y_train)对模型进行拟合,并将结果存储在变量 model 中。

model.fit(X_train, y_train)

使用拟合后的模型对测试数据进行预测,并将结果存储在变量 y_pred 中。

y_pred = model.predict(X_test)

计算预测的平均绝对误差,并打印结果。

print("Mean Absolute Error:",metrics.mean_absolute_error(y_test,y_pred))

计算预测的均方误差。

print('Mean Squared Error:', metrics.mean_squared_error(y_test, y_pred))

计算预测的均方根误差。

print('Root Mean Squared Error:', np.sqrt(metrics.mean_squared_error(y_test, y_pred)))

3.2.5 数据可视化

数据可视化是通过图表、图形等可视化方式呈现数据,使复杂的数据变得易于理解和解释。常用的数据可视化工具包括 Matplotlib、Seaborn、Plotly 等。

(1) Matplotlib 是 Python 中最常用的绘图库之一,可以创建各种类型的图表,包括线图、散点图、柱状图、饼图等。

导入 Matplotlib 库的 pyplot 模块,它提供了各种绘图函数。

import matplotlib.pyplot as plt

创建两个列表作为绘图的数据。

x=[1, 2, 3, 4, 5]
y=[2, 4, 6, 8, 10]

使用 plot() 函数绘制 x 和 y 的线图。

plt.plot(x,y)

设置图表的标题和轴标签。

plt.title('Line Chat')

```
plt.xlable('X- axis')
plt.ylabel('Y- axis')
```

显示图表。

```
plt.show()
```

使用 bar( )方法绘制 x 和 y 的柱状图。

```
plt.bar(x, y)
plt.title('Bar Chart')
plt.xlabel('X- axis')
plt.ylabel('Y- axis')
```

（2）Seaborn 是基于 Matplotlib 的库，提供了更高级的接口和美观的默认样式，可以用于绘制各种复杂的统计图形，包括热力图、Pairplot 等。

导入 Seaborn 库。

```
import seaborn as sns
```

导入 pandas 库，它用于数据处理和分析。

```
import pandas as pd
```

创建一个包含 x 列表和 y 列表的数据框。

```
data = pd.DataFrame({'x': [1, 2, 3, 4, 5], 'y': [2, 4, 6, 8, 10]})
```

使用 heatmap( )函数绘制数据的热力图。

```
sns.heatmap(data)
```

显示图表。

```
plt.show()
```

（3）Plotly 部分。

Plotly 是一个交互式的可视化库，可以创建各种类型的图表，包括折线图、散点图、热力图等，并支持通过鼠标交互来查看数据的详细信息。

导入 Plotly 库的 express 模块，它提供了快速创建各种图表的函数。

```
import plotly.express as px
```

导入 pandas 库。

```
import pandas as pd
```

创建一个包含 x 列表和 y 列表的数据框。

```
data = pd.DataFrame({'x': [1, 2, 3, 4, 5], 'y': [2, 4, 6, 8, 10]})
```

使用 line( )方法创建一个折线图。

```
fig = px.line(data)
```

显示图表。

```
fig.show()
```

在这三个部分中，数据是相同的，都是 x 和 y 的两个列表，但使用了三个不同的库来创建不同类型的图表。Matplotlib 是最基础的绘图库，Seaborn 提供了更高级的接口和美观的样式，Plotly 则提供了交互式的图表和查看数据的详细信息的功能。

3.2.6 关联分析

关联分析用于发现数据中的关联关系和规律，下面是使用 Python 语言中的 Apriori 算法进行关联分析的示例代码。

(1) 导入必要的库。

用于数据操作和分析的 Python 库。

```
import pandas as pd
```

用于数据预处理的库，将数据集转换为适合 Apriori 算法的格式。

```
from mlxtend.preprocessing import TransactionEncoder
```

用于频繁项集挖掘和关联规则计算的库。

```
from mlxtend.frequent_patterns import apriori, association_rules
```

(2) 读取数据集。

使用 pandas 库从名为 dataset.csv 的文件中读取数据，header=None 表示该 CSV 文件没有标题行。

```
dataset = pd.read_csv('dataset.csv', header=None)
```

为数据集设置列名。默认情况下，pandas 读入的数据是没有列名的，这里为数据集添加了 Transaction ID 和 Product ID 两个列名。

```
dataset.columns=['Transaction ID', 'Product ID']
```

(3) 将数据集转换为适合 Apriori 算法的格式。

创建一个 TransactionEncoder 对象，该对象是用于将数据集转换为适合 Apriori 算法的格式。

```
te = TransactionEncoder()
```

使用 TransactionEncoder 对象对数据集进行转换。首先使用 fit() 函数对数据进行拟合，然后使用 transform() 函数进行转换。转换后的数据以布尔数组的形式存储在 te_ary 中。

```
te_ary = te.fit(dataset).transform(dataset)
```

将布尔数组 te_ary 转换为数据框。布尔数组的每个元素对应于原始数据集中的一项，如果该项在频繁项集中则取值为 1，否则为 0。列名设置为 1~5。

```
df = pd.DataFrame(te_ary, columns=['1', '2', '3', '4', '5'])
```

(4) 使用 Apriori 算法找出频繁项集。

使用 mlxtend 库的 apriori() 函数来查找频繁项集。min_support 参数定义了项集的最小支持度，即该项集在所有事务中出现的最小频率。use_colnames 参数表示是否将列名（商品 ID）用作项集名称。搜索结果存储在 frequent_itemsets 中。

frequent_itemsets = apriori(df, min_support=0.07, use_colnames=True)

(5) 计算关联规则。

这行代码使用 mlxtend 库的 association_rules() 函数来计算关联规则。这些规则基于频繁项集，通过定义各种度量指标(在这种情况下是 lift)来评估规则。min_threshold 参数定义了规则的最小置信度阈值，搜索结果存储在 rules 中。

rules = association_rules(frequent_itemsets, metric="lift", min_threshold=1)

(6) 显示结果。

打印一个字符串，指示接下来将显示频繁项集。

print("频繁项集:")

打印频繁项集的结果。

print(frequent_itemsets)

打印一个字符串，指示接下来将显示关联规则。

print("关联规则:")

打印关联规则的结果。

print(rules)

3.2.7 文本挖掘和情感分析

在 Python 语言中，可以使用一些自然语言处理(NLP)和文本挖掘的库来提取文本数据中的关键词、主题和情感。这里将展示一个简单的例子，使用 NLTK 库提取关键词，Gensim 库提取主题，以及 TextBlob 库来分析文本情感。

(1) 导入必要的库。

安装三个 Python 库：NLTK(自然语言处理工具包)、Gensim(用于文本挖掘和主题建模的库)、TextBlob(用于处理文本数据的 Python 库)。

pip install nltk gensim textblob

导入 NLTK 库，它是一个非常流行的 Python 库，用于进行各种自然语言处理任务。

import nltk

从 NLTK 库的 corpus 模块导入 stopwords 模块，它包含了英语中的一些停用词。

from nltk.corpus import stopwords

从 NLTK 库的 tokenize 模块导入 word_tokenize() 函数，用于将文本分割成单词(tokens)。

from nltk.tokenize import word_tokenize

下载和安装 NLTK 库的分词器(punkt)。分词器是一种用于文本分词的工具。

nltk.download('punkt')

下载和安装 NLTK 库的停用词模块。

```
nltk.download('stopwords')
```

从 Gensim 库中导入 corpora 和 models 模块,用于创建和处理文本语料库。

```
from gensim import corpora, models
```

从 TextBlob 库中导入 TextBlob 模块,用于处理文本数据。

```
from textblob import TextBlob
```

(2)示例文本数据。

定义一个包含示例文本的变量。

```
text="这是一个示例文本,我们将在下面提取关键词、主题和情感。"
```

创建一个包含所有英文停用词的集合。

```
stop_words = set(stopwords.words('english'))
```

(3)提取关键词。

使用 NLTK 库的 word_tokenize()函数将示例文本分割成单词(tokens)。

```
tokens = word_tokenize(text)
```

过滤掉所有的停用词,得到过滤后的单词列表。

```
filtered_words = [word for word in tokens if word.lower() not in stop_words]
```

使用 NLTK 库的 FreqDist()函数计算过滤后单词的出现频率。

```
keywords=nltk.FreqDist(filtered_words)
```

打印关键词,即出现频率最高的单词。

```
print("关键词:", keywords.keys())
```

(4)提取主题。

使用 Gensim 库的 corpora 模块创建一个字典对象,该字典将单词映射到唯一的整数标识符。

```
dictionary = corpora.Dictionary(filtered_words)
```

使用 Gensim 库的 Dictionary 类的 doc2bow()函数将单词转换为词袋(bag-of-words)表示形式,从而创建一个语料库。

```
corpus = [dictionary.doc2bow(filtered_words)]
```

使用 Gensim 的 LdaModel()函数创建一个潜在狄利克雷分布(Latent Dirichlet Allocation,LDA)模型。LDA 是一种主题模型,可以用于从文本数据中提取主题。在这里,设置了主题数量为3。

```
lda_model = models.LdaModel(corpus, num_topics=3, id2word=dictionary, passes=15)
```

打印提取的主题。每个主题都包含了一组关联的单词(由它们的概率分布表示)。

```
topics = lda_model.print_topics()
```

打印"主题"两个字。

```
print("主题:")
```

遍历所有提取的主题。

```
for topic in topics:
```

打印每个主题。

```
print(topic)
```

(5)分析情感。

使用 TextBlob 模块创建一个 TextBlob 对象，该对象包含示例文本。

```
blob = TextBlob(text)
```

使用 TextBlob 模块的 sentiment() 方法计算文本的情感。结果是一个情感分析对象，包含 polarity(−1~1) 和 subjectivity(0~1) 两个属性。

```
sentiment = blob.sentiment
```

打印文本的情感极性和主观性。

```
print("情感:", sentiment.polarity, sentiment.subjectivity)
```

3.2.8 假设检验和统计推断

假设检验和统计推断用于进行统计假设检验和推断分析，以确定统计显著性和进行决策。

在 Python 语言中，通常使用 SciPy 库进行统计假设检验和推断分析。下面是一个简单的例子，展示如何使用 SciPy 库的 ttest_ind() 函数进行两独立样本 t 检验，这是一种常见的假设检验方法。

(1)导入所需的库。

安装 Python 语言的三个库：NumPy、SciPy 和 pandas。这些库在数据分析中经常使用。

```
pip install numpy scipy pandas
```

导入 NumPy 库，并使用别名 np 来引用它。

```
import numpy as np
```

从 SciPy 库中导入 stats 模块。

```
from scipy import stats
```

同样从 SciPy 库中导入 stats 模块，但这次使用别名 ss 来引用它。

```
from scipy import stats as ss
```

导入 pandas 库，并使用别名 pd 来引用它。

```
import pandas as pd
```

(2)创建两个独立的数据集。

使用 NumPy 库的 random.normal() 函数创建 50 个来自标准正态分布(均值为 0，标准差为 1)的随机数，并将这些数存储在变量 data1 中。

```
data1=np.random.normal(loc=0, scale=1, size=50)
```

使用 NumPy 库的 random. normal( ) 函数创建 50 个来自另一个正态分布（均值为 0.5，标准差为 1.5）的随机数，并将这些数存储在变量 data2 中。

data2 = np. random. normal(loc=0. 5, scale=1. 5, size=50)

（3）进行两独立样本 t 检验。

使用 SciPy 库的 stats. ttest_ind( ) 函数对两个数据集（在这里是 data1 和 data2）进行两独立样本 t 检验，并将 t 统计量和 p 值分别存储在变量 t_stat 和 p_value 中。

t_stat, p_value=stats. ttest_ind(data1, data2)

（4）输出结果。
打印包含 t 统计量的字符串。

print(f"t- statistic: {t_stat}")

打印包含 p 值的字符串。

print(f"p- value: {p_value}")

3.2.9 数据驱动的决策支持

数据驱动的决策支持利用数据分析的结果和模型来辅助决策制定和优化业务流程。

下面是一个使用 Python 语言进行数据驱动的决策支持的示例，它使用 pandas、NumPy 和 scikit-learn 库进行线性回归分析。

（1）导入必要的库。

导入 pandas 库，并使用别名 pd 来代替。pandas 是一个用于数据处理和分析的强大库。

import pandas as pd

导入 NumPy 库，并使用别名 np 来代替。NumPy 是一个用于处理数组和矩阵的库。

import numpy as np

从 scikit-learn 库中导入 LinearRegression 类，这是一个线性回归模型。

from sklearn. linear_model import LinearRegression

从 scikit-learn 库中导入 train_test_split( ) 函数，该函数用于将数据集划分为训练集和测试集。

from sklearn. model_selection import train_test_split

（2）读取数据集。

使用 pandas 库的 read_csv( ) 函数读取名为 business_data. csv 的 CSV 文件，并将其存储在 data 变量中。

data = pd. read_csv('business_data. csv')

（3）提取特征和目标变量。

使用 pandas 库的 drop( ) 函数从 data 变量中删除 target_variable 列，然后将剩余的所有列存储在 X 变量中。这个 X 变量通常用作机器学习模型的输入特征。

X = data.drop('target_variable', axis=1)

从 data 变量中提取 target_variable 列，并将其存储在 y 变量中。这个 y 变量通常用作机器学习模型的输出目标。

y = data['target_variable']

（4）划分数据集为训练集和测试集。

使用 train_test_split( ) 函数将 X 和 y 划分为训练集和测试集。该方法使用了参数 test_size=0.2，意味着将 20% 的数据作为测试集；还使用了参数 random_state=42，以确保每次运行时都会得到相同的划分结果。划分后的数据存储在 X_train、X_test、y_train 和 y_test 四个变量中。

X_train, X_test, y_train, y_test=train_test_split(X, y, test_size=0.2, random_state=42)

（5）创建线性回归模型并训练。

创建一个 LinearRegression 类的实例，并将其存储在 model 变量中。

model = LinearRegression()

使用训练数据集（即 X_train 和 y_train）对模型进行训练。

model.fit(X_train, y_train)

（6）在测试集上进行预测。

使用训练好的模型对测试集进行预测，并将预测结果存储在 y_pred 变量中。

y_pred = model.predict(X_test)

计算测试集中每个预测值与实际值的差异。

diff = y_test - y_pred

（7）计算差异的平均值和标准差。

计算差异的平均值。

mean_diff = np.mean(diff)

计算差异的标准差。

std_diff = np.std(diff)

（8）输出结果以辅助决策制定和优化业务流程。

打印预测结果与实际结果的差异平均值和标准差。

print(f'预测结果与实际结果的差异平均值为 {mean_diff}，标准差为 {std_diff}')

打印一条消息指出如果预测结果的差异超过平均值加上一个标准差，那么需要进一步调查并调整模型参数。

print(f'如果差异超过平均值加上一个标准差（{mean_diff + std_diff}），则需要进一步调查并调整模型参数。')

3.3 数据可视化技术

数据可视化技术是通过图表、图形、地图等可视化元素来呈现数据的一种技术。它可以将抽象的数据转化为具体的可视化形式,通过直观的视觉效果帮助人们更好地理解和分析数据。它可以帮助人们从大量的数据中发现模式、趋势和关联,并以更有说服力的方式向他人传达数据分析结果。它在各个领域都有广泛的应用,如商业、科学研究、市场营销等。

3.3.1 柱形图

(1)用 Matplotlib 库绘制柱形图。
①导入库。

```
import numpy as np
import matplotlib.pyplot as plt
```

②定义数据。

```
year = ['2015','2016','2017','2018','2019']
countA = [176235.94, 69931.71, 279122.49, 169649.85, 396852.13]
countB = [246988.67, 107641.54, 156532.97, 276963.38, 206406.87]
```

③创建柱形图。

```
x=np.arange(len(year)) #使用 numpy 库的 arange()函数创建一个等差数列,长度与 year 列表的长度相同
width=0.35 #定义柱状图的宽度为 0.35
gap=x- width/2 #给每个柱形图创建一个间隔,使两个柱形图之间有一个固定的间距
plt.bar(gap,countA,width=width,label='productA') #使用 matplotlib 库的 bar()函数绘制第一个柱状图,x 坐标为 gap,高度为 countA 列表中的数值,宽度为 width,标签为 productA
plt.bar(gap+width,countB,width=width,label='productB') #绘制第二个柱形图,x 坐标为 gap+width,高度为 countB 列表中的数值,宽度为 width,标签为 productB
plt.xticks(x,year) #设置 x 轴的刻度标签为 year 列表中的年份
```

④显示图例和图形。

```
plt.legend()
plt.show()
```

(2)用 Pyecharts 库绘制柱形图。
①导入所需的库和模块。

```
from pyecharts import options as opts
from pyecharts.charts import Bar
```

②创建柱状图对象并添加数据和配置项。

```
bar = Bar()
bar.add_xaxis(["周一", "周二", "周三", "周四", "周五", "周六", "周日"])
bar.add_yaxis("销售额", [120, 200, 150, 80, 70, 110, 130])
bar.add_yaxis("客流量", [140, 190, 170, 100, 90, 130, 150])
bar.set_global_opts(title_opts=opts.TitleOpts(title="一周销售情况"))
```

③显示图形。

```
bar.render_notebook()
```

3.3.2 饼图

(1) 用 Matplotlib 库绘制饼图。
①导入库。

```
import matplotlib.pyplot as plt
```

②定义数据。

```
labels = ['Label1', 'Label2', 'Label3', 'Label4']
sizes = [15, 30, 45, 10]
explode = (0, 0.1, 0, 0)   # 只有第二块会突出
```

③创建饼图。

```
fig1, ax1 = plt.subplots()    #创建一个新的图形和子图
ax1.pie(sizes, explode=explode, labels=labels, autopct='%1.1f%%', shadow=True, startangle=90)   # 在子图上绘制饼图
ax1.axis('equal')   #设置 X 轴和 Y 轴比例相同,确保饼图绘制为一个圆形
```

④显示图形。

```
plt.show()
```

(2) 用 Pyecharts 库绘制饼图。
①导入所需的库和模块。

```
from pyecharts import options as opts     # 导入配置项
from pyecharts.charts import Pie          # 导入组件中的饼图类型
```

②定义数据。

```
data_pair = [['第一产业', 31472], ['第二产业', 130650], ['第三产业', 162115]]
```

③创建饼图。

```
c = (
    Pie()   # 绘制饼图
    .add("", data_pair)   # data_pair 为饼图数据
    .set_colors(['#ff8c94', '#ffaaa6', '#ffd3b5'])   # 为饼图的三个切片设置颜色。这里使用的是十六进制颜色代码
```

```
             .set_global_opts(title_opts=opts.TitleOpts(title="GDP 分产业结构图"))  # 设置标题
             .set_series_opts(label_opts=opts.LabelOpts(formatter="{b}: {c} ({d}%)",font_size=15)))  #
```
在 formatter 中,{b} 表示切片的名称,{c} 表示切片的大小,{d}% 表示切片的大小所占的百分比。同时设置了字体大小为 15。

④显示图形。

```
c.render_notebook()  #将图表渲染并输出到 Jupyter Notebook
```

3.3.3　散点图

(1)用 Matplotlib 库绘制散点图。
①导入库。

```
import matplotlib.pyplot as plt
import numpy as np
```

②定义数据。

```
x=np.array([1.2, 1.4, 1.6, 1.8, 2.0])
y=np.array([0.8, 1.0, 1.2, 1.4, 1.6])
```

③创建散点图。

```
plt.rcParams['font.family']='SimHei'  # 设置字体样式为黑体
plt.scatter(x, y)  # 绘制散点图
plt.xlabel('苹果直径')  # 添加 x 轴标签
plt.ylabel('苹果重量')  # 添加 y 轴标签
plt.title('苹果的直径与重量散点图') # 添加标签
```

④显示图形。

```
plt.show()
```

(2)用 Pyecharts 库绘制散点图。
①导入所需的库和模板。

```
from pyecharts import options as opts   #导入配置项
from pyecharts.charts import *    #导入组件中的图类型
```

②定义数据。

```
x_data=['2016','2017','2018','2019','2020','2021']
y_data=[74.63951,83.20359,91.92811,98.65152,101.35670,114.36697]
```

③创建散点图。

```
c=(
    Scatter()   #散点图类型
    .add_xaxis(x_data)
    .add_yaxis("中国",y_data)
```

```
        .set_global_opts(
            title_opts=opts.TitleOpts(title='国内生产总值(GDP)年度统计'),
            visualmap_opts=opts.VisualMapOpts(
                type_="color",
                max_=120,
                min_=70,
                dimension=1
            )
        )
)
```

④显示图形。

```
c.render_notebook()
```

3.3.4　词云图

（1）导入所需的库和模板。

```
import pyecharts.options as opts      # 导入配置项
from pyecharts.charts import WordCloud  # 导入组件中的词云图类型
```

（2）定义数据。

```
data=[
    ("生活资源", "999"), ("供热管理", "888"), ("供气质量", "777"), ("生活用水管理", "688"),
    ("一次供水问题", "588"), ("交通运输", "516"), ("城市交通", "515"), ("环境保护", "483"),
    ("房地产管理", "462"), ("城乡建设", "449"), ("社会保障与福利", "429"), ("社会保障", "407"),
    ("文体与教育管理", "406"), ("公共安全", "406"), ("公交运输管理", "386"), ("出租车运营管理", "385"),
    ("供热管理", "375"), ("市容环卫", "355"), ("自然资源管理", "355"), ("粉尘污染", "335"),
    ("噪声污染", "324"), ("土地资源管理", "304"), ("物业服务与管理", "304"), ("医疗卫生", "284"),
    ("粉煤灰污染", "284"), ("占道", "284"), ("供热发展", "254"), ("农村土地规划管理", "254"),
    ("供热单位影响", "253"), ("城市供电", "223"), ("房屋质量与安全", "223"), ("大气污染", "223"),
    ("房屋安全", "223"), ("文化活动", "223"), ("拆迁管理", "223"), ("公共设施", "223"), ("供气质量", "223"),
    ("供电管理", "223"), ("燃气管理", "152"), ("教育管理", "152"), ("医疗纠纷", "152"), ("执法监督", "152"),
    ("设备安全", "152"), ("政务建设", "152"), ("县区、开发区", "152"), ("宏观经济", "152"),
    ("教育管理", "112"), ("社会保障", "112"), ("生活用水管理", "112"), ("物业服务与管理", "112"),
    ("分类列表", "112"), ("农业生产", "112"), ("二次供水问题", "112"), ("城市公共设施", "92"),
    ("拆迁政策咨询", "92"), ("物业服务", "92"), ("物业管理", "92"), ("社会保障保险管理", "92"),
    ("低保管理", "92"), ("生活噪音", "253"),
]    # 关键词与词频
```

（3）创建词云图。

```
c=(
    WordCloud()     # 绘制词云图
```

```
      # data_pair 为关键词数据,word_size_range 为字体大小范围
      .add(series_name="热点分析", data_pair=data, word_size_range=[6, 66])
      .set_global_opts(
            title_opts=opts.TitleOpts(
                title="热点分析",    # 设置标题
                title_textstyle_opts=opts.TextStyleOpts(font_size=23)),    # 设置标题字号
            tooltip_opts=opts.TooltipOpts(is_show=True),    # 显示数据提示框组件
      ))
```

(4)显示图形。

```
c.render_notebook()
```

3.3.5 雷达图

(1)导入所需的库和模板。

```
from pyecharts import options as opts    # 导入配置项
from pyecharts.charts import Radar    # 导入组件中的雷达图类型
```

(2)定义数据。

```
v1=[[4300, 10000, 28000, 35000, 50000, 19000]]    # 第一组 预算分配的数据
v2=[[5000, 14000, 28000, 31000, 42000, 21000]]    # 第二组 实际开销的数据
```

(3)创建雷达图。

```
c=(
    Radar()    # 绘制雷达图
    # 配置雷达解释器每个维度的标签和最大值
    .add_schema(schema=[opts.RadarIndicatorItem(name="销售", max_=6500),
                        opts.RadarIndicatorItem(name="管理", max_=16000),
                        opts.RadarIndicatorItem(name="信息技术", max_=30000),
                        opts.RadarIndicatorItem(name="客服", max_=38000),
                        opts.RadarIndicatorItem(name="研发", max_=52000),
                        opts.RadarIndicatorItem(name="市场", max_=25000)])
    .add("预算分配", v1, color='pink')    # 添加第一组数据
    .add("实际开销", v2, color='blue')    # 添加第二组数据
    .set_series_opts(label_opts=opts.LabelOpts(is_show=False))    # 标签配置,不显示具体数值
    # 两组数据仅显示一组,点击图例进行切换。
    .set_global_opts(title_opts=opts.TitleOpts(title="预算与开销")))
```

(4)显示图形。

```
c.render_notebook()
```

知识拓展

在大数据管理会计的实践中，Python不仅仅是数据清洗和分析的基础工具，它的高级应用更是拓展了管理会计的边界。通过利用Python的丰富库，如Scikit-learn、TensorFlow和PyTorch，管理会计师能够构建复杂的预测模型，进行深度学习，从而实现对财务数据的深入洞察。

例如，利用机器学习算法，会计师可以预测企业的收入和支出模式，识别潜在的欺诈行为，以及评估投资风险。深度学习的应用使得从非结构化数据，如文本和图像中提取有用信息成为可能，这为会计分析提供了新的数据源。此外，Python的自动化脚本能力也极大地提高了会计工作的效率，减少了重复性工作，使会计师能够专注于更有价值的分析和决策支持。

在数据可视化方面，Python的高级应用也不容忽视。通过结合使用Plotly和Dash等库，管理会计师能够创建交互式的仪表板，这些仪表板不仅能够展示实时数据，还能允许用户根据需要调整和探索数据，从而获得更深入的业务洞察。这种动态的可视化方式极大地增强了数据的呈现效果和用户的互动体验。

总之，Python在大数据管理会计中的高级应用，不仅提升了数据处理的能力，也丰富了会计分析的方法和工具。随着技术的不断进步，Python在管理会计领域的应用将更加广泛和深入，为会计职业带来革命性的变化。

练习题

一、单选题

1. 在数据清洗的过程中，处理空缺值，以下不是常见的空缺值处理技术的是（   ）。
   A. 插值方法来估计空缺值　　　　B. 删除包含空缺值的行或列
   C. 填充空缺值　　　　　　　　　D. 拟合法

2. 在校验数据一致性和关联性时，下面不适合用于检查字段之间的关联关系是否正确的是（   ）。
   A. 逻辑校验　　　　　　　　　　B. 数据透视表
   C. SQL查询　　　　　　　　　　 D. 数据清洗

3. 描述性统计分析的主要内容包括（   ）。
   A. 仅计算均值和中位数
   B. 计算均值、中位数、标准差等统计指标，绘制频率分布、直方图、箱线图等图表
   C. 仅绘制频率分布图
   D. 计算偏度和峰度指标

4. （   ）的技术主要涉及假设检验和统计推断。
   A. 数据清洗阶段　　　　　　　　B. 数据分析阶段
   C. 数据可视化阶段　　　　　　　D. 数据整合阶段

5. 预测分析常用于（   ）。

A. 描述过去的数据变化 B. 探索数据的关联性
C. 预测未来的趋势和结果 D. 进行数据可视化

6. ( )适合展示不同类别数据的数量关系。

A. 散点图 B. 柱形图 C. 饼图 D. 雷达图

7. 在数据可视化技术中，词云图主要用于呈现( )。

A. 数值型数据 B. 文本数据
C. 时间序列数据 D. 分类数据

二、多选题

1. 下列数据清洗技术中，( )属于数据清洗的一部分。

A. 数据分析技术 B. 数据类型转换
C. 数据挖掘 D. 数据整合和合并

2. 数据分析技术有( )。

A. 描述性统计分析 B. 探索性数据分析
C. 预测分析 D. 关联分析

3. 在数据可视化技术中，( )常用于展示数据的分布情况。

A. 柱形图 B. 散点图 C. 饼图 D. 词云图

三、简答题

1. 请简要说明数据清洗中的空缺值处理技术，并提供一个实际例子。
2. 描述数据分析技术中的关联分析，并说明它在实际业务中的应用场景。
3. 请解释数据可视化技术中的雷达图，并提供一个适用的业务场景。
4. 数据挖掘在实际应用中有哪些常见的算法？简要说明其中两个算法及其应用场景。
5. 数据可视化技术中的词云图有什么特点，以及在哪些场景下它特别适用？

4 基于可视化算法的战略分析

章节引入

在企业管理和市场竞争中,战略分析是企业制定长远发展规划、把握市场机遇、应对挑战的重要工具。战略分析帮助企业识别自身的优势和劣势,评估面临的机遇和威胁,从而做出更加科学合理的决策。张氏战略分析法,以其独特的视角和方法,从资产负债表的数据特征出发,揭示企业的战略特征,为企业提供了一个全新的分析框架。本章以A股上市公司为研究对象,运用张氏战略分析法,结合战略激进度的量化指标,对企业的资源配置、资本引入和投资扩张战略进行全面分析,旨在为企业战略决策提供更加精准的分析工具和决策支持。

章节分析

本章首先通过爬虫工具收集了A股上市公司的财务和非财务数据,然后对数据进行预处理,包括数据筛选、空缺值处理和指标计算。在战略类型划分中,根据企业资产结构和资本引入战略,将企业划分为不同的战略类型,如经营主导型、投资主导型和经营投资并重型等。此外,本章还计算了企业的战略激进度,通过六个维度的指标得分相加,将企业战略分为防御型、分析型和进攻型。最后,本章通过可视化手段,直观展示了目标公司和行业的历年战略类型,以及不同企业之间的战略对比,为企业战略调整提供了直观的参考。

学习目标

知识目标

- 理解战略分析的重要性和基本概念。
- 掌握张氏战略分析法的原理和应用。

- 学习如何通过财务数据对企业战略进行分类。

能力目标
- 能够运用张氏战略分析法对企业战略进行分析。
- 能够处理和分析财务数据，计算战略相关指标。
- 能够使用可视化工具展示战略分析结果。

素质目标
- 培养数据分析和战略思考的能力。
- 提高对企业战略环境变化的敏感性和适应性。
- 发展批判性思维，学会从战略角度评估企业行为。

4.1 理论概述

4.1.1 战略分析

战略分析是对一个企业或组织在一定时期的全局的、长远的发展方向、目标、任务和政策，以及资源调配做出的决策和管理艺术。它通过资料的收集和整理，分析组织的内外环境，包括组织诊断和环境分析两个部分。在战略分析过程中，企业需要确定其使命和目标，同时了解其面临的环境变化。这些变化可能带来机会，也可能带来威胁。此外，战略分析还需要确定企业的主要竞争对手以及他们的优势和劣势。

企业战略一般分为三个层次，包括选择可竞争的经营领域的总体战略、某经营领域具体竞争策略的业务单位战略(也称竞争战略)和涉及各职能部门的职能战略。

4.1.2 张氏战略分析法

从资产负债表的数据特征，描述和分析企业的战略特征，越来越受到财务分析应用领域的关注，因为这种分析方法最早由张新民教授(曾任对外经济贸易大学党委常委、副校长)提出，本文把这种分析方法简称为"张氏战略分析法"。

张新民认为，不论是从资产负债表的个别项目上看，还是从结构上看，或者从整体上来看，其反映出的战略信息是十分丰富的。如果跳出传统的会计概念的束缚，把企业资产负债表稍作调整，企业资产负债表的战略含义就会清晰地展现出来。下面将展开对资产负债表所揭示的战略信息的讨论。

(1)资产按照对利润的贡献方式分类。

考察上市公司公开披露的资产负债表，就能发现：在大量上市公司的资产中，除了包括常规的反映企业经营活动的项目如应收票据、应收账款、存货、固定资产和无形资产外，还包括了与企业经营活动没有什么关联的投资性资产，而且有的公司投资性资产占比相当大。因此，基于战略视角，有必要对企业母公司的资产按照其对利润的贡献方式划分为经营资产和投资资产。

按照企业经营资产与投资资产各自在资产总规模中的比重大小，将企业分为三种类型：以经营资产为主的经营主导型、以投资资产为主的投资主导型和经营资产与投资资产比较均衡的投资与经营并重型。显然，不同类型的企业资产结构，其背后支撑的就是企业的发展战略，即通过资源配置实现企业战略。

（2）负债和股东权益：企业的资本引入战略。

如果抛开负债的流动性和股东权益的概念，对企业的负债与股东权益按照其来源结构做进一步考察，就会发现：企业负债和股东权益的主要部分可以分成四类，即经营性资源、金融性资源、股东入资资源和股东留剩资源。对这些资源的利用，体现的就是企业的资本引入战略。

按照企业经营性资源、金融性资源、股东入资资源以及股东留剩资源在负债和股东权益总规模中的比重大小，将企业按照资本引入战略区分为五种类型：以经营性资源为主的经营驱动型、以金融性资源为主的债务融资驱动型、以股东入资为主的股东驱动型、以留剩资源为主的利润驱动型，以及以均衡利用各类资源的并重驱动型。当然，在很多情况下，企业会综合利用各类资源来谋求其自身的发展。显然，不同类型的企业资源驱动模式，展示了不同的资源驱动战略。

（3）行业在不同经营周期的战略框架。

将资产负债表战略分析法用于行业整体竞争战略分析，有利于观察行业在不同经营周期的战略框架，如表4-1所示。

表4-1 行业不同经营周期的战略框架

行业经营周期	资源配置战略	投资扩张战略	资本引入战略
初创期	行业进入壁垒低，经营资产规模显著增高，公司经营性资产比例逐渐增高，经营主导型战略特征增强	企业经营以内部经营为主，占用资源少，控制性投资的扩张效应小，扩张型战略特征不明显	行业经营利润率普遍偏低，为了维持企业的生存与发展，行业企业以股东驱动型为主。可重点关注该阶段的资本经营战略以判断公司所处的资本融资环节和资本增值、资本减持情况
成长期	经营资产利润率增高，显著高于投资资产收益率。公司经营性资产比例显著增高，经营主导型战略特征增强，重点关注行业公司的采购、生产和销售营运政策的实施情况	行业企业试图通过控制性投资实现跨越式发展，企业经营占用资源显著增高，控制性投资的扩张效应增大，扩张型战略特征增强	行业进入快速扩张阶段，行业企业在融资过程中良性发展的企业呈现出经营驱动型和债务融资驱动型两种特征，并且特征呈现逐渐加强的趋势，企业应重点关注债务融资政策，避免因为过度融资而出现资金风险

续表

行业经营周期	资源配置战略	投资扩张战略	资本引入战略
成熟期	经营资产利润率趋于稳定,略高于投资资产收益率,公司经营性资产比例稳定,行业企业以经营主导型战略为主,重点关注行业公司采用的成本领先和差异化经营竞争战略	行业企业经营占用资源和控制性投资的扩张效应略高于上市公司整体水平,行业企业以扩张型战略特征为主,多数企业已经通过多元化战略或地区布局的战略实现跨越式发展	通过行业整合和产业的纵深发展,行业企业经营驱动型和债务融资驱动型开始趋于稳定,部分优秀企业开始向利润驱动型企业过渡,关注股利分配政策,追求长期稳定发展
衰退期	经营资产利润率逐渐降低,略高于投资资产收益率,公司经营性资产比例下降,行业企业开始向经营和投资并重型战略转型,寻求多元化的经营发展路径	企业经营占用资源逐渐下降,控制性投资的扩张效应降低,扩张型战略特征减弱。行业企业逐步向稳健型,甚至紧缩型战略转型	行业企业经营驱动型和债务融资驱动型特征逐渐减弱,不少企业回归到股东驱动型战略,要重点关注企业的债务违约风险

4.1.3 战略激进度

战略激进度是衡量企业战略类型的重要指标之一,主要计算如下 6 个变量。
(1)研究开发支出占销售收入的比重。
(2)员工人数与销售收入的比值。
(3)销售收入的变化率。
(4)销售费用和管理费用之和占销售收入的比重。
(5)员工人数的变化率。
(6)固定资产占总资产的比重。

6 个变量都取过去 5 年的平均值。对于前 5 个变量,在每一个"年度-行业"样本中从小到大平均分为 5 组,最小的组赋值为 0 分,次小的组赋值为 1 分,以此类推,最大的组赋值为 4 分;对于第 6 个变量其分组方式相反,即最小的组赋值为 4 分,最大的组赋值为 0 分。此外,按照"企业-年度"将 6 个维度的得分相加,得到的总分值即为战略激进度,分值越高意味着企业战略越激进。其中,0~6 分属于防御型战略,7~17 分属于分析型战略,18~24 分属于进攻型战略。

战略越激进,越会投入更多的研发支出进行创新;越注重组织绩效,雇员越多;营业收入增长率越高;越会投入更多资本在产品和服务研发中;组织流动性越大,员工任期越短;越少投资于生产型资产。

4.2 流程分析

4.2.1 张氏战略分析法流程分析

张氏战略分析法流程如图 4-1 所示。

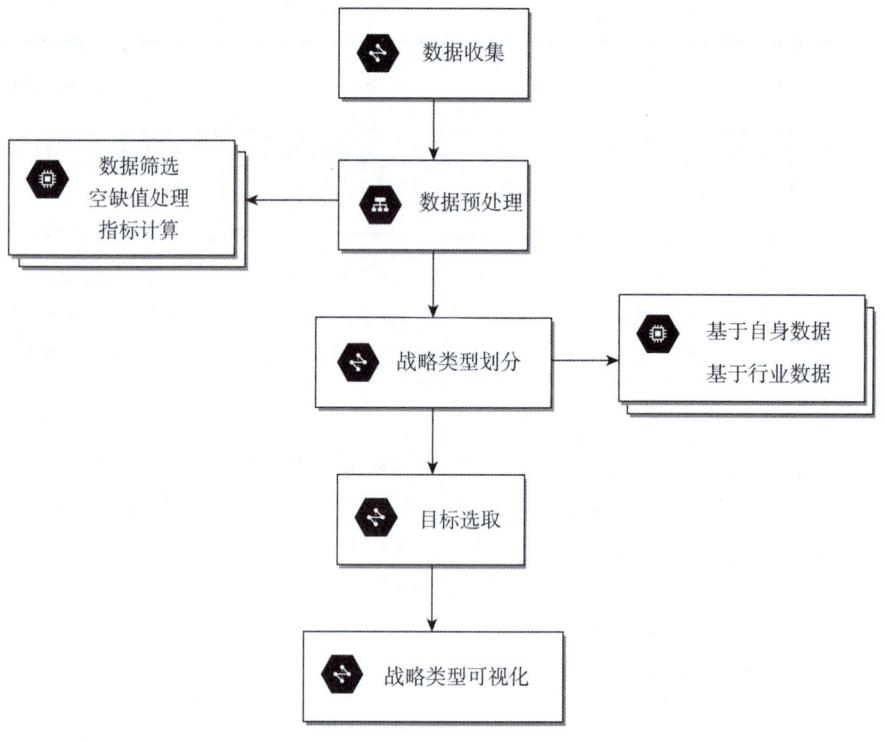

图 4-1 张氏战略分析法流程

(1) 数据收集。

本案例以 A 股所有上市公司作为研究对象，运用爬虫工具，收集了 2002—2021 年上市公司资产负债表中共计 31 个相关财务指标数据。具体如表 4-2 所示。

表 4-2 收集财务指标数据

一级变量	变量名	二级变量	变量名
扩张效应	e_inv	预付款项净额	YFKXJE
		其他应收款净额	QTYSKJE
		长期股权投资净额	CQGQTZJE
		资产总计	ZCZJ
经营资产	opr_ass	货币资金	HBZJ
		应收票据净额	YSPJJE
		应收账款净额	YSZKJE
		预付款项净额	YFKXJE
		存货净额	CHJE
		固定资产净额	GDZCJE
		在建工程净额	ZJGCJE
		无形资产净额	WXZCJE

续表

一级变量	变量名	二级变量	变量名
投资资产	inv_ass	交易性金融资产	JYXJRZC
		衍生金融资产	YSJRZC
		持有至到期投资净额	CYZDQTZJE
		可供出售金融资产净额	KGCSJRZCJE
		长期股权投资净额	CQGQTZJE
经营负债	opr_lia	应付票据	YFPJ
		应付账款	YFZK
		预收款项	YSKX
金融负债	fin_lia	短期借款	DQJK
		交易性金融负债	JYXJRFZ
		应付利息	YFLX
		一年内到期的非流动负债	YNNDQDFLDFZ
		长期借款	CQJK
		应付债券	YFZQ
		长期应付款	CQYFK
股东投入	sh_inv	实收资本(或股本)	SSZB
		资本公积	ZBGJ
股东剩余	sh_rem	盈余公积	YYGJ
		未分配利润	WFPLR

(2) 数据预处理。

① 数据筛选。

由于下载的数据中包含季报、半年报和年报数据，本案例选择年报数据作为分析对象，故对年报数据进行筛选。

② 空缺值处理。

通过观察数据，发现由于时间跨度较大，早期数据存在较多的空缺值。此外，由于不同行业公司的行业特性，其资产和负债存在差异，因此也可能存在许多空缺值。考虑到本案例不涉及模型训练和预测等问题，只需对公司自身数据进行简单计算并分析，因此选择将空缺值填充为 0，以尽可能保留更多的数据量供分析使用。

③ 指标计算。

经营资产：货币资金、应收票据、应收账款、预付账款、存货、固定资产、在建工程等和无形资产合计数。

投资资产：以公允价值计量且其变动计入当期损益的金融资产、衍生金融资产、可供出售金融资产、持有至到期投资，合并报表长期股权投资合计数。

经营资产占比：经营资产占比=经营资产/(经营资产+投资资产)。

投资资产占比：投资资产占比=投资资产/(经营资产 + 投资资产)。

投资扩张效应：投资扩张效应=(合并资产负债表资产总额−母公司资产负债表资产总额)/控制性投资。

经营负债占比：经营负债占比=经营负债/(经营负债 + 股东剩余 + 股东投入 + 金融负债)。

股东剩余占比：股东剩余占比=股东剩余/(经营负债 + 股东剩余 + 股东投入 + 金融负债)。

股东投入占比：股东投入占比=股东投入/(经营负债 + 股东剩余 + 股东投入 + 金融负债)。

金融负债占比：金融负债占比=金融负债/(经营负债 + 股东剩余 + 股东投入 + 金融负债)。

（3）战略类型划分。

①基于公司自身数据划分资源配置战略类型的标准如下。

投资资产占比≥50%——投资型企业。

50%>投资资产占比≥20%——经营投资并重型。

投资资产占比<20%——经营型企业。

②另外，根据《企业资源配置战略对商业信用融资的影响研究》一文中可获取另一种资源配置战略类型的评价标准，即基于本行业所有公司数据进行划分，具体如下。

选取目标公司所在行业，分年度对所有公司按其经营性资产占比的大小对样本进行分组，处于最小三分位数以下的和处于最大三分位数以上的公司，分别被定义为投资主导型和经营主导型公司，而处于中间三分位数的则为经营与投资并重型公司。

③基于公司自身数据划分投资扩张战略类型的标准如下。

投资扩张效应≥1——扩张型。

投资扩张效应<1——稳健型。

④基于公司自身数据划分资本引入战略类型的标准如下。

经营负债、金融负债、股东投入、股东剩余占比中，占比最大的资本类型即为该企业资本引入类型。

（4）目标选取。

①公司数据可视化。

输入目标公司股票代码即可完成选取。

②行业数据可视化。

输入目标行业代码，再分别输入所需分析的起始年份、终止年份即可完成选取。

③对比数据可视化。

逐个输入所需对比的目标公司股票代码，完成后输入 q 即为结束目标公司输入。再继续分别输入所需对比分析的起始年份、终止年份即可完成选取。

（5）战略类型可视化。

①公司数据可视化。

通过绘制散点图，分别对目标公司的历年资源配置战略类型和资本引入战略类型进行可视化。

通过绘制泡泡图，对目标公司的历年投资扩张战略类型进行可视化，并通过泡泡的大小来粗略体现其扩张效应。

②行业数据可视化。

通过绘制直方图，分别对目标行业所有公司历年选择资源配置战略、资本引入战略和投资扩张战略种类的数量进行统计，完成可视化。

③对比数据可视化。

通过绘制散点图，对选择的对比公司历年资源配置战略进行可视化。

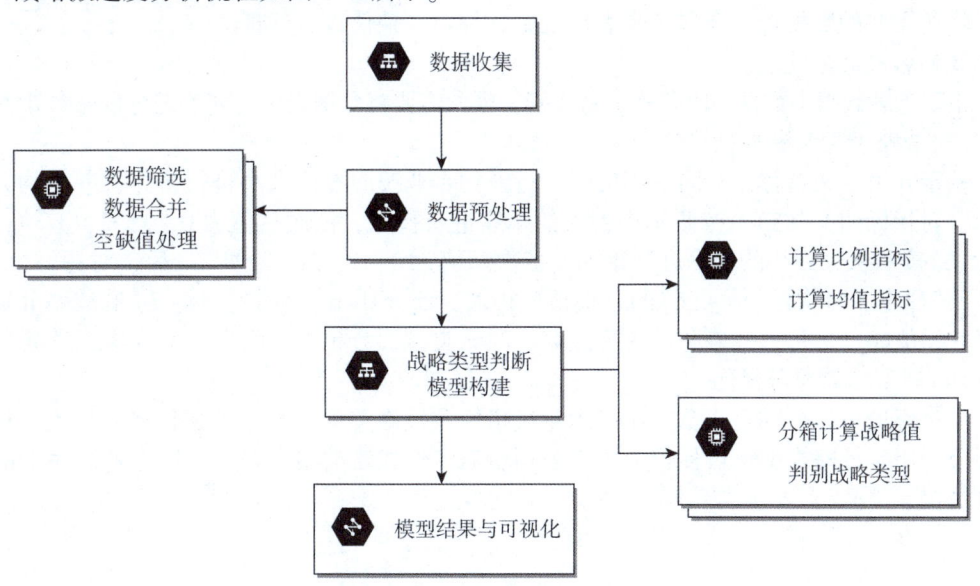

4.2.2 战略激进度分析流程

战略激进度分析流程如图 4-2 所示。

图 4-2 战略激进度分析流程

（1）数据收集。

本案例选取 2000 年 12 月 31 日—2021 年 12 月 31 日所有中国 A 股上市公司数据作为研究样本，通过爬虫工具下载所需财务数据及非财务数据。具体指标如表 4-3 所示。

表 4-3 收集所需数据

一级变量	二级变量	变量名	三级变量	变量名	四级变量
战略激进度	(1)创新倾向	RDS	研发支出	IA	研发支出占营业收入比重
			营业收入	OI	
	(2)市场扩张倾向	SEINS	销售费用	SE	销售费用和管理费用之和占营业收入比重
			管理费用	GAE	
			营业收入	OI	
	(3)成长性	GROWS	营业收入	OI	营业收入增长率
	(4)生产销率	EMINS	员工人数	NOE	员工人数占营业收入比重
			营业收入	OI	
	(5)组织结构稳定性	EMPLV	员工人数	NOE	五年员工人数的标准差与员工人数均值之比
	(6)资本密度	PPES	固定资产	FA	固定资产与总资产之比
			总资产	TA	

（2）数据预处理。

①数据筛选处理。

由于下载数据中包含各时间点下不同类型的年报，因此需要将特定年报日期及特定报表类型的年报筛选出来。

②空缺值处理。

将所需要的数据合并至同一张表格之中，并对空缺值进行处理。

③列名重命名处理。

由于下载数据中数据字段名称不易辨别，因此需要将数据表中的列名进行重命名处理。

（3）战略类型判断模型构建。

基于6个二级指标，对同一年度同一行业的企业按照数值大小进行排序，并平均分为五组，对指标（1）~（5），按照从小到大的顺序进行排列，依次赋值为0、1、2、3、4；对指标（6）按照从大到小的顺序进行排列，依次赋值为0、1、2、3、4。最后，对每一个"公司—年"样本，将指标（1）~（6）的分组得分相加，评分0~6、7~17、18~24的战略分别称为保守型战略、分析型战略和进攻型战略，战略类型评分越高表明企业的战略越激进。

（4）模型结果与可视化。

通过模型可以得到企业及行业的历年战略值及战略类型，通过可视化将其呈现，观察目标公司历年战略类型、目标行业所有公司所需年份战略类型，以及不同企业之间的战略类型情况。

4.3　具体流程

4.3.1　张氏战略分析法具体流程

（1）数据收集。

本案例收集的部分投资扩张数据如图4-3所示。

A	B	C	D	E	F	G	H
Stkcd	Accper	Typrep	YFZKXJE	QTYSKJE	CQGQTZJE	ZCZJ	ShortName
1	2002/9/30	A		1.136E+09	121192097	1.60E+11	深发展A
1	#########	A	68895120	807254589	153493049	1.66E+11	深发展A
1	2003/1/1	A	68895120	807254589	153493049	1.66E+11	深发展A
1	2003/3/31	A	98844655	1.149E+09	185793572	1.62E+11	深发展A
1	2003/6/30	A	83978300	959995776	153493263	1.75E+11	深发展A
1	2003/9/30	A	84929929	1.013E+09	151492406	1.93E+11	深发展A
1	#########	A	205138856	794923970	153491764	1.93E+11	深发展A
1	2004/1/1	A	205138856	794923970	153491764	1.93E+11	深发展A
1	2004/3/31	A	239379943	3.888E+09	154492620	2.12E+11	深发展A
1	2004/6/30	A	216431283	853585750	154491549	2.03E+11	深发展A
1	2004/9/30	A	217892888	865211606	154491549	1.99E+11	深发展A
1	#########	A	52785247	809366899	156491335	2.04E+11	深发展A
1	2005/1/1	A	52785247	809366899	156491335	2.04E+11	深发展A
1	2005/3/31	A	202688564	938960965	156491335	2.01E+11	深发展A
1	2005/6/30	A	47464356	1.067E+09	156491335	2.11E+11	深发展A
1	2005/9/30	A	53218139	875991825	156491335	2.21E+11	深发展A
1	#########	A	45818953	791933713	159049264	2.29E+11	深发展A
1	2006/1/1	A			233372750	2.22E+11	S 深发展A
1	2006/3/31	A	52422682	888145597	159049263	2.40E+11	深发展A
1	2006/6/30	A				2.43E+11	深发展A
1	2006/9/30	A				2.46E+11	深发展A
1	#########	A			213994842	2.61E+11	S 深发展A
1	2007/1/1	A	247665000			2.61E+11	深发展A
1	2007/3/31	A			202742617	2.88E+11	S 深发展A
1	2007/6/30	A		2E+09	251948000	3.14E+11	深发展A
1	2007/9/30	A		9.5E+07	252044000	3.41E+11	深发展A

图4-3　部分投资扩张数据

（2）数据预处理。

①导入相关库。

```
import pandas as pd
import numpy as np
```

②导入数据。

```
data1 = pd.read_csv('D:\\学习组\\教材\\第四章代码+critic法及其文件\\4.3.1张氏战略激进法\\1.1.投资扩张.csv')#这里显示的是相对路径,如果无法运行请复制文件的绝对路径
data2 = pd.read_csv('D:\\学习组\\教材\\第四章代码+critic法及其文件\\4.3.1张氏战略激进法\\1.2.资源配置+资本引入.csv')#这里显示的是相对路径,如果无法运行请复制文件的绝对路径
data3 = pd.read_csv('D:\\学习组\\教材\\第四章代码+critic法及其文件\\4.3.1张氏战略激进法\\1.3.行业代码.csv')#这里显示的是相对路径,如果无法运行请复制文件的绝对路径
```

③筛选出年报。

```
data1 = data1.loc[data1['Accper'].str.contains('12-31')]
data2 = data2.loc[data2['Accper'].str.contains('12-31')]
data3 = data3.loc[data3['Accper'].str.contains('12-31')]
```

④用0填充空值。

```
data1 = data1.fillna(0)
data2 = data2.fillna(0)
```

⑤指标计算。

1）投资扩张战略相关指标计算。

计算控制性投资。

```
data1['sum'] = data1.YFKXJE + data1.QTYSKJE + data1.CQGQTZJE
```

分离A\B报表数据。

```
a = data1.loc[data1['Typrep'] == 'A']
b = data1.loc[data1['Typrep'] == 'B']
```

拼接A\B报表数据。

```
e = pd.merge(b, a, how='left', on=['Stkcd', 'Accper'])
```

计算扩张效应。

```
e['e_inv'] = (e.ZCZJ_y - e.ZCZJ_x) / (e.sum_x - e.sum_y)
```

2）资源配置+资本引入战略相关指标计算。

计算经营资产。

```
data2['opr_ass'] = data2.HBZJ + data2.YSPJJE + data2.YSZKJE + data2.YFKXJE + \
    data2.CHJE + data2.GDZCJE + data2.ZJGCJE + data2.WXZCJE
```

计算投资资产。

```
data2['inv_ass'] = data2.JYXJRZC + data2.YSJRZC + data2.KGCSJRZCJE + data2.CYZDQTZJE + \
    data2.CQGQTZJE
```

计算经营负债。

```
data2['opr_lia'] = data2.YFPJ + data2.YFZK + data2.YSKX
```

计算股东剩余。

```
data2['sh_rem'] = data2.YYGJ + data2.WFPLR
```

计算股东投入。

```
data2['sh_inv'] = data2.SSZB + data2.ZBGJ
```

计算金融负债。

```
data2['fin_lia'] = data2.DQJK + data2.JYXJRFZ + data2.YFLX + data2.YNNDQDFLDFZ + \
    data2.CQJK + data2.YFZQ + data2.CQYFK
data2['p_opr_ass'] = data2.opr_ass / (data2.opr_ass + data2.inv_ass)   # 经营资产占比
data2['p_opr_lia'] = data2.opr_lia / (data2.opr_lia + data2.sh_rem + data2.sh_inv + data2.fin_lia)
                        # 经营负债占比
data2['p_sh_rem'] = data2.sh_rem / (data2.opr_lia + data2.sh_rem + data2.sh_inv + data2.fin_lia)
                        # 股东剩余占比
data2['p_sh_inv'] = data2.sh_inv / (data2.opr_lia + data2.sh_rem + data2.sh_inv + data2.fin_lia)
                        # 股东投入占比
data2['p_fin_lia'] = data2.fin_lia / (data2.opr_lia + data2.sh_rem + data2.sh_inv + data2.fin_lia)
                        # 金融负债占比
```

⑥将上述计算完毕的指标进行合并，并输出为.csv文件。

```
data3 = data3[['Stkcd', 'Accper', 'Indcd', 'Indnme']]
e = e[['Stkcd', 'Accper', 'e_inv']]
```

pd.merge()是pandas库中用于合并两个数据框的函数。data2和e是要合并的数据框。参数how='left'指定了合并的方式。在这里，'left'表示左连接，这意味着将从第一个数据框（即data2）中获取所有的行，并且只获取第二个数据框（即e）中匹配的行。如果不指定how参数，默认也是进行左连接。on=['Stkcd', 'Accper']指定了合并的键，这意味着在data2和e中都有的Stkcd和Accper列被用作合并的依据。

```
merge = pd.merge(data2, e, how='left', on=['Stkcd', 'Accper'])
merge = pd.merge(merge, data3, how='left', on=['Stkcd', 'Accper'])
data = merge.drop_duplicates(subset=['Stkcd', 'Accper'])
data.to_csv('3.1.处理后数据.csv')
```

预处理后部分结果如图4-4所示。

图 4-4 预处理后部分结果

【微课视频】4-1 张氏战略分析法 1

(3) 战略类型划分。

① 导入相关库。

```
import pandas as pd
import random
```

② 导入数据。

```
data=pd.read_csv('3.1.处理后数据.csv')   #这里显示的是相对路径,如果无法运行请复制文件的绝对路径
```

③ 基于自身数据划分战略类型。

```
def self(data):
    data['S_resource']=''
    data['S_investment']=''
    data['S_introduction']=''
# 画图用
    data['random_y']=''
    data['x']=''
    data['y']=''
```

划分资源配置战略类型。

```
for i in range(len(data)):
    p_opr_ass=data.p_opr_ass[i]
```

```
        if p_opr_ass>0.8:
            data.loc[i,'S_resource']='经营型'
        elif p_opr_ass < 0.5:
            data.loc[i,'S_resource']='投资型'
        elif (p_opr_ass>=0.5) and (p_opr_ass <=0.8):
            data.loc[i,'S_resource']='经营投资并重型'
```

划分投资扩张战略类型。

```
for i in range(len(data)):
    e_inv=data.e_inv[i]
    if e_inv>=1:
        data.loc[i,'S_investment']='扩张型'
        data.loc[i,'random_y']=random.randrange(66,100,1)  # 设置 y 值,方便在图形中显示
    elif (e_inv < 1) & (e_inv>=-1):
        data.loc[i,'S_investment']='稳健型'
        data.loc[i,'random_y']=random.randrange(33,65,1)
    elif e_inv <-1:
        data.loc[i,'S_investment']='紧缩型'
        data.loc[i,'random_y']=random.randrange(0,32,1)
    else:
        data.loc[i,'S_investment']=''
        data.loc[i,'random_y']=''
```

划分资本引入战略类型。

```
for i in range(len(data)):
    p_opr_lia=data.p_opr_lia[i]
    p_sh_rem=data.p_sh_rem[i]
    p_sh_inv=data.p_sh_inv[i]
    p_fin_lia=data.p_fin_lia[i]
    if (p_opr_lia>=p_sh_rem) and (p_opr_lia>=p_sh_inv) and (p_opr_lia>=p_fin_lia):
        data.loc[i,'S_introduction']='经营负债型'
        data.loc[i,'x']=p_opr_lia   # 通过 x、y 将战略类型分布于四个象限中
        data.loc[i,'y']=random.random()
    elif (p_fin_lia>=p_opr_lia) and (p_fin_lia>=p_sh_rem) and (p_fin_lia>=p_sh_inv):
        data.loc[i,'S_introduction']='金融负债型'
        data.loc[i,'x']=-p_fin_lia
        data.loc[i,'y']=random.random()
    elif (p_sh_rem>=p_opr_lia) and (p_sh_rem>=p_sh_inv) and (p_sh_rem>=p_fin_lia):
        data.loc[i,'S_introduction']='股东剩余型'
        data.loc[i,'x']=-random.random()
```

```
        data.loc[i,'y']=- p_sh_rem
    elif (p_sh_inv>=p_opr_lia) and (p_sh_inv>=p_sh_rem) and (p_sh_inv>=p_fin_lia):
        data.loc[i,'S_introduction']='股东投入型'
        data.loc[i,'x']=random.random()
        data.loc[i,'y']=- p_sh_inv
```

时间类型转换,将"年/月/日"转换为"年"。

```
    t=pd.DatetimeIndex(data['Accper'])
    a=t.year
    b=a.astype('int')
    data['Accper']=b
```

输出所需数据为.csv文件。

```
    final_pr=['Stkcd','Accper','Indcd','p_opr_ass','S_resource','e_inv','S_investment',
              'random_y','p_opr_lia','p_sh_rem','p_sh_inv','p_fin_lia','S_introduction','x','y']
    d=data.loc[:,final_pr]

    d=d.dropna(how='any')
    d.to_csv('3.2.基于自身数据划分各战略类型.csv')
    return 0
```

部分基于自身数据的战略类型划分结果如图4-5所示。

图4-5 部分基于自身数据的战略类型划分结果

【微课视频】4-1 张氏战略分析法2

④基于行业数据划分资源配置战略类型。

```python
data = pd.read_csv('3.1.处理后数据.csv')
def industry(data):
    indcd = data['Indcd'].value_counts().index
    year = data['Accper'].value_counts().index
    data_remo = pd.DataFrame(columns=data.columns)
    for i in indcd:
        data_group = data[data['Indcd'].isin([i])].copy()
        for j in year:
            d = data_group[data_group['Accper'].isin([j])].copy()
```

统计该行业当年数据量,只有数据量大于或等于3条时才能完成分箱。

```python
            n = d.shape[0]
            if n >= 3:
                d['S_resource'], cut_bin = \
                    pd.qcut(d['p_opr_ass'].rank(method='first'), q=3,
                            labels=['投资型战略','经营投资型并重型战略',
                                    '经营型战略'], retbins=True)
                data_remo = pd.concat([data_remo, d], ignore_index=True)
            else:
                continue
```

输出所需数据为.csv文件。

```python
    final_pr = ['Indcd', 'Stkcd', 'Accper', 'p_opr_ass', 'S_resource']
    data_remo = data_remo.loc[:, final_pr]
```

将 Indcd 列设置为 data_remo 数据框的索引。

```python
    data_remo.set_index('Indcd', inplace=True)
```

使用 dropna() 方法删除任何包含 NaN 值的行。这里,参数 how='any' 意味着只要在任何列中出现 NaN 值,该行就会被删除。

```python
    data_remo = data_remo.loc[:, final_pr]
    data_remo.set_index('Indcd', inplace=True)
    data_ = data_remo.dropna(how='any')
    data_.to_csv('3.3基于行业数据划分资源配置战略类型.csv')
    return 0
industry(data)
```

部分基于行业数据的战略类型划分结果如图4-6所示。

Indcd	Stkcd	Accper	p_opr_ass	S_resource
C39	16	2021/12/31	0.7946473	投资型战略
C39	20	2021/12/31	1	经营型战略
C39	21	2021/12/31	0.9434673	经营投资型并重型战略
C39	45	2021/12/31	0.8525396	投资型战略
C39	50	2021/12/31	0.9678947	经营投资型并重型战略
C39	63	2021/12/31	0.9748273	经营投资型并重型战略
C39	66	2021/12/31	0.8991221	投资型战略
C39	100	2021/12/31	0.87412	投资型战略
C39	413	2021/12/31	0.9428927	经营投资型并重型战略
C39	536	2021/12/31	0.9996397	经营型战略
C39	547	2021/12/31	0.8534377	投资型战略
C39	561	2021/12/31	1	经营型战略
C39	586	2021/12/31	0.9786163	经营投资型并重型战略
C39	636	2021/12/31	0.9272215	经营投资型并重型战略
C39	670	2021/12/31	1	经营型战略
C39	687	2021/12/31	0.8322686	投资型战略
C39	725	2021/12/31	0.9627719	经营投资型并重型战略
C39	727	2021/12/31	0.989146	经营投资型并重型战略
C39	733	2021/12/31	0.9604449	经营投资型并重型战略
C39	801	2021/12/31	0.8881146	投资型战略
C39	810	2021/12/31	0.9874192	经营投资型并重型战略
C39	823	2021/12/31	0.9994686	经营型战略
C39	938	2021/12/31	0.9720311	经营投资型并重型战略
C39	970	2021/12/31	0.9596112	经营投资型并重型战略
C39	977	2021/12/31	0.9839005	经营投资型并重型战略
C39	988	2021/12/31	0.9401255	经营投资型并重型战略
C39	2017	2021/12/31	0.9825539	经营投资型并重型战略
C39	2025	2021/12/31	1	经营型战略
C39	2036	2021/12/31	0.9475879	经营投资型并重型战略
C39	2045	2021/12/31	0.8854777	投资型战略
C39	2049	2021/12/31	0.9648961	经营投资型并重型战略

图 4-6 部分基于行业数据的战略类型划分结果

【微课视频】4-1 张氏战略分析法 3

(4) 目标选取。

① 公司数据可视化。

定义函数，对目标公司进行选取。

```
def self():
    #注意：这里使用的是相对路径，如果代码无法运行，请替换为文件的绝对路径
    d = pd.read_csv('3.2. 基于自身数据划分各战略类型 .csv')
    data = d.copy()
```

对 data 数据框中的 Stkcd 列应用一个 lambda() 函数，该函数将每一行的值格式化为 6 位数字，左侧填充 0。例如，如果某行的 Stkcd 值是 123，经过这行代码处理后，该值会变成 000123。

```
data['Stkcd'] = data['Stkcd'].apply(lambda x: '{:0>6d}'.format(x))
```

根据用户输入的股票代码 (company) 从 data 数据框中筛选出相关数据，并将结果赋值给变量 data_company。例如，如果用户输入的股票代码是 000001，那么 data_company 将包含所有 Stkcd 值为 000001 的行。

```
company = input('请输入公司股票代码:')
data_company = data[data.Stkcd == company]
```

调用函数，对目标公司进行基于自身数据的战略类型划分。

```
    s_resource(data_company)
    s_investment(data_company)
    s_introduction(data_company)
self()
```

运行代码，以股票代码为000757的公司为例，具体操作如图4-7所示。

图4-7　目标公司选取操作示例

②行业数据可视化。

定义函数，对目标行业进行选取，并选择所需分析的起止年份。

```
def industry():
    data=pd.read_csv('3.2.基于自身数据划分各战略类型.csv')   #这里显示的是相对路径，如果
无法运行请复制文件的绝对路径
    ind=input('请输入行业代码:')
    d=data[data.Indcd==ind]
```

接收用户输入的起始年份，并将其存储在名为start的变量中。这里使用eval()函数是因为用户输入的年份可能是一个整数或浮点数，而eval()函数可以将其转换为Python语言能够处理的数字类型。

```
start=eval(input('请输入起始年份:'))
end=eval(input('请输入终止年份:'))
data_ind=d[(d['Accper']>=start) & (d['Accper']<=end)]
```

调用函数，对目标行业所有公司历年各战略类型进行统计。

```
    s_resource(data_company)
    s_investment(data_company)
    s_introduction(data_company)
self()
```

③对比数据可视化。

选取需要对比的目标公司，并选择所需分析的起止年份。

```
d=pd.read_csv('3.2.基于自身数据划分各战略类型.csv')  #这里显示的是相对路径,如果无法运行请复制文件的绝对路径
df=d.copy()
df['Stkcd']=df['Stkcd'].apply(lambda x: '{:0>6d}'.format(x))
data=pd.DataFrame(columns=d.columns)
company=''
while company !='q':
    company=input('请输入公司股票代码(q=结束输入):')
    if company=='q':
        break
    data_company=df[df.Stkcd==company]
    data=pd.concat([data, data_company], ignore_index=True)
start=int(input('请输入起始年份:'))
end=int(input('请输入终止年份:'))
data=data[(data['Accper']>=start) & (data['Accper']<=end)]
```

（5）战略类型可视化。

①公司数据可视化。

导入相关库。

```
import matplotlib.pyplot as plt
import pandas as pd
```

从 Matplotlib.ticker 模块中导入 FuncFormatter 类。FuncFormatter 是一个用于自定义轴刻度标签格式的类。

```
from matplotlib.ticker import FuncFormatter
```

防止中文乱码。

设置 Matplotlib 库使用的默认字体为 SimHei。SimHei 是一种常用的黑体字体。plt.rcParams 是一个用于存储和更改 Matplotlib 库配置参数的字典对象。通过更改这个字典

中的值，可以更改 Matplotlib 库的默认设置。

```
plt.rcParams['font.sans-serif'] = ['SimHei']
```

设置 Matplotlib 库在使用中是否使用 unicode 表示负号。如果设置为 False，那么在图表的坐标轴上，负号将被表示为常规的短横线。这在处理中文字符时尤其有用，因为中文字符集中没有表示负号的 unicode 字符。

```
plt.rcParams['axes.unicode_minus'] = False
```

定义函数，绘制散点图，完成目标公司历年资源配置战略类型可视化。

```
def s_resource(data_company):
    data_company_cleaned = data_company.dropna(how='any')
    data_company_cleaned['Accper'] = pd.to_numeric(data_company_cleaned['Accper'], errors='coerce')
    data_company_cleaned['p_opr_ass'] = pd.to_numeric(data_company_cleaned['p_opr_ass'], errors='coerce')
    plt.figure(figsize=(14, 6))
```

设置图形的背景颜色为 papayawhip（一种黄色）。

```
plt.rcParams['axes.facecolor'] = 'papayawhip'
plt.title('资源配置战略')
plt.ylabel('经营资产占比')
```

禁用 x 轴的刻度。

```
plt.xticks(range(int(min(data_company_cleaned['Accper'])), int(max(data_company_cleaned['Accper'])) + 1, 1))
```

在图形上画两条水平线，分别代表 0.8 和 0.5 的经营资产占比。

```
plt.axhline(0.8, linewidth=3, alpha=0.5)
plt.axhline(0.5, linewidth=3, alpha=0.5)
```

获取当前的坐标轴。

```
ax = plt.gca()
```

在位于坐标轴（0.4，0.85）的位置上绘制文本"经营型"。

```
plt.text(0.4, 0.85, "经营型", size=40, alpha=0.2, transform=ax.transAxes)
plt.text(0.3, 0.6, "经营投资并重型", size=40, alpha=0.2, transform=ax.transAxes)
plt.text(0.4, 0.2, "投资型", size=40, alpha=0.2, transform=ax.transAxes)
```

定义一个函数 to_percent()，这个函数接受两个参数，将输入的值转化为百分数形式并返回。

```
def to_percent(temp, position):
    return '%1.0f'%(100 * temp) + '%'
```

4 基于可视化算法的战略分析

将 y 轴的标签格式化为百分数。

```
plt.gca().yaxis.set_major_formatter(FuncFormatter(to_percent))
plt.ylim(0, 1)
```

根据 data_company 中的 Accper 列和 p_opr_ass 列数据绘制散点图,其中点的颜色为 powderblue,透明度为 0.7。

```
scatter_size = data_company_cleaned['p_opr_ass'] * 800  # Adjust the factor to match the size in s_investment
    plt.scatter(data_company_cleaned['Accper'], data_company_cleaned['p_opr_ass'], s=scatter_size, color='powderblue', alpha=0.7)
    for a, b, c in zip(data_company_cleaned['Accper'], data_company_cleaned['p_opr_ass'], data_company_cleaned['Accper']):
        plt.text(a, b, c, ha='center', va='baseline', fontsize=10)
    plt.savefig('4.1.目标公司历年资源配置战略.png')
```

以股票代码为 000756 的公司为例,历年资源配置战略类型可视化结果如图 4-8 所示。

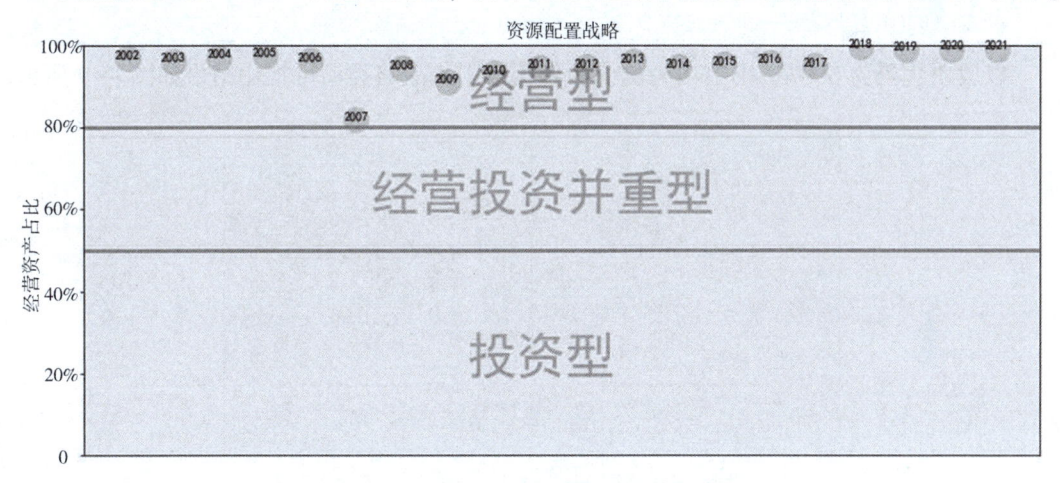

图 4-8 目标公司历年资源配置战略类型

从上图可以看出,该公司在过去一直坚持着经营型的资源配置战略。这种战略意味着公司将资源主要集中在提高其主营业务的能力和效率上,以优化公司的经营成果并保持竞争优势。

定义函数,绘制散点图,完成目标公司历年资本引入战略类型可视化。

```
def s_introduction(data_company):
    plt.figure(figsize=(12, 10))
    plt.rcParams['axes.facecolor'] = 'papayawhip'
    plt.title('资本引入战略')
    plt.xlim(-1, 1)
    plt.ylim(-1, 1)
    plt.xticks(())
    plt.yticks(())
```

```
plt. axhline(0, linewidth=2, alpha=0.5)
plt. axvline(0, linewidth=2, alpha=0.5)
ax=plt. gca()
```

在当前的坐标轴上(0.62，0.72)的位置上绘制文本"经营负债型"。文本的大小为40，透明度为0.2，坐标轴的变换方式为 ax. transAxes。

```
plt. text(0.62, 0.72, "经营负债型", size=40, alpha=0.2, transform=ax. transAxes)
plt. text(0.12, 0.72, "金融负债型", size=40, alpha=0.2, transform=ax. transAxes)
plt. text(0.12, 0.23, "股东剩余型", size=40, alpha=0.2, transform=ax. transAxes)
plt. text(0.62, 0.23, "股东投入型", size=40, alpha=0.2, transform=ax. transAxes)
plt. scatter(data_company['x'], data_company['y'], s=400, c='powderblue', alpha=0.7)
```

绘制年份标签。

```
year=[x for x in data_company['Accper']]
for a, b, c in zip(data_company['x'], data_company['y'], year):
    plt. text(a, b, c, ha='center', va='center', fontsize=10)
plt. savefig('4.3. 目标公司历年资本引入战略.png')
```

以股票代码为000756的公司为例，历年资本引入战略类型可视化结果如图4-9所示。

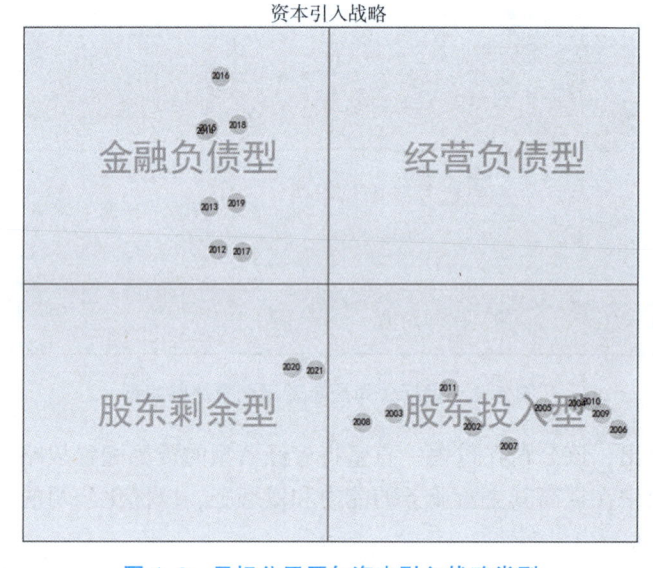

图4-9 目标公司历年资本引入战略类型

从上图可以看出，该公司从2002—2011年一直保持以股东投入型为资本引入战略，从2012年开始转为金融负债型，直至2020年变成股东剩余型。其历年的资本引入战略变化，基本符合公司处于不同生命周期时的特点。

定义函数，绘制泡泡图，完成目标公司历年投资扩张战略类型可视化。

```
def s_investment(data_company):
    data_=data_company. dropna(how='any')
    plt. figure(figsize=(14, 6))
```

```
plt. rcParams['axes. facecolor']='papayawhip'
plt. title('投资扩张战略')
plt. xticks(())
plt. ylim(0, 100)
plt. yticks(())
ax=plt. gca()
plt. text(0. 4, 0. 75, "扩张型", size=40, alpha=0. 2, transform=ax. transAxes)
plt. text(0. 4, 0. 45, "稳健型", size=40, alpha=0. 2, transform=ax. transAxes)
plt. text(0. 4, 0. 15, "紧缩型", size=40, alpha=0. 2, transform=ax. transAxes)
plt. axhline(33, linewidth=3, alpha=0. 5)
plt. axhline(66, linewidth=3, alpha=0. 5)
```

绘制泡泡图(用气泡大小粗略体现扩张效应)。

```
plt. scatter(data_['Accper'], data_['random_y'], s=data_['e_inv']* 800, c='powderblue', alpha=1)
```

绘制年份标签。

```
year=[x for x in data_['Accper']]
for a, b, c in zip(data_['Accper'], data_['random_y'], year):
    plt. text(a, b, c, ha='center', va='baseline', fontsize=10)
plt. savefig('4. 2. 目标公司历年投资扩张战略. png')
```

以股票代码为 000756 的公司为例,历年投资扩张战略类型可视化结果如图 4-10 所示。

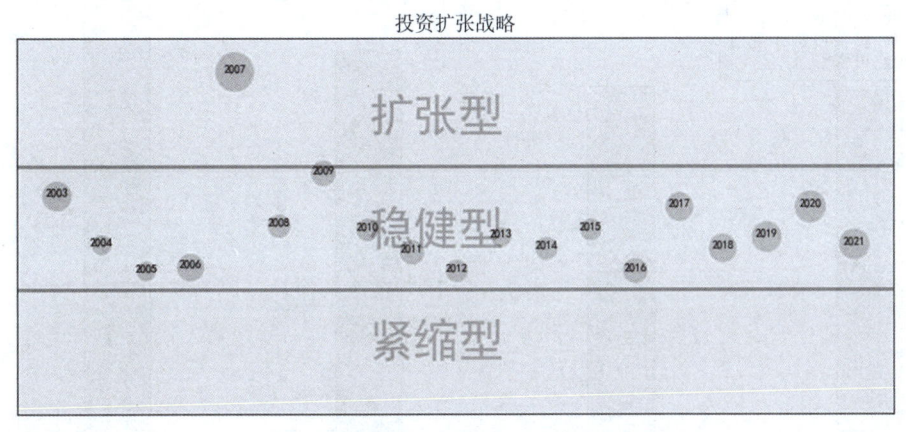

图 4-10 目标公司历年投资扩张战略类型

从上图可以直观发现,该公司历年以稳健型的投资扩张战略为主,只有 2007 年为扩张型。

【微课视频】4-1 张氏战略分析法 4

②行业数据可视化。

导入相关库。

```
import matplotlib.pyplot as plt
import pandas as pd
import seaborn as sns
```

防止中文乱码。

```
plt.rcParams['font.sans-serif'] = ['SimHei']
plt.rcParams['axes.unicode_minus'] = False
```

定义函数，绘制直方图，完成目标行业历年资源配置战略类型统计。

```
def ind_s_resource(data_ind):
    plt.figure(figsize=(12, 6))
    plt.title('目标行业所有公司历年资源配置战略类型统计')
```

使用 Seaborn 库的 countplot() 函数创建一个柱状图。该图展示了在 Accper 列中每个值出现的次数，并按照 S_resource 列的值进行分组。

```
ax = sns.countplot(x='Accper', hue="S_resource", data=data_ind)
plt.savefig('4.4.目标行业所有公司历年资源配置战略类型统计.png')
```

以行业代码为 C38 的公司为例，历年资源配置战略类型统计结果如图 4-11 所示。

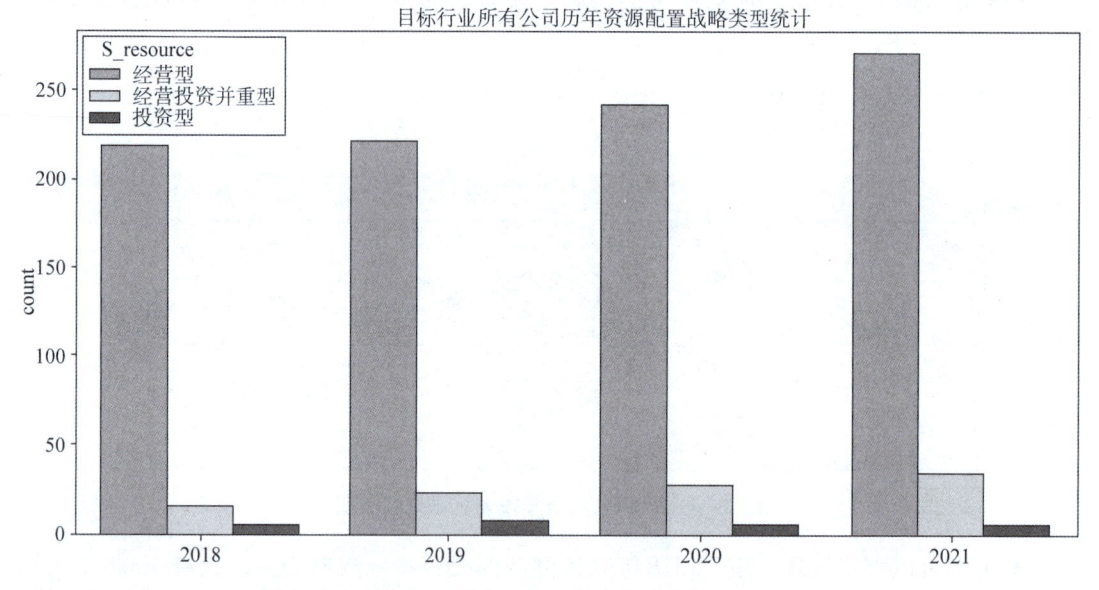

图 4-11　目标行业所有公司历年资源配置战略类型统计

从上图可以看出，该行业的企业以经营型资源配置战略为主，并且逐年递增；选择经营投资并重型的企业虽然也在增加，但数量仍不多；选择投资型的企业最少。

定义函数，绘制直方图，完成目标行业历年投资扩张战略类型统计。

```
def ind_s_investment(data_ind):
    data_ = data_ind.dropna(how='any')
    plt.figure(figsize=(12, 6))
    ax = sns.countplot(x='Accper', hue="S_investment", data=data_)
    plt.title('目标行业所有公司历年投资扩张战略类型统计')
    plt.savefig('4.5.目标行业所有公司历年投资扩张战略类型统计.png')
```

以行业代码为 C38 的公司为例，历年投资扩张战略类型统计结果如图 4-12 所示。

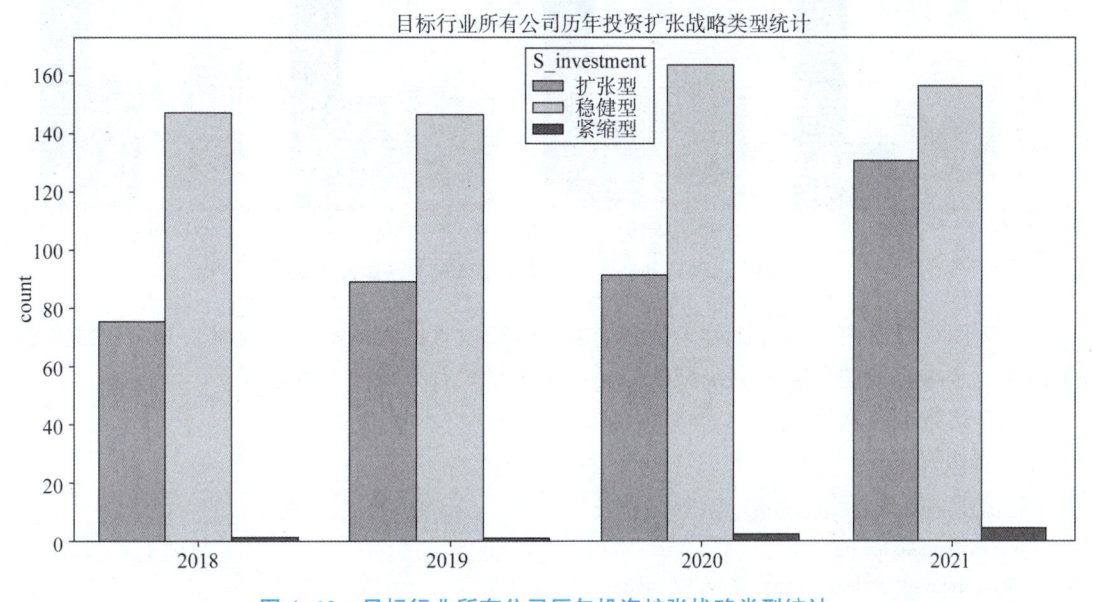

图 4-12 目标行业所有公司历年投资扩张战略类型统计

从上图可以看出，该行业大多公司的投资扩张战略类型为稳健型，不过扩张型公司在逐年递增，至 2021 年已与稳健型的公司数量相差不多。只有极少数公司选择紧缩型。

定义函数，绘制直方图，完成目标行业历年资本引入战略类型统计。

```
def ind_s_introduction(data_ind):
    plt.figure(figsize=(12, 6))
    ax = sns.countplot(x='Accper', hue="S_introduction", data=data_ind)
    plt.title('目标行业所有公司历年资本引入战略类型统计')
    plt.savefig('4.6.目标行业所有公司历年资本引入战略类型统计.png')
```

以行业代码为 C38 的公司为例，历年资本引入战略类型统计结果如图 4-13 所示。

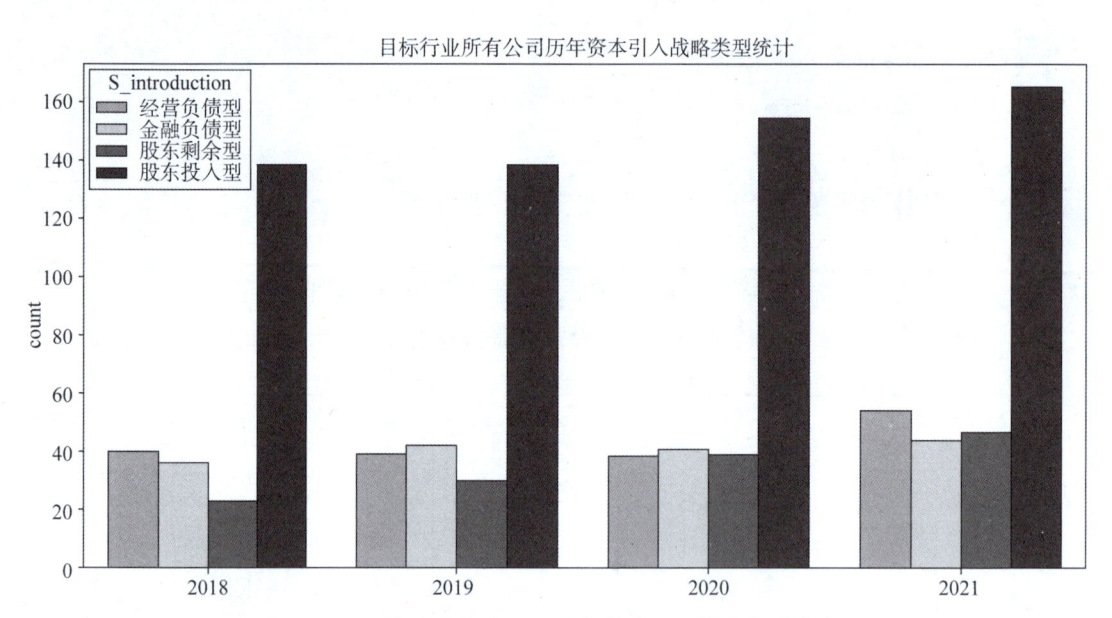

图 4-13　目标行业所有公司历年资本引入战略类型统计

从上图可以看出，该行业过半数公司都以股东投入作为资本引入战略，其余选择经营负债型、金融负债型、股东剩余型的公司数量历年来看分布较为均匀。

③对比数据可视化。

导入相关库。

```
import matplotlib.pyplot as plt
import pandas as pd
from matplotlib.ticker import FuncFormatter
import seaborn as sns
```

防止中文乱码。

```
plt.rcParams['font.sans-serif'] = ['SimHei']
plt.rcParams['axes.unicode_minus'] = False
```

绘制散点图，完成对需要对比公司的资源配置战略可视化。

```
plt.figure(figsize=(14, 6))
plt.rcParams['axes.facecolor'] = 'papayawhip'
plt.title('资源配置战略')
plt.ylabel('经营资产占比')
plt.xticks(())
plt.axhline(0.8, linewidth=3, alpha=0.5)
plt.axhline(0.5, linewidth=3, alpha=0.5)
ax = plt.gca()
plt.text(0.4, 0.85, "经营型", size=40, alpha=0.2, transform=ax.transAxes)
plt.text(0.3, 0.6, "经营投资并重型", size=40, alpha=0.2, transform=ax.transAxes)
plt.text(0.4, 0.2, "投资型", size=40, alpha=0.2, transform=ax.transAxes)
```

坐标轴转化为百分比模式。

```
def to_percent(temp, position):
    return '%1.0f%' (100 * temp) + '%'
plt.gca().yaxis.set_major_formatter(FuncFormatter(to_percent))
plt.ylim(0, 1)
```

绘制散点图。

```
action_set=data['Stkcd'].unique().tolist()
palette=sns.color_palette("bright", len(action_set))
sns.scatterplot(x=data['Accper'], y=data['p_opr_ass'], data=data,
                hue='Stkcd', palette=palette, s=500, alpha=0.5)
```

绘制年份标签。

```
year=[x for x in data['Accper']]
for a, b, c in zip(data['Accper'], data['p_opr_ass'], year):
    plt.text(a, b, c, ha='center', va='center', fontsize=10)
plt.legend()
plt.savefig('4.7.不同公司资源配置战略类型对比.png')
```

以股票代码 000608、000606 的公司为例，其历年资源配置战略可视化结果如图 4-14 所示。

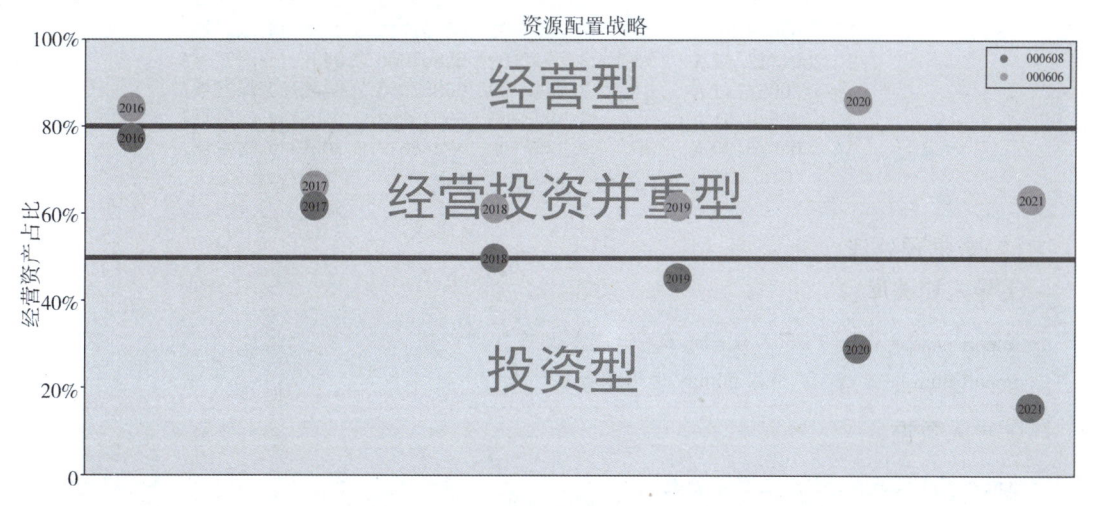

图 4-14 对比公司历年资源配置战略

从上图可以看出，股票代码为 000608 的公司从 2016 年的经营投资并重型逐渐到 2018 年转为了投资型。股票代码为 000606 的公司这几年则在经营型和经营投资并重型之间徘徊。

【微课视频】4-1 张氏战略分析法 5

4.3.2　战略激进度分析具体流程

（1）数据收集。

部分指标数据如图4-15所示。

A	B	C	D	E	F	G
Stkcd	Accper	Typrep	GDZCJE	WXZCJE	ZCZJ	ShortName
1	2000/12/31	A	1.587E+09	1982460	6.723E+10	深发展A
1	2001/1/1	A	1.587E+09	1982460	6.601E+10	深发展A
1	2001/6/30	A	1.726E+09	24302743	8.518E+10	深发展A
1	2001/12/31	A	1.763E+09	35662983	1.201E+11	深发展A
1	2002/1/1	A	1.763E+09	35662983	1.201E+11	深发展A
1	2002/3/31	A	1.779E+09	43293186	1.107E+11	深发展A
1	2002/6/30	A	2.076E+09	39668450	1.347E+11	深发展A
1	2002/9/30	A	2.082E+09	42057601	1.6E+11	深发展A
1	2002/12/31	A	2.381E+09	52331680	1.662E+11	深发展A
1	2003/1/1	A	2.381E+09	52331680	1.662E+11	深发展A
1	2003/3/31	A	2.378E+09	65450719	1.625E+11	深发展A
1	2003/6/30	A	2.333E+09	64482581	1.755E+11	深发展A
1	2003/9/30	A	2.298E+09	75675516	1.934E+11	深发展A
1	2003/12/31	A	2.388E+09	87090889	1.929E+11	深发展A
1	2004/1/1	A	2.388E+09	87090889	1.935E+11	深发展A
1	2004/3/31	A	2.283E+09	55552377	2.125E+11	深发展A
1	2004/6/30	A	2.306E+09	72975578	2.032E+11	深发展A
1	2004/9/30	A	2.259E+09	67407719	1.988E+11	深发展A
1	2004/12/31	A	3.244E+09	65857066	2.043E+11	深发展A
1	2005/1/1	A	3.244E+09	65857066	2.044E+11	深发展A
1	2005/3/31	A	3.197E+09	59546283	2.012E+11	深发展A
1	2005/6/30	A	3.135E+09	52445517	2.105E+11	深发展A

图4-15　部分指标数据

（2）数据预处理。

①导入相关库。

```
import pandas as pd    #导入pandas库用于数据处理
import numpy as np     #导入numpy库用于数值计算
```

②导入数据。

```
data1 =pd.read_csv('1.1 资债表数据.csv')
data2 =pd.read_csv('1.2 利润表数据.csv')
data3 =pd.read_csv('1.3 员工人数数据.csv')
data4 =pd.read_csv('1.4 行业代码.csv')
```

③筛选所需数据。

由于下载数据中包含各时间点下不同类型的报告，因此需要将年报日期为12-31，同时报表类型为A的年报筛选出来。

```
#筛选data1 数据,保留年度末的数据,并确保数据类型为A
data1 = data1.loc[data1['Accper'].str.contains('12-31')]
data1 = data1.loc[data1['Typrep'] == 'A']
```

```
#筛选 data2 数据,保留年度末的数据,并确保数据类型为 A
data2 = data2.loc[data2['Accper'].str.contains('12-31')]
data2 = data2.loc[data2['Typrep'] == 'A']
#筛选 data4 数据,保留年度末的数据,并确保数据类型为 A
data4 = data4.loc[data4['Accper'].str.contains('12-31')]
data4 = data4.loc[data4['Typrep'] == 'A']
```

④名称重命名。

由于下载数据表中各个指标名称不易辨别,为方便后续处理,此处将指标名称重命名。

```
#重命名 data1 中的列
data1.rename(columns={"GDZCJE": "FA", "WXZCJE": "IA", "ZCZJ": "TA"}, inplace=True)
#重命名 data2 中的列
data2.rename(columns={"YYSR": "OI", "XSFY": "SE", "GLFY": "GAE"}, inplace=True)
#重命名 data3 中的列
data3.rename(columns={"JZRQ": "Accper", "YGRS": "NOE"}, inplace=True)
```

⑤合并数据表输出所需数据。

```
#合并 data1 和 data2,保留左边的数据,根据 Stkcd 和 Accper 进行合并
data = pd.merge(data1, data2, how='left', on=['Stkcd', 'Accper'])
#合并 data 和 data3,保留左边的数据,根据 Stkcd 和 Accper 进行合并
data = pd.merge(data, data3, how='left', on=['Stkcd', 'Accper'])
#合并 data 和 data4,保留左边的数据,根据 Stkcd 和 Accper 进行合并
data = pd.merge(data, data4, how='left', on=['Stkcd', 'Accper'])
#选择需要的列
data = data[['Stkcd', 'Accper', 'Indcd', 'FA', 'IA', 'TA', 'OI', 'SE', 'GAE', 'NOE']]
#将合并后的数据保存到新的 CSV 文件中
data.to_csv("3.1 合并数据表.csv")
```

(3)构建战略类型判断模型。

①计算比例指标。

读取合并数据表。

```
def calculate1():
    d = pd.read_csv('3.1 合并数据表.csv')
```

删除表内空缺值。

```
d = d.dropna(how='any')
```

将表内非 0 值进行筛选。

```
d = d[(d.FA != 0) & (d.IA != 0) & (d.TA != 0) & (d.OI != 0) & (d.SE != 0) & (d.GAE != 0) & (d.NOE != 0)]
```

根据公式计算 RDS、SEINS、EMINS、PPES 比例指标。

```
d['RDS'] = d.IA/d.OI
```

```
d['SEINS']=(d.SE+d.GAE)/d.OI
d['EMINS']=d.NOE/d.OI
d['PPES']=d.FA/d.TA
```

更新数据表索引，以便后续循环操作。

```
d=d.reset_index(drop=True)
```

根据公式计算 GROWS 比例指标。

```
d['GROWS']=''
for i in range(len(d)-1):
    x=d.OI[i]
    y=d.OI[i+1]
    if d.loc[i,'Stkcd']==d.loc[i+1,'Stkcd']:
        d.loc[i+1,'GROWS']=(y-x)/x
```

根据公式计算 EMPLV 比例指标。

```
d['EMPLV']=''
for i in range(len(d)-4):
    x=d.NOE[i]
    y=d.NOE[i+1]
    z=d.NOE[i+2]
    m=d.NOE[i+3]
    n=d.NOE[i+4]
    a=[x, y, z, m, n]
    if d.loc[i+4,'Stkcd']==d.loc[i,'Stkcd']:
        d.loc[i+4,'EMPLV']=np.std(a)/np.mean(a)
```

输出比例指标表。

```
d.to_csv("3.2 比例指标.csv")
```

② 计算均值指标。

读取比例指标表。

```
def calculate2():
    d=pd.read_csv('3.2 比例指标.csv')
```

删除空缺值。

```
d=d.dropna(how='any')
```

更新数据表索引，以便后续循环操作。

```
d=d.reset_index(drop=True)
```

根据公式构建均值指标计算函数，即以当年为基准，以前五年该指标的平均值作为该指标当年的战略值。

```
def mean(b, c):
    for i in range(len(d)- 4):
        x=d. loc[i, b]
        y=d. loc[i +1, b]
        z=d. loc[i +2, b]
        m=d. loc[i +3, b]
        n=d. loc[i +4, b]
        a=[x, y, z, m, n]
        if d. loc[i + 4, 'Stkcd']==d. loc[i, 'Stkcd']:
            d. loc[i +4, c]=np. mean(a)
```

根据函数计算出 RDS、SEINS、EMINS、PPES、GROWS、EMPLV 均值指标。

```
# 以当年为基准,以前五年数据的平均值作为当年的战略值
mean('RDS', 'RDS_N')
mean('SEINS', 'SEINS_N')
mean('EMINS', 'EMINS_N')
mean('PPES', 'PPES_N')
mean('GROWS', 'GROWS_N')
mean('EMPLV', 'EMPLVS_N')
```

删除有空缺值的行,重置数据表索引并输出均值指标表。

```
d=d. dropna(how='any')
d=d. reset_index(drop=True)
d. to_csv("3.3 均值指标.csv")
```

【微课视频】4-2 战略激进度 1

③ 分箱计算战略值,生成公司战略类型。
读取均值指标数据表。

```
def industry():
    data=pd. read_csv('3.3 均值指标.csv')
```

将年份信息从年月日信息中提取出,单独成列,覆盖 Accper。

```
t=pd. DatetimeIndex(data['Accper'])
a=t. year
b=a. astype('int')
data['Accper']=b
```

修正股票代码,并将股票代码转换为字符型。

```
data['Stkcd']=data['Stkcd']. apply(lambda x: '{:0>6d}'. format(x))
data['Stkcd']=data['Stkcd']. astype('str')
```

取出 indcd、year 两列索引。

```
indcd=data['Indcd'].unique()    #获取独特的行业代码
year=data['Accper'].unique()    #使用 unique 来获取不重复的年份
```

新建一个数据框用于存储后续生成的数据。

```
data_remo=pd.DataFrame(columns=data.columns)    #新建一个数据框用于存储
```

将数据表按照行业和时间分组。

```
for i in indcd:
    d=data[data['Indcd']==i].copy()    #按行业分组
    for j in year:
        data_group=d[d['Accper']==j].copy()    #按时间分组
```

判断 data_group 数据量的大小。

```
n=data_group.shape[0]
```

在 data_group 数据量≥5 的情况下,对各个指标进行分箱处理。

将 RDSV、SEINSV、GROWSV、EMINSV、EMPLVV 按照从小到大的顺序进行排列,依次赋值为 0,1,2,3,4。

```
if n>=5:
    data_group['RDSV'], cut_bin=pd.qcut(data_group['RDS_N'].rank(method='first'), q=5, labels=['0','1','2','3','4'], retbins=True, duplicates='drop')
    data_group['SEINSV'], cut_bin=pd.qcut(data_group['SEINS_N'].rank(method='first'), q=5, labels=['0','1','2','3','4'], retbins=True, duplicates='drop')
    data_group['GROWSV'], cut_bin=pd.qcut(data_group['GROWS_N'].rank(method='first'), q=5, labels=['0','1','2','3','4'], retbins=True, duplicates='drop')
    data_group['EMINSV'], cut_bin=pd.qcut(data_group['EMINS_N'].rank(method='first'), q=5, labels=['0','1','2','3','4'], retbins=True, duplicates='drop')
    data_group['EMPLVV'], cut_bin=pd.qcut(data_group['EMPLVV_N'].rank(method='first'), q=5, labels=['0','1','2','3','4'], retbins=True, duplicates='drop')
```

将 PPESV 按照从小到大的顺序进行排列,依次赋值为 4,3,2,1,0。

```
data_group['PPESV'], cut_bin=pd.qcut(data_group['PPES_N'].rank(method='first'), q=5, labels=['4','3','2','1','0'], retbins=True, duplicates='drop')
```

根据公式计算 STRA 值。

```
data_group['STRA']=data_group['SEINSV'].astype(int)+data_group['RDSV'].astype(int)+data_group['GROWSV'].astype(int)+data_group['EMINSV'].astype(int)+data_group['EMPLVV'].astype(int)+data_group['PPESV'].astype(int)
```

建立一个空列 ST,并重置 data_group 索引。

```
data_group['ST']=''
data_group=data_group.reset_index(drop=True)
```

根据 STRA 值对战略类型进行分箱，STRA 值介于 0~6、7~17、18~24 的战略分别称为防御型战略、分析型战略和进攻型战略，战略类型评分越高表明企业的战略越激进。

```
for m in range(len(data_group)):
    x=data_group. STRA[m]
    if (x>=0) and (x <=6):
        data_group. loc[m,'ST']='防御型战略'
    elif (x>=7) and (x <=17):
        data_group. loc[m,'ST']='分析型战略'
    elif (x>=18) and (x <=24):
        data_group. loc[m,'ST']='进攻型战略'
    else:
        continue
data_remo=pd. concat([data_remo, data_group], ignore_index=True)
```

选择所需列，重置索引后，输出数据表。

```
final_pr=['Indcd', 'Stkcd', 'Accper', 'STRA','ST']
data_remo=data_remo. loc[:, final_pr]
data_remo. set_index('Indcd', inplace=True)
data_remo. to_csv("3.4 公司战略值及战略分类.csv")
return 0
industry()
```

④计算行业战略类型。

```
def industry():
```

导入公司战略值及战略分类数据表。

```
data=pd. read_csv('3.4 公司战略值及战略分类.csv')
data=pd. DataFrame(data)
```

按照行业和年份分组求出 STRA 的均值。

```
df_groupby=data. groupby(['Indcd', 'Accper'])['STRA']. mean(). reset_index(name='ind_STRA')
```

建立一个空列 ind_ST，并重置 df_groupby 索引。

```
df_groupby['ind_ST']=''
    df_groupby=df_groupby. reset_index(drop=True)
```

根据 STRA 值对战略类型进行分箱，STRA 值为 0~6、7~17、18~24 的战略分别称为防御型战略、分析型战略和进攻型战略。

```
for m in range(len(df_groupby)):
    x=df_groupby. ind_STRA[m]
    if (x>=0) and (x <=6):
        df_groupby. loc[m,'ind_ST']='防御型战略'
```

```
        elif (x>=7) and (x <=17):
            df_groupby.loc[m,'ind_ST']='分析型战略'
        elif (x>=18) and (x <=24):
            df_groupby.loc[m,'ind_ST']='进攻型战略'
```

输出行业战略值及战略分类数据表。

```
        df_groupby.to_csv("3.5 行业战略值及战略分类.csv")
    industry()
```

【微课视频】4-2 战略激进度2

（4）可视化结果呈现。

①导入相关库。

matplotlib.pyplot 是一个 Python 可视化库 Matplotlib 的子模块。它提供了一种类似于 MATLAB 的绘图方式，用于创建各种类型的图表，如折线图、散点图、直方图等。

```
import matplotlib.pyplot as plt
import pandas as pd
```

Seaborn 是一个基于 Matplotlib 的 Python 数据可视化库。它提供了一套高级界面和函数，用于创建漂亮、统一风格的统计图形。

```
import seaborn as sns
```

②目标公司历年竞争战略类型可视化。

读取数据表并建立该数据表副表。

```
def self():
    data=pd.read_csv('3.4 公司战略值及战略分类.csv')
    df=data.copy()
```

修正股票代码。

```
df['Stkcd']=df['Stkcd'].apply(lambda x: '{:0>6d}'.format(x))
df['Stkcd']=df['Stkcd'].astype(int)
```

读取目标公司历年数据。

```
company=int(input('请输入公司股票代码:'))
data_company=df[df.Stkcd==company]
```

绘制散点图。

```
plt.figure(figsize=(14, 8))
plt.rcParams['axes.facecolor']='lavender'
plt.title('竞争战略')
plt.ylabel('STRA 值')
plt.ylim(0,24)
```

```
plt. xticks(())
plt. axhline(6, color='w', linewidth=3, alpha=0. 5)
plt. axhline(17, color='w', linewidth=3, alpha=0. 5)
plt. scatter(data_company['Accper'], data_company['STRA'], s=500, c='lightblue', alpha=0. 5)
year=[xfor x in data_company['Accper']]
for a, b, c in zip(data_company['Accper'], data_company['STRA'], year):
    plt. text(a, b, c, ha='center', va='center', fontsize=10)
```

添加背景文字。

```
ax=plt. gca()
plt. text(0. 35, 0. 1, "防御型战略", size=40, alpha=0. 2, transform=ax. transAxes)
plt. text(0. 35, 0. 45, "分析型战略", size=40, alpha=0. 2, transform=ax. transAxes)
plt. text(0. 35, 0. 8, "进攻型战略", size=40, alpha=0. 2, transform=ax. transAxes)
```

输出图片。

```
print('绘图完成')
plt. savefig('4. 1. 目标公司历年竞争战略 .png')
plt. show()
self()
```

目标公司历年竞争战略类型可视化示例图如图4-16所示。

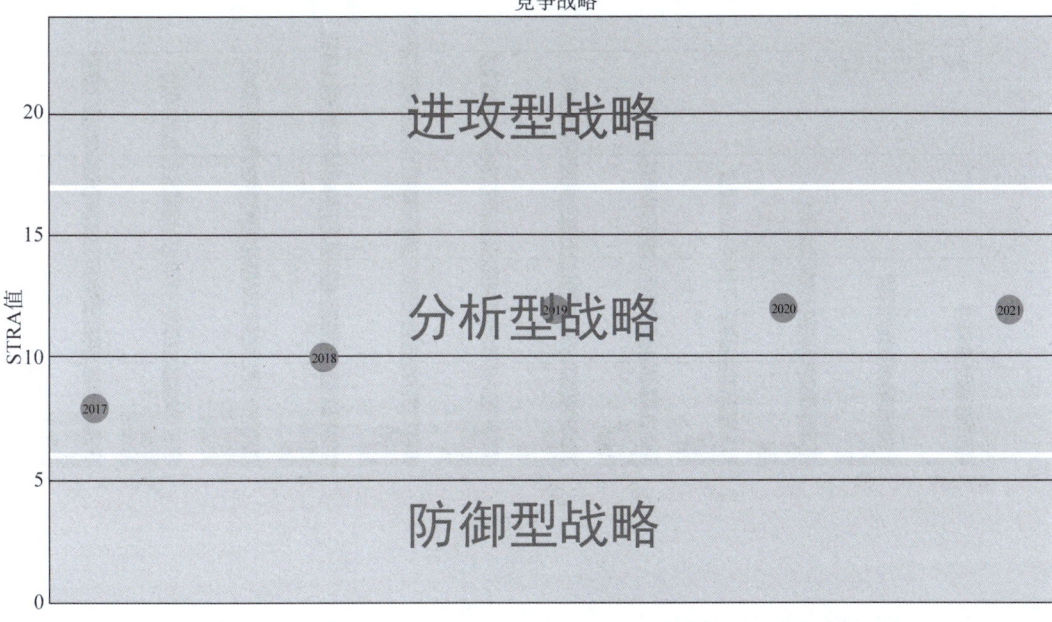

图4-16 目标公司历年竞争战略类型

③目标行业所有公司所需年份战略类型统计。
导入数据表。

```
def industry():
    data=pd. read_csv('3. 4 公司战略值及战略分类 .csv')
```

取出数据表中指定行业及指定时间段的数据。

```
ind=input('请输入行业代码:')
data=data[ data. Indcd==ind]
start=eval(input('请输入起始年份:'))
end=eval(input('请输入终止年份:'))
data_ind=data[ (data[ 'Accper']>=start)&(data[ 'Accper']<=end)]
```

绘制柱状图。

```
plt. figure(figsize=(12, 6))
ax=sns. countplot(x='Accper', hue="ST", data=data_ind)
plt. title('目标行业所有公司战略类型统计')
plt. xticks(rotation=45)
print('绘图完成')
```

输出图片。

```
    plt. savefig('4.2. 目标行业所有公司所需年份战略类型统计 . png')
    plt. show()
industry()
```

目标行业所有公司历年战略类型统计示例如图 4-17 所示。

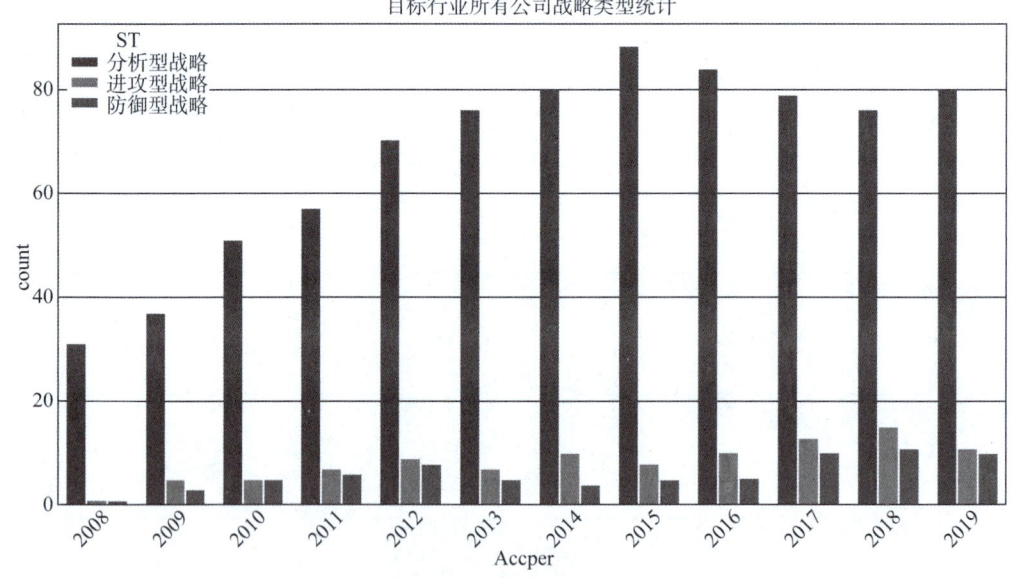

图 4-17 目标公司历年战略类型统计

④不同企业战略类型对比可视化。

读入数据表，并创建该数据表附件。

```
def company():
    d=pd. read_csv('3.4 公司战略值及战略分类 . csv')
    df=d. copy()
```

修正股票代码。

```
df['Stkcd']=df['Stkcd'].apply(lambda x: '{:0>6d}'.format(x))
```

读入数取出数据表中指定企业及指定时间段的数据。

```
data_list=[]
company=''
while company !='q':
    company=input('请输入公司股票代码(q=结束输入):')
    if company !='q':
        data_company=df[df.Stkcd==company]
        data_list.append(data_company)
data=pd.concat(data_list)
start=int(input('请输入起始年份:'))
end=int(input('请输入终止年份:'))
data=data[(data['Accper']>=start) & (data['Accper'] <=end)]
```

设置字体为中文黑体字体(SimHei),并解决负号显示为方块的问题。

```
plt.rcParams['font.sans-serif']=['SimHei']
plt.rcParams['axes.unicode_minus']=False
```

创建一个大小为14×6的新图表,并设置图表的背景色为淡紫色。

```
plt.figure(figsize=(14, 6))
plt.rcParams['axes.facecolor']='lavender'
```

设置图表的标题为"竞争战略",设置y轴的标签为STRA,同时清除x轴的刻度标签。

```
plt.title('竞争战略')
plt.ylabel('STRA')
plt.xticks(())
```

绘制一条水平线,y轴坐标为6,颜色为白色,线宽为3。绘制另一条水平线,y轴坐标为17,颜色为白色,线宽为3。

```
plt.axhline(6, color='w', linewidth=3)
plt.axhline(17, color='w', linewidth=3)
```

获取当前图表的轴对象。

```
ax=plt.gca()
```

在轴对象上添加文本,位置为(0.35, 0.1),内容为"防御型战略",字体大小为40,透明度为0.2,以下同理。

```
plt.text(0.35, 0.1, "防御型战略", size=40, alpha=0.2, transform=ax.transAxes)
plt.text(0.35, 0.45, "分析型战略", size=40, alpha=0.2, transform=ax.transAxes)
plt.text(0.35, 0.8, "进攻型战略", size=40, alpha=0.2, transform=ax.transAxes)
```

设置y轴的范围为0~24。

```
plt.ylim(0, 24)
```

获取数据中唯一的股票代码列表,并根据股票代码的数量创建一个颜色调色板。

```
action_set=data['Stkcd'].unique().tolist()
palette=sns.color_palette("bright", len(action_set))
```

绘制散点图，x 轴为数据中的 Accper 列，y 轴为数据中的 STRA 列，根据 Stkcd 列的值进行着色，使用之前创建的颜色调色板，点的大小为 400，透明度为 0.3。

```
sns.scatterplot(x=data['Accper'], y=data['STRA'], data=data,
                hue='Stkcd', palette=palette, s=400, alpha=0.3)
```

获取数据中 Accper 列的所有值，并保存到列表 year 中，对年份打标签。

```
year=[x for x in data['Accper']]
for a, b, c in zip(data['Accper'], data['STRA'], year):
    plt.text(a, b, c, ha='center', va='center', fontsize=10)
plt.legend()
print('绘图完成')
```

输出图片。

```
    plt.savefig('4.3.不同公司战略类型对比.png')
    plt.show()
company()
```

不同企业历年竞争战略类型对比可视化示例如图 4-18 所示。

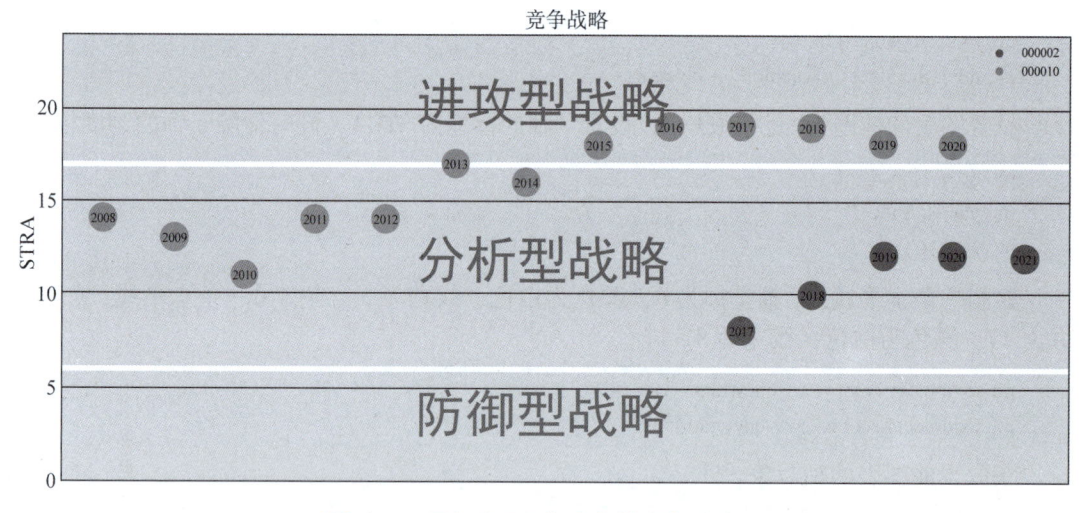

图 4-18 目标公司历年竞争战略类型对比

【微课视频】4-2 战略激进度 3

知识拓展

随着大数据和人工智能技术的发展，战略分析的方法和工具也在不断创新。现代企业越来越依赖于数据驱动的决策支持系统，通过高级分析技术，如机器学习、文本挖掘和情感分析，来提升战略决策的科学性和前瞻性。这些技术的应用，使得企业能够从海量数据中提取有价值的信息，预测市场趋势，评估竞争对手行为，从而在激烈的市场竞争中获得优势。

未来，战略分析将更加注重实时性、动态性和预测性。企业需要建立更加灵活和响应性强的战略分析系统，以适应快速变化的市场环境。同时，企业还需要关注战略分析中的伦理和法律问题，确保数据的合法获取和使用，避免数据泄露和滥用的风险。

因此，企业需要加强对战略分析技术的投入和人才培养，以适应不断变化的管理需求，提升企业的整体竞争力。

练习题

一、单选题

1. 战略分析包括( )两个部分。
   A. 组织诊断和环境分析　　　　　　B. 资源配置和财务分析
   C. 市场定位和竞争策略　　　　　　D. 产品开发和市场推广

2. 张氏战略分析法主要分析( )。
   A. 营业收入和利润数据　　　　　　B. 市场占有率和增长率
   C. 资产负债表的数据　　　　　　　D. 客户满意度调查数据

3. 以下( )不是资产按照对利润的贡献方式分类的一部分。
   A. 经营资产　　　B. 投资资产　　　C. 固定资产　　　D. 金融资产

4. 企业的资本引入战略中不包括( )。
   A. 经营性资源　　B. 金融性资源　　C. 自然资源　　　D. 股东入资资源

5. 在战略分析中，行业在初创期通常表现出( )特征。
   A. 资本引入战略多样化　　　　　　B. 经营资产比例逐渐增高
   C. 投资资产收益率显著高于经营资产　D. 债务融资驱动型战略特征减弱

6. 战略激进度的评分介于( )被定义为分析型战略。
   A. 0~6　　　　　B. 7~17　　　　　C. 18~24　　　　D. 25~30

7. 在战略激进度分析中，( )不是用于计算战略激进度的。
   A. 研发支出占销售收入的比重
   B. 营业收入增长率
   C. 销售费用和管理费用之和占销售收入的比值
   D. 股东权益比例

8. 企业采用( )战略，其特征为经营资产和投资资产比较均衡。
   A. 经营主导型　　　　　　　　　　B. 投资主导型
   C. 投资与经营并重型　　　　　　　D. 利润驱动型

9. 关于企业核心竞争力的构建，以下描述不正确的是( )。
   A. 核心竞争力应能为客户提供持续的价值

B. 核心竞争力是易于模仿的

C. 核心竞争力来源于企业的特定资源和能力

D. 核心竞争力帮助企业在市场上获得竞争优势

10. 在战略执行过程中，以下不是有效的沟通策略的是（　　）。

A. 自上而下的指令传达　　　　B. 促进跨部门间的对话

C. 忽视员工反馈　　　　　　　D. 定期更新战略进展

二、简答题

1. 简述什么是战略分析，并说明其主要组成部分。

2. 企业战略分为哪三个层次，并简要说明每个层次的主要内容。

3. 如何根据资产负债表对企业的战略类型进行分类？

4. 战略激进度指标包括哪些内容？如何根据这些指标判断企业的战略类型？

5. 讨论动态能力理论在帮助企业应对外部环境变化中的作用，包括它如何影响企业战略调整和创新。

5 基于 LSTM 算法的预算分析

章节引入

在今日商业世界的浪潮中，数据驱动决策已经成为企业成功的关键。其中，基于 LSTM 算法的预算分析更是引领了新一轮的预算革命。想象一下，如果能够利用过去的数据，精准地预测未来的销量和现金流，那将为企业带来怎样的机遇和挑战。这就是本章要探讨的案例——基于 LSTM 算法的销量和现金流预算分析。

某知名企业，在面临市场变化多端、竞争日益激烈的背景下，开始探索基于 LSTM 算法的预算分析。企业希望通过这种方式，更准确地预测未来的销售趋势和资金流动情况，从而制定更为科学的经营策略。

章节分析

本章将详细探讨这家企业是如何利用 LSTM 算法进行销量和现金流预算分析的。首先，企业收集了大量的历史销售数据和现金流数据，通过数据预处理和特征工程，构建了一个适合 LSTM 模型训练的数据集。然后，企业利用这个数据集训练了一个 LSTM 模型，用于预测未来的销量和现金流。

通过模型的训练和预测，企业发现，基于 LSTM 算法的预算分析不仅提高了预测的准确度，还大大缩短了预测的时间。这使企业能够更快速地响应市场变化，调整经营策略，从而在激烈的竞争中脱颖而出。

此外，本章还将分析该企业在实施基于 LSTM 算法的预算分析过程中遇到的挑战和解决方案。例如，如何选择合适的模型参数、如何处理数据中的噪声和异常值、如何评估模型的性能等。

学习目标

知识目标
- 掌握LSTM算法的基本原理和应用场景。
- 理解基于LSTM算法的销量和现金流预算分析的流程和步骤。
- 熟悉数据预处理、特征工程和模型评估等关键技术。

能力目标
- 能够根据实际需求，构建基于LSTM算法的销量和现金流预算分析模型。
- 能够利用模型进行预测，并根据预测结果制定经营策略。
- 能够解决在实施过程中遇到的常见问题和挑战。

素质目标
- 培养数据驱动的决策思维，提高利用数据解决问题的能力。
- 增强创新意识和实践能力，推动企业在数字化时代实现转型升级。
- 树立持续学习和自我提升的意识，不断提升个人和组织的竞争力。

5.1 理论概述

本节主要对销量预算、现金流预算，以及基于LSTM算法的预算所涉及的相关理论进行阐述。主要包括时间序列以及神经网络基础理论知识，并介绍了循环神经网络RNN的原理，指出LSTM针对梯度消失与梯度爆炸问题具有更好的表现。对LSTM神经网络特殊的三个"门"的作用进行介绍。

5.1.1 销量预算及现金流预算

在管理会计中，销量预算是指企业针对特定期间内的销售业绩制订的预估销售量和销售收入的计划。销量预算是企业制订其他预算计划的基础，如生产预算、成本预算等。通过预测销售量和销售收入，企业可以制订合理的生产计划并进行资源分配，以实现收入增长和盈利目标。

现金流预算是指企业对未来一段时间内的现金流量进行规划和预测。它考虑到预计的现金流入和现金流出，以估计企业在特定时间段内的现金余额变化情况。现金流预算对企业的经营至关重要，它可以帮助企业合理规划现金使用，确保有足够的资金来支付日常业务所需，同时避免资金短缺或浪费。

销量预算和现金流预算在管理会计中相辅相成，紧密关联。销量预算帮助企业规划销售业绩和收入目标，为其他预算计划提供依据；而现金流预算则确保企业有足够的现金流量来支持日常运营和资金需求。

5.1.2 时间序列

时间序列，是按时间顺序对随机事件发展的记录，是指在不同时间对同一现象的连续观察，较早和较晚时间的数据通常在某种程度上是相关的，从形式上看，它包括现象所属的时间和不同时间对现象的观察，以年、月、日、小时或其他形式记录。大数据分析与其有着许多相同之处，而且在数据处理上也具有优势。

5.1.3 神经网络

人工神经网络（Artificial Neural Network，ANN），简称神经网络，是一种模仿生物神经网络的结构和功能的数学模型或计算模型。神经网络由大量的人工神经元相互连接构成。大多数情况下人工神经网络能在外界信息的基础上改变内部结构，是一种自适应系统。现代神经网络是一种非线性统计性数据建模工具，常用来对输入和输出间复杂的关系进行建模，或用来探索数据的模式。

5.1.4 循环神经网络

循环神经网络（Recurrent Neural Network，RNN）是一种能够处理序列数据的特殊神经网络，它通过内部的环状连接实现对信息的前后传递，具备记忆性。这种网络在每个时间步长上使用共享参数，使其能有效处理如语言、时间序列等数据。RNN包含输入层、隐藏层和输出层，隐藏层的循环连接是其标志性特征。通过随时间反向传播（BPTT）算法进行训练，RNN能够学习序列数据的模式，并衍生出如双向RNN、LSTM和GRU等变体以解决长序列处理等问题。

5.1.5 LSTM

LSTM是一种循环神经网络的特殊变体，具有"门"结构，通过门单元的逻辑控制决定数据是否更新或是选择丢弃，克服了RNN权重影响过大、容易产生梯度消失或梯度爆炸的缺点，使网络可以更好、更快地收敛，能够有效提高预测精度。LSTM拥有三个门，分别为输入门、遗忘门、输出门，以此决定每一时刻信息记忆与遗忘。输入门决定新信息的进入；遗忘门控制上一时刻状态中有哪些信息被保留至当前时刻；输出门决定当前时刻的输出。

5.2 流程分析

5.2.1 销量预测流程分析

销量预测流程如图5-1所示。

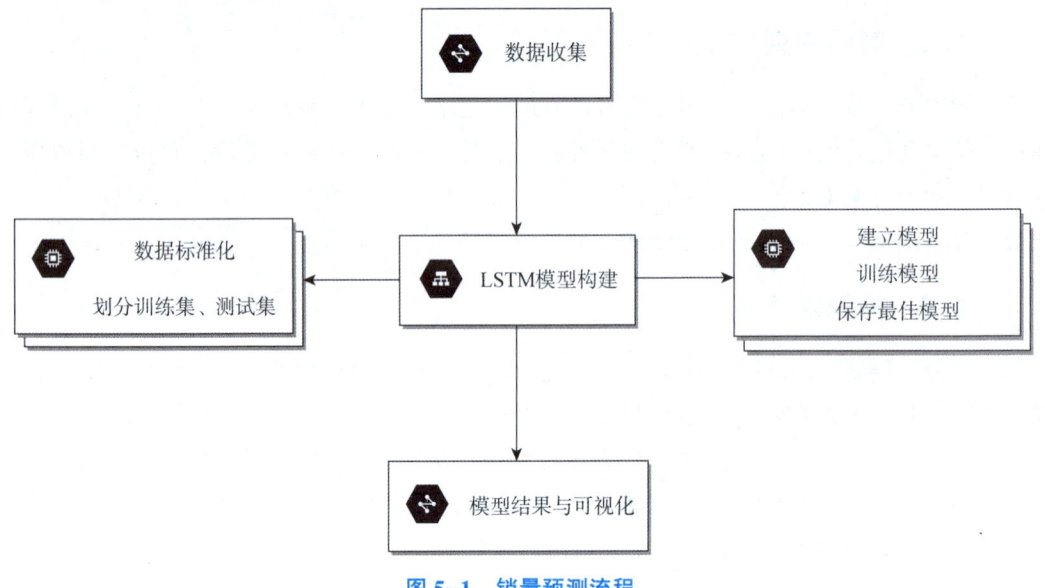

图 5-1 销量预测流程

(1) 数据收集。

本案例选取 2021 年 1 月 1 日—2022 年 9 月 30 日某公司共 638 条销售数据，根据此数据集，预测未来 15 天的销售量。

(2) LSTM 模型构建。

①归一化。

为了加速模型的收敛速度和提升模型的性能，对销售量数据进行归一化处理。这样能够减小特征的尺度差异，提高模型的训练效率。

②划分训练集和测试集。

通过将数据集划分为训练集和测试集，可以使用训练集来训练模型，并使用测试集来评估模型在未见过的数据上的性能。这有助于了解模型是否能够很好地推广到新的数据上。

③建立模型。

构建 LSTM 模型的顺序通常是首先定义激活函数，然后构建模型结构，接着选择合适的损失函数，最后选择合适的优化器。

④训练模型。

使用准备好的训练集数据来训练模型，通常使用梯度下降等优化算法来最小化损失函数。在训练过程中，模型的参数会不断调整以优化性能。

⑤保存最佳模型。

训练深度学习模型时，保存最佳模型是很重要的，以便在需要时可以加载并使用最佳模型，而不是每次都重新训练。

(3) 模型结果与可视化。

通过最佳模型，预测未来 15 天的销售量，并保存为"销售预测.csv"文件。

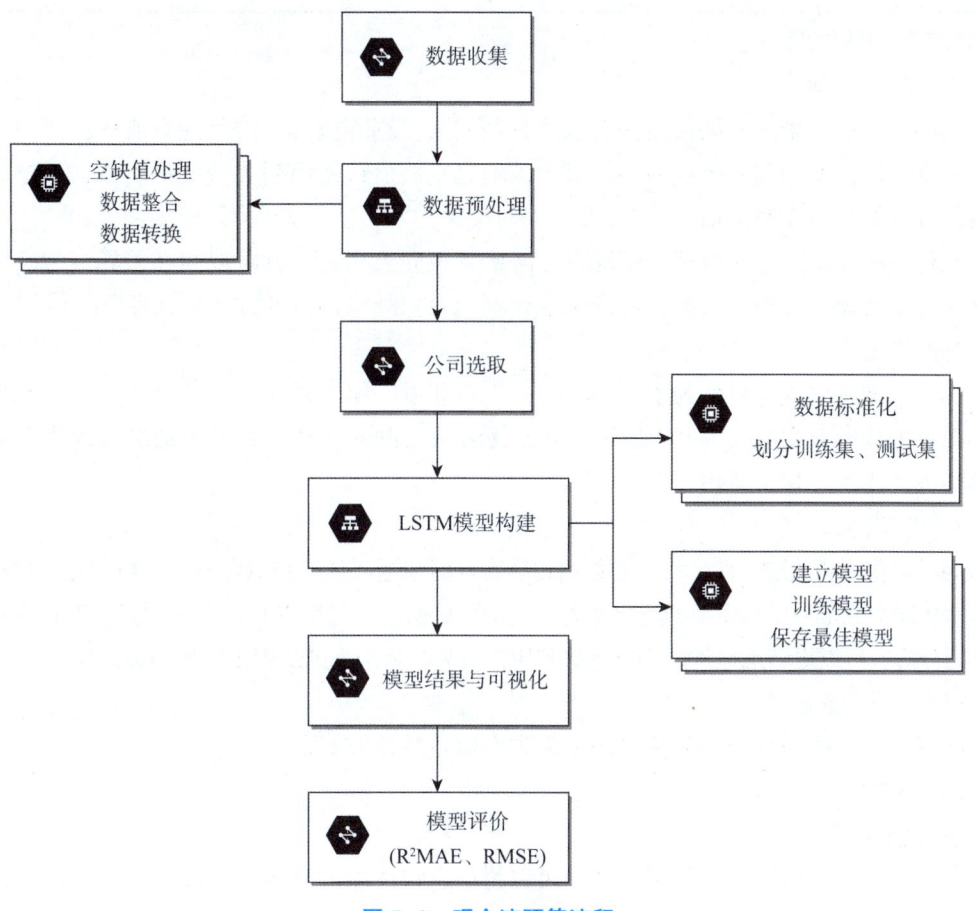

5.2.2 现金流预算流程分析

现金流预算流程如图5-2所示。

图 5-2　现金流预算流程

（1）数据收集。

本案例选取了行业代码为 C38 的所有 A 股上市公司为研究对象，运用爬虫工具收集相关财务指标数据。具体指标如表 5-1 所示。

表 5-1　现金流预算指标

X1	经营活动现金流入
X2	经营活动现金流出
X3	经营活动现金流量净额
X4	投资活动现金流入
X5	投资活动现金流出
X6	投资活动现金流量净额
X7	筹资活动现金流入

续表

X8	筹资活动现金流出
X9	筹资活动现金流量净额

(2) 数据预处理。

①空缺值处理。

Python 语言常用的空缺值处理有以下几种方法：删除包含空缺值的行或列；使用特定值填充空缺值；使用前一个或后一个有效值填充空缺值；使用列或行的平均值、中位数或众数等统计信息填充空缺值。

在处理涉及多个公司数据的情况下，考虑到不同公司的经营状况存在差异，为确保数据能够真实反映各公司的情况，决定采取删除包含空缺值的行的方法来处理空缺值。

②数据整合。

由于数据源中截止日期为上一年 12 月 31 日和下一年 1 月 1 日的数据相同，因此将下一年 1 月 1 日的数据替换为 0。此外，将经营活动、投资活动、筹资活动的流入流出分别汇总为现金流入、现金流出。

③数据转换。

为了确保预测的准确性，将季度数据转换为日度数据，从而获取足够大的数据量。这样做可以增加样本数量，提高模型的泛化能力，减少因数据量不足而导致的预测误差。通过对日度数据的分析，可以更精细地掌握市场趋势和用户行为，为未来的决策提供更加可靠的支持。

(3) 公司选取。

在行业内选择一家公司作为预测未来现金流量的研究对象。

(4) LSTM 模型构建。

①数据标准化。

归一化是数据标准化的一种方法，可以将所有特征缩放到同一尺度。这对于许多机器学习算法来说非常重要，因为它们在计算距离时对每个特征的尺度敏感。通过归一化，可以确保所有特征都在相同的尺度上，从而更准确地计算距离。

此外，对于一些基于梯度的机器学习算法，如神经网络，如果特征的尺度差异太大，可能会导致梯度消失或梯度爆炸，进而影响模型的训练效率。通过归一化，可以减小特征的尺度差异，提高模型的训练效率。

②划分训练集和测试集。

通过将数据集划分为训练集和测试集，可以使用训练集来训练模型，并使用测试集来评估模型在未见过的数据上的性能。这有助于了解模型是否能够很好地推广到新的数据上。

③建立模型。

构建 LSTM 模型的顺序通常是首先定义激活函数，然后构建模型结构，接着选择合适的损失函数，最后选择合适的优化器。

激活函数对于人工神经网络模型在学习理解复杂非线性函数的过程中起着重要作用。在没有激活函数参与的情况下，无论网络有多少层，其下一层的输入都可以用前一层输出的线性函数来表示，这就会导致隐藏层的动作无法捕捉，从而限制了网络的逼近能力。因此,在神经网络中引入非线性函数作为激活函数,使得其输出不再仅仅是输入的线性组合,而是可以近似于几乎任何函数。接下来对深度学习中常用的激活函数进行介绍。

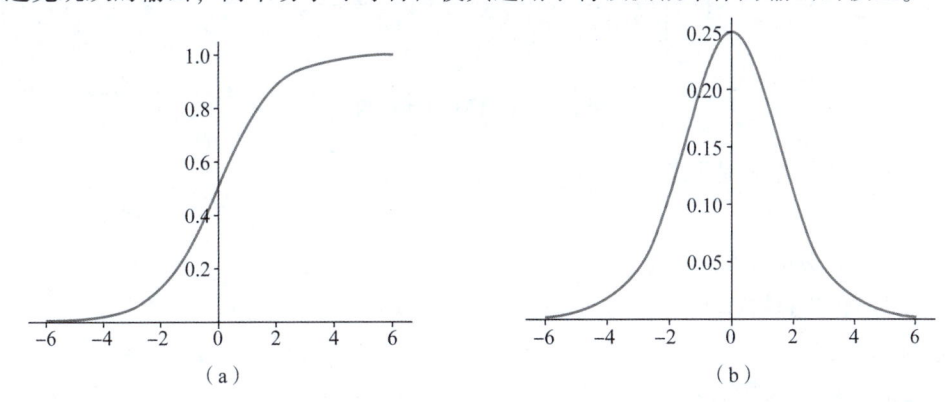

1) sigmoid 函数。

sigmoid 函数计算公式:$\mathrm{sigmoid}(x) = \dfrac{1}{1+e^{-x}}$

sigmoid 函数及其导数如图 5-3 所示。sigmoid 函数对输入的连续数值进行转换,使得输出结果处于(0,1)范围内,若输入的值趋向于极小值,则输出值会趋向于 0,但无法取到 0;若输入的值趋向于极大值,则输出值无限趋向于 1,但不会取到 1。该函数梯度平滑能够避免跳跃的输出,简单易求导等特征使其适用于将预测概率作为输出的模型。

图 5-3 sigmoid 函数及其导数图

(a) sigmoid 函数图;(b) sigmoid 函数的导数图

2) tanh 函数。

tanh 函数计算公式:$\tanh(x) = \dfrac{e^{x} - e^{-x}}{e^{x} + e^{-x}}$

tanh 函数及其导数如图 5-4 所示。tanh 函数对输入的连续数值进行转换,使输出结果处于(-1,1)范围内,能够将输入压缩到(-1,1)的区间内,若输入的值趋向于极小值,则输出值会趋向于-1,但无法取到-1;若输入的值趋向于极大值,则输出值无限趋向于 1,但不会取到 1。该函数的输出均值为 0,这会加快其收敛的速度,并减少迭代次数。

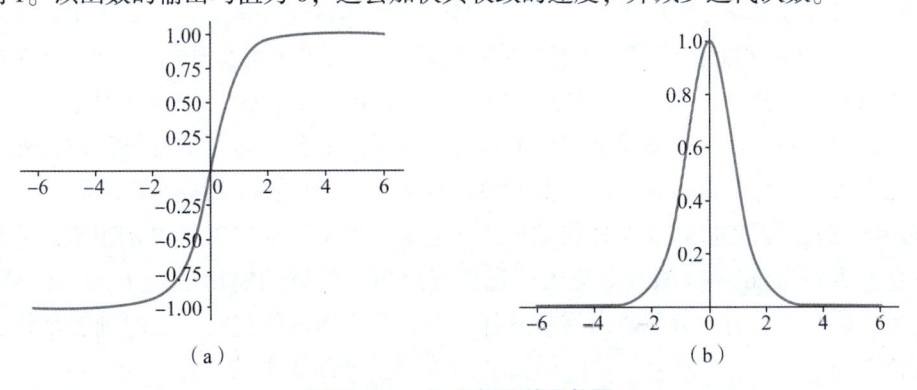

图 5-4 tanh 函数及其导数图

(a) tanh 函数图像;(b) tanh 函数的导数图

LSTM 内部结构如图 5-5 所示。

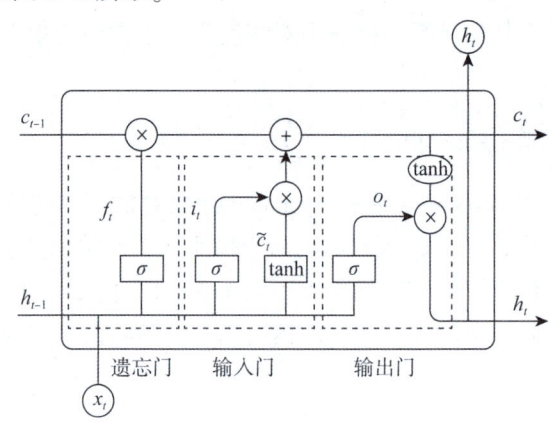

图 5-5　LSTM 内部结构

c_{t-1}：$t-1$ 时刻的细胞状态；

c_t：t 时刻的细胞状态；

h_{t-1}：$t-1$ 时刻的隐藏状态；

h_t：t 时刻的隐藏状态；

x：输入数据；

x_t：t 时刻的输入数据；

f_t：遗忘门，用于决定 t 时刻的记忆哪些应该被遗忘；

i_t：输入门，用于决定 t 时刻哪些信息应该被输入到细胞状态中；

$\tilde{c}_t$：候选细胞状态，由输入门和 $t-1$ 时刻细胞状态的乘积加上一个偏置项得到；

o_t：输出门，用于决定 t 时刻哪些信息应该被输出到隐藏状态中；

σ：sigmoid 函数，用于将输入转换为 0~1 之间的概率值；

tanh：双曲正切函数，用于将输入转换为 −1~1 之间的值。

图 5-5 中，遗忘门、输入门、输出门，这三个"门"均表示为 sigmoid 函数。该函数的输出值在(0，1)范围内，可以通过这个特性来模拟门的开与关。当 sigmoid 函数的输出值趋于 0 时，门处于关闭的状态；当其值趋于 1 时，门处于打开的状态。h_t、c_t 分别为单元在处理样本中第 t 个时间步时得到的隐藏层状态与单元状态。h_{t-1} 为单元在处理样本中第 $t-1$ 个时间步时得到的隐藏层状态，c_{t-1} 为单元在处理样本中第 $t-1$ 个时间步时得到的单元状态。

遗忘门用来判断上一时刻单元状态的信息中，哪一部分是有用的并将其进行保留，哪一部分是多余的并将其进行舍弃。当前时刻的输入 x_t 与权重 w_f 相乘所得结果，与上一时刻隐藏层状态 h_{t-1} 与权重 w_f 相乘所得结果连接起来，再加上偏置项 b_f 共同组成了遗忘门的输入信息。再使用 sigmoid 函数对输入信息进行处理，得到的输出值处于(0，1)范围内，当该值大小趋近于 0 时，表示将所有信息都舍弃，反之当该值趋近于 1 时则表示将所有信息都保留下来。

具体计算公式：$f_t = \sigma(w_f \cdot [h_{t-1}, x_t] + b_f)$。

输入门则是用来判断当前时刻单元状态中有多少有用信息需要被反向传递到上一时刻

单元状态中去。与遗忘门计算一致，得到输入门的输出值 i_t，同样为处于 (0, 1) 范围内的值，决定对当前时刻多少信息进行保留。接着通过 tanh 函数对输入数据进行处理得到处于 (-1, 1) 范围内的值 $\tilde{c}_t$。

具体计算公式：$i_t = \sigma(w_i \cdot [h_{t-1}, x_t] + b_i)$；$\tilde{c}_t = \tanh(w_c \cdot [h_{t-1}, x_t] + b_c)$。

接下来对当前单元状态 c_t 进行更新，先将 $\tilde{c}_t$ 与输入门的输出值 i_t 进行相乘，再将遗忘门输出值 f_t 与上一时刻的单元状态 c_{t-1} 相乘，二者相加的和作为传递给下一个时间步的单元状态 c_t。具体计算公式：$c_t = i_t \cdot \tilde{c}_t + f_t \cdot c_{t-1}$。

输出门用来判断当前单元状态 c_t 中有哪些信息需要被输出，同样是通过 sigmoid 函数对信息进行处理得到 o_t，决定其要输出的有用信息。接着再将输出门的输出值 o_t 与经过 tanh 函数处理的当前单元状态进行相乘，最终得到在 t 时刻的最终输出值 y_t，从图 5-5 中可以看出输出值 y_t 与隐含状态的值 h_t 相等。这是因为在 LSTM 单元中，h_t 通常被用作该单元的 y_t 输出，除非网络有额外的层来处理这些输出。具体计算公式如下：

$$o_t = \sigma(w_o \cdot [h_{t-1}, x_t] + b_o);$$
$$y_t = h_t = \tanh(c_t) \cdot o_t$$

从长短期记忆单元的工作原理可以分析出，隐藏层状态的值每次都与输出值一样，则称其为短期记忆；然而单元状态的值会受到遗忘门与输入门的影响，分别决定"保留多少记忆"与"新加入多少记忆"，故将其称为长期记忆。

损失函数用来测量模型的预测结果与真实数据的偏差。损失值越小，则与真实情况越接近，说明该模型具有较好的预测能力。接下来对常用于深度学习的损失函数进行介绍。

1) 均方误差函数。

均方误差函数是在处理回归任务中较为常用的损失函数之一。要对均方误差进行求解，首先计算每一个样本在模型中的预测值与实际值的差，然后进行平方运算再相加，最后取平均值。

具体计算公式：$MSE = \dfrac{1}{n} \sum\limits_{i=1}^{n} (y'_i - y_i)^2$。

2) 平均绝对误差函数。

平均绝对误差函数首先计算每一个样本在模型中的预测值与实际值的差，然后取绝对值，最后取平均值。

具体计算公式：$MAE = \dfrac{1}{n} \sum\limits_{i=1}^{n} |y'_i - y_i|$。

与 MSE 相比，MAE 往往能够较好地对异常值点进行处理，而 MSE 中的平方计算则会使得异常值点的影响被进一步放大，故本案例选择 MAE 作为损失函数，其中 y'_i 为数据中第 i 个样本通过神经网络得到的预测值，y_i 为实际值。

优化器是用于调整网络参数的工具，它通过优化这些参数来最小化模型，以求接近损失函数，以期达到最佳性能，从而提高模型的学习和输出效果。优化器在深度学习中往往起着不可替代的作用，不同的优化器应用于同一模型中，模型性能可能会大有不同，甚至一些模型会因为优化器选择不当而导致其无法训练。深度学习模型通过引入损失函数，来计算目标预测的错误程度，根据损失函数计算得到的误差结果，需要对模型参数即权重和偏差进行优化，以减少预测错误。优化器对损失函数进行了优化，通过改变可训练的参数，使得损失函数最小化，从而引导优化器朝着正确的方向运动。

优化器优化算法求取模型最优解，通过对神经网络模型输出的预测值和实际数据之间的误差进行比较，找出最小误差，使神经网络在反向传播中训练，从而得到局部最优解。下面对深度学习中常用的优化器算法进行介绍。

1）SGD 算法。

SGD 算法的基本思想是把数据分成多个样本，并对每个梯度的均值进行计算，从而对梯度进行更新，也就是说模型参数 ω 的更新只需要针对一个训练样本使用梯度下降来进行更新，然后再利用下一个样本进行下一次更新。该算法简单易实现，能够解决随机小批量样本的问题，也提高了模型参数的更新速度。

2）AdaGrad 算法。

AdaGrad 算法能够根据不同的参数选择使用不同的学习率从而进行更新，对于梯度较大的参数，学习率会降低，相反，若是对于梯度较小的参数，学习率就会升高，这使得其在陡峭的区域下降速度快，平缓区域下降速度慢。

3）Adam 算法。

Adam 是一种学习率自适应的优化器算法，该方法具有易于实现、运算效率高、占用空间小、参数更新不受梯度伸缩变换的影响等优点。其超参数适应能力强，一般只需要很小的调整，即可将修正后的步长限制在一个大致的区间，能够自行调整适应学习率。

④训练模型。

使用准备好的训练数据集来训练模型，通常使用梯度下降等优化算法来最小化损失函数。在训练过程中，模型的参数会不断调整以优化性能。

⑤保存最佳模型。

训练深度学习模型时，保存最佳模型是很重要的，以便在需要时可以加载并使用最佳模型，而不是每次都重新训练。

（5）模型结果与可视化。

将验证集导入保存的最佳模型进行预测，通过将预测结果与真实值以折线图形式展示，对模型的预测能力进行可视化观察。

（6）模型评价。

通过计算一些特定的指标来评估模型的性能，如 R^2、平均绝对误差、均方根误差等。

R^2 是衡量回归模型拟合度的一个指标。它表示自变量解释因变量的方差的百分比，取值范围 0~1，越接近 1 表示模型拟合度越好。具体计算公式如下。

$$R^2 = 1 - \frac{\sum_{i=1}^{n}(y_i - \hat{y}_i)^2}{\sum_{i=1}^{n}(y_i - \bar{y})^2}$$

其中，n 是样本数量；y_i 是第 i 个样本的实际值；$\hat{y}_i$ 是第 i 个样本的预测值；$\bar{y}$ 是实际值的平均值。

平均绝对误差是绝对误差的平均值，能更好地反映预测值误差的实际情况。具体计算公式如下。

$$\text{MAE} = \frac{1}{n}\sum_{i=1}^{n}|y_i - \hat{y}_i|$$

均方根误差是预测值与真实值偏差的平方与观测次数 n 比值的平方根。衡量的是预测值与真实值之间的偏差，并且对数据中的异常值较为敏感。具体计算公式如下。

$$\text{RMSE} = \sqrt{\text{MSE}} = \sqrt{\frac{1}{n}\sum_{i=1}^{n}(y_i - \hat{y}_i)^2}$$

其中，y_i 是真实值，$\hat{y}_i$ 为预测值。

5.3 具体流程

5.3.1 销量预测具体流程

【微课视频】5-1 销量预测 1

(1) 数据收集。

部分销量数据如图 5-6 所示。

Date	Sales
2021/1/1	151.2
2021/1/2	137.8
2021/1/3	124.6
2021/1/4	115.9
2021/1/5	112.7
2021/1/6	115.9
2021/1/7	122.4
2021/1/8	133.2
2021/1/9	151.7
2021/1/10	175.1
2021/1/11	198.1
2021/1/12	218
2021/1/13	232.2
2021/1/14	242.6
2021/1/15	255

图 5-6 部分销量数据

(2) LSTM 模型构建。
① 导入相关库。
导入 NumPy 库，并使用别名 np，以便在代码中更方便地使用。

```
import numpy as np
```

导入 Matplotlib 库的 pyplot 模块，并使用别名 plt，用于数据可视化。

```
import matplotlib.pyplot as plt
```

从 Keras 库的 models 模块导入 Sequential 类，Sequential 类用于构建神经网络模型。

```
from keras.models import Sequential
```

从 Keras 库的 layers 模块导入 Dense 类和 Dropout 类，Dense 类用于创建全连接层，Dropout 类用于创建防止过拟合的随机丢弃层。

```
from keras.layers import Dense, Dropout
```

从 Keras 库的 layers 模块导入 LSTM 类，用于创建长短时记忆网络层，这是一种适用于序列数据的循环神经网络结构。

```
from keras.layers import LSTM
```

导入 pandas 库，并使用别名 pd，用于数据处理和分析。

```
import pandas as pd
```

导入 os 库，用于操作系统相关的功能。

```
import os
```

从 Keras 库的 models 模块导入 load_model() 函数，load_model() 函数用于加载保存的模型。

```
from keras.models import load_model
```

从 scikit-learn 库的 metrics 模块导入三个模型评估指标：平均绝对误差、均方误差和 R^2 (r2_score)，用于衡量模型预测值与实际值之间的差异。

```
from sklearn.metrics import mean_absolute_error, mean_squared_error, r2_score
```

从 scikit-learn 库的 preprocessing 模块导入 MinMaxScaler 类，用于数据归一化。

```
from sklearn.preprocessing import MinMaxScaler
```

从 Keras 库的 wrappers 模块导入 KerasRegressor 类，这是 Keras 和 scikit-learn 之间的接口，用于在 scikit-learn 中更容易地使用 Keras 模型。

```
from keras.wrappers.scikit_learn import KerasRegressor
```

从 scikit-learn 库的 model_selection 模块导入 GridSearchCV 类，GridSearchCV 类用于进行网格搜索，通过调整参数组合来寻找最佳模型。

```
from sklearn.model_selection import GridSearchCV
```

②读取销售数据。

```
dataframe = pd.read_csv(r"1.1 销售数据.CSV", usecols=[1], engine='python', skipfooter=3)
dataset = dataframe.values
```

将数字类型转变为浮点型。

```
dataset=dataset.astype('float32')
```

【微课视频】5-1 销量预测 2

③数据归一化。

```
scaler=MinMaxScaler(feature_range=(0, 1))
dataset=scaler.fit_transform(dataset)
```

④划分训练集和测试集。

```
train_size=int(len(dataset) * 0.60)
trainlist=dataset[:train_size]
testlist=dataset[train_size:]
```

⑤模型构建。

创建一个步长为 15 的滑动窗口，用于滚动预测该时段后一天的数据。例如，通过 2019 年 1 月 1—15 日（共 15 天）的销量预测 2019 年 1 月 16 日的数据，并覆盖原数据；通过 2019 年 1 月 2—16 日的销量预测 2019 年 1 月 17 日的数据，依次滚动预测。

```
def create_dataset(dataset, look_back):
    dataX, dataY=[], []
    for i in range(len(dataset)-look_back-1):
        a=dataset[i:(i+look_back)]
        dataX.append(a)
        dataY.append(dataset[i + look_back])
    return np.array(dataX),np.array(dataY)
```

⑥模型训练。

设置回顾窗口的大小为 15。在时间序列预测中，这通常意味着在预测下一个值时，会查看前 15 个历史值。

```
look_back=15
```

调用 create_dataset() 函数，输入参数为训练数据集 trainlist 和之前设置的回顾窗口大小 look_back。这个函数返回两个值，第一个是转换后的训练数据，第二个是对应的标签。在此代码中，trainX 是转换后的数据，trainY 是对应的标签。

```
trainX,trainY=create_dataset(trainlist,look_back)
```

同样地，对测试数据集 testlist 执行相同的操作。返回的结果分别赋值给 testX 和 testY。

testX,testY=create_dataset(testlist,look_back)

使用 NumPy 库的 reshape() 函数转换 trainX 的形状。新的形状是(trainX 的行数，trainX 的列数，1)。转换是为了适应深度学习模型的输入要求。

trainX=np.reshape(trainX, (trainX.shape[0], trainX.shape[1], 1))

同样地，对 testX 也进行相同的形状转换。

testX=np.reshape(testX, (testX.shape[0], testX.shape[1], 1))

⑦搜寻并保存最佳模型。

定义一个名为 build_model 的函数，该函数接受一个优化器作为参数。

def build_model(optimizer):

使用 Keras 的 Sequential API 创建一个新的序列模型。

grid_model=Sequential()

向模型添加一个 LSTM 层，有 5 个隐藏单元，return_sequences=True 意味着 LSTM 层返回每个时间步的输出，输入形状为(15, 1)。

grid_model.add(LSTM(5,return_sequences=True,input_shape=(15,1)))

向模型添加另一个 LSTM 层，也有 5 个隐藏单元，但此层的 return_sequences 默认值为 False，所以它只返回最后一个时间步的输出。

grid_model.add(LSTM(5))

添加一个 Dropout 层以防止过拟合，丢弃比例为 0.2。

grid_model.add(Dropout(0.2))

添加一个全连接层，输出一个单元，对应于回归问题的输出。

grid_model.add(Dense(1))

编译模型，损失函数为均方误差，优化器使用传递进来的优化器。

grid_model.compile(loss='mse',optimizer=optimizer)

返回构建好的模型。

return grid_model

创建一个 KerasRegressor 对象，该对象用于在 scikit-learn 库中的 GridSearchCV 中进行网格搜索。这里的 build_fn 参数指向上面定义的 build_model() 函数，verbose=1 表示在训练过程中输出信息。

grid_model=KerasRegressor(build_fn=build_model,verbose=1)

定义一个参数字典，包含批处理大小、训练周期和学习优化器的参数。

```
parameters = {'batch_size': [2,4,8,16,32],
              'epochs': [8,10,15,20,25,30],
              'optimizer': ['adam','Adadelta']}
```

创建一个 GridSearchCV 对象,使用上面定义的参数字典,交叉验证参数 CV 设置为 2,即折交叉。

```
grid_search = GridSearchCV(estimator = grid_model,
                           param_grid = parameters,
                           cv = 2)
```

使用 GridSearchCV 对象的 fit( ) 方法来训练模型,使用训练数据集(trainX,trainY)和验证数据集(testX,testY)。

```
grid_search = grid_search.fit(trainX,trainY,validation_data = (testX,testY))
grid_search.best_params_
```

保存最佳模型,以便后期调用。

```
my_model = grid_search.best_estimator_.model
```

【微课视频】5-1 销量预测 3

⑧预测销量。

```
prediction = my_model.predict(testX)
print("prediction\n", prediction)
print("\nPrediction Shape- ",prediction.shape)
```

⑨反归一化。

由于训练数据进行了归一化处理,因此预测出的数据也是归一化之后的结果。为保证模型结果具有可参考性,将预测结果进行反向归一化,便于直接观察实际的销售量。

```
scaler.inverse_transform(prediction)
```

【微课视频】5-1 销量预测 4

⑩模型结果可视化。

分别取出 prediction 数据集和 testY 数据集的最后一列值,对其进行转换。

```
prediction_copies_array = np.repeat(prediction,1, axis = -1)
```

pred=scaler. inverse_transform(np. reshape(prediction_copies_array,(len(prediction),1)))[:,0]

original_copies_array=np. repeat(testY,1, axis=-1)

original=scaler. inverse_transform(np. reshape(original_copies_array,(len(testY),1)))[:,0]

使用 Matplotlib 绘制销售预测拟合图,如图 5-7 所示。

plt. plot(original, color='red', label='Real Sales')

plt. plot(pred, color='blue', label='Predicted Sales')

plt. title('Sales Prediction')

plt. xlabel('Time')

plt. ylabel('Sales')

plt. legend()

plt. show()

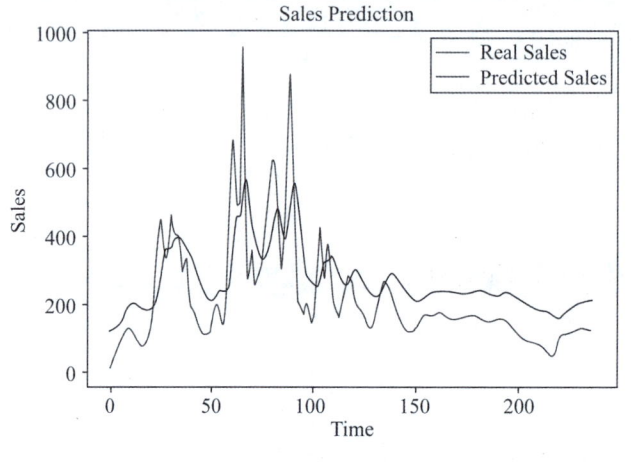

图 5-7　销量预测拟合图

【微课视频】5-1 销量预测 5

⑪对未来 15 天的销售量进行预测。

从 dataframe 中提取最后 15 天的数据,并将其存储在数据框 df_15_days_past 中。

df_15_days_past=dataframe. iloc[-15:,:]

读取数据并转换。

df_15_days_future=pd. read_csv("1.2 销售预测 . CSV", parse_dates=["Date"], index_col=[0], encoding='gb18030')

old_scaled_array=scaler. transform(df_15_days_past)

将转换后的历史数据和未来的数据合并在一起,且重置索引。

```
full_df=pd.concat([pd.DataFrame(old_scaled_array),df_15_days_future]).reset_index().drop(["index"],axis=1)
```

将上一步得到的数据框转换为 NumPy 数组，并将其存储在数组 full_df_scaled_array 中。

```
full_df_scaled_array=full_df.values
```

初始化一个空列表，用于存储每次迭代的预测结果，并设置时间步长为 15。

```
all_data=[]
time_step=15
```

接下来的 for 循环从时间步长到数据框的长度。

```
for i in range(time_step,len(full_df_scaled_array)):
```

初始化一个空列表，存储用于预测的数据，从 full_df_scaled_array 中提取用于预测的数据，并将其添加到列表 data_x 中，并将其转换为 NumPy 数组。

```
data_x=[]
data_x.append(full_df_scaled_array[i-time_step:i, 0:1])
data_x=np.array(data_x)
```

使用预训练的模型进行预测，并将结果存储在数组 prediction 中，将每次迭代的预测结果添加到列表 all_data 中，将预测结果添加到数据框 full_df 的相应位置。

```
prediction=my_model.predict(data_x)
all_data.append(prediction)
full_df.iloc[i,0]=prediction
```

将列表 all_data 转换为 numpy 数组，并将其存储在数组 new_array 中。

```
new_array=np.array(all_data)
```

将数组 new_array 转换为(-1，1)的形式。

```
new_array=new_array.reshape(-1,1)
```

使用逆转换函数将预测的结果转换回原始数据的格式，并将结果存储在数组 y_pred_future_15_days 中。

```
y_pred_future_15_days=scaler.inverse_transform(new_array)
```

【微课视频】5-1 销量预测 6

5.3.2 现金流预算具体流程

【微课视频】5-2 现金流预算1

(1)数据收集。

部分指标数据如图5-8所示。

证券代码	统计截止日期	经营活动现	经营活动现	经营活动现	投资活动现	投资活动现	投资活动现	筹资活动现	筹资活动现	筹资活动现
49	2012/12/31	3.143E+09	2.801E+09	342137525	180504433	292921191	-1.12E+08	420648704	556424044	-1.36E+08
49	2013/1/1	3.143E+09	2.801E+09	342137525	180504433	292921191	-1.12E+08	420648704	556424044	-1.36E+08
49	2013/3/31	1.438E+09	1.014E+09	424737219	63780276	157258809	-93478533	119160640	213955353	-94794714
49	2013/6/30	2.125E+09	1.793E+09	331574709	218058336	320053088	-1.02E+08	168555903	299722059	-1.31E+08
49	2013/9/30	2.766E+09	2.63E+09	136826259	300512780	459699626	-1.59E+08	322122603	290487849	31634754
49	2013/12/31	3.95E+09	3.894E+09	55093593	390414262	481165584	-90751322	785243562	704040018	81203545
49	2014/1/1	3.95E+09	3.894E+09	55093593	390414262	481165584	-90751322	785243562	704040018	81203545
49	2014/3/31	2.27E+09	1.99E+09	280206878	159338799	320349117	-1.61E+08	543499035	597772045	-54273010
49	2014/6/30	3.653E+09	2.918E+09	735032941	309975211	553528567	-2.44E+08	753553560	1.092E+09	-3.38E+08
49	2014/9/30	4.778E+09	4.405E+09	373359104	458165557	755123038	-2.97E+08	1.099E+09	1.132E+09	-32697239
49	2014/12/31	7.417E+09	7.268E+09	148800078	610238173	1.189E+09	-5.78E+08	2.537E+09	2.078E+09	458808772
49	2015/1/1	7.417E+09	7.268E+09	148800078	610238173	1.189E+09	-5.78E+08	2.537E+09	2.078E+09	458808772
49	2015/3/31	2.476E+09	2.332E+09	144526865	579038969	479646361	99392608	992165224	1.164E+09	-1.72E+08
49	2015/6/30	4.283E+09	4.164E+09	118828197	1.023E+09	829012309	194179933	2.07E+09	2.421E+09	-3.52E+08
49	2015/9/30	6.433E+09	6.108E+09	325401224	1.25E+09	1.038E+09	211482640	2.493E+09	2.874E+09	-3.81E+08
49	2015/12/31	9.324E+09	8.684E+09	639846046	1.579E+09	1.289E+09	289721898	3.004E+09	3.755E+09	-7.51E+08
49	2016/1/1	9.324E+09	8.684E+09	639846046	1.579E+09	1.289E+09	289721898	3.004E+09	3.755E+09	-7.51E+08
49	2016/3/31	1.863E+09	1.999E+09	-1.35E+08	305900182	327244799	-21344617	325936501	152104335	173832167
49	2016/6/30	3.521E+09	3.531E+09	-9707628	610104017	771542137	-1.61E+08	501708590	471879946	29828644
49	2016/9/30	5.231E+09	5.161E+09	70387197	1.014E+09	1.21E+09	-1.96E+08	726237369	643576889	82660480
49	2016/12/31	8.262E+09	8.177E+09	85562922	1.234E+09	1.508E+09	-2.74E+08	1.006E+09	878792449	126765489
49	2017/1/1	8.262E+09	8.177E+09	85562922	1.234E+09	1.508E+09	-2.74E+08	1.006E+09	878792449	126765489
49	2017/3/31	3.187E+09	2.878E+09	309609356	131151345	225064405	-93913060	358873820	349468236	9405583.7
49	2017/6/30	5.455E+09	5.455E+09	-184445.6	467378554	637926652	-1.71E+08	730419876	669404904	61014973
49	2017/9/30	8.369E+09	8.421E+09	-52588128	1.007E+09	1.404E+09	-3.97E+08	1.681E+09	1.102E+09	578553646
49	2017/12/31	1.199E+10	1.241E+10	-4.18E+08	1.536E+09	1.901E+09	-3.65E+08	2.516E+09	1.859E+09	656618206

图5-8 部分指标数据

(2)数据预处理。
①导入相关库。

import pandas as pd

②导入数据并删除空缺值。

data=pd.read_csv('1.0.数据源(C38).csv', encoding='gbk')
data=data.dropna(how='any')

③数据整合。
将各年1月1日对应的数据替换成0。

data0=data.loc[data['统计截止日期'].str.contains('1/1')] # 筛选出包含1/1,12/31数据
data1=data0.drop(data0.loc[data0['统计截止日期'].str.contains('12/31')].index) # 筛选出1/1数据
data2=data.drop(data.loc[data['统计截止日期'].str.contains('1/1')].index) # 剩余数据
data1.iloc[:,2:11]=0 #将各年1月1日数据替换成0
q_data=pd.concat([data1,data2]) #将替换好的数据重新合并
q_data.sort_values(by=['证券代码','统计截止日期'], inplace=True)

q_data.drop_duplicates(inplace=True)

汇总现金流。

q_data['现金流入']=q_data['经营活动现金流入']+q_data['投资活动现金流入']+q_data['筹资活动现金流入']

q_data['现金流出']=q_data['经营活动现金流出']+q_data['投资活动现金流出']+q_data['筹资活动现金流出']

④数据转换。

#将季度数据转化为日度数据

将数据框 q_data 中的"统计截止日期"列转换为日期时间格式。

q_data['统计截止日期']=pd.to_datetime(q_data['统计截止日期'])
stk=q_data['证券代码'].value_counts().index

创建一个新的空的日度数据框 d_data，它具有与 q_data 相同的列。

d_data=pd.DataFrame(columns=q_data.columns)

创建一个新的空的月度数据框 m_data，它具有与 q_data 相同的列。

m_data=pd.DataFrame(columns=q_data.columns)
for i in stk:
    data_group=q_data[q_data['证券代码'].isin([i])].copy()

首先对数据框 data_group 进行操作，将"统计截止日期"设置为索引，然后按日期重新采样（即从季度数据转换为日度数据），使用插值方法填充空缺值，最后重置索引。结果存储在数据框 new_d 中。

new_d=data_group.set_index('统计截止日期').resample('D').interpolate().reset_index()
d_data=pd.concat([d_data,new_d],ignore_index=True)
d_data['现金流净额']=d_data['现金流入']-d_data['现金流出']
d_data.set_index('统计截止日期',inplace=True)

(3)公司选取。

#筛选某公司数据进行未来预测
company_d=d_data[d_data.证券代码==49]
company_m=m_data[m_data.证券代码==49]
d=company_d.loc[:,'现金流净额']
d.to_csv('3.1.日度现金流净额数据(49).csv')

【微课视频】5-2 现金流预算2

（4）LSTM 模型构建。

①导入相关库。

```
import numpy as np
import matplotlib.pyplot as plt
```

从 Keras 库中导入 Sequential 类。

```
from keras.models import Sequential
```

从 Keras 库中导入 Dense 类和 Dropout 类。

```
from keras.layers import Dense, Dropout
```

从 Keras 库中导入 LSTM 类。

```
from keras.layers import LSTM
import pandas as pd
```

从 Keras 库中导入 load_model( )函数，用于加载已保存的模型。

```
from keras.models import load_model
```

从 scikit-learn 库中导入三个评估指标：平均绝对误差，均方误差和 R 平方分数，用于评估模型的预测性能。

```
from sklearn.metrics import mean_absolute_error, mean_squared_error, r2_score
```

导入 MinMaxScaler，用于数据归一化。

```
from sklearn.preprocessing import MinMaxScaler
```

从 Keras 库中导入 KerasRegressor 类，这是一个包装器，使 Keras 模型更容易与 scikit-learn 库的函数和数据集配合使用。

```
from keras.wrappers.scikit_learn import KerasRegressor
```

导入 GridSearchCV( )函数，这是一个用于执行网格搜索的函数，用于超参数优化。

```
from sklearn.model_selection import GridSearchCV
```

②导入数据并标准化。

```
#导入数据
dataframe=pd.read_csv('3.1.日度现金流净额数据(49).csv',parse_dates=["统计截止日期"],index_col=[0])
```

这行代码将上一步得到的 dataframe 转换为 NumPy 数组，赋值给变量 dataset。

```
dataset=dataframe.values
```

使用 NumPy 库的 astype( )函数将 dataset 中的数据类型转换为 float32，即 32 位浮点型。

```
dataset=dataset.astype('float32')
```

创建一个 MinMaxScaler 对象，用于数据归一化。这个归一化方法将数据的范围转换为−1~1。

```
scaler=MinMaxScaler(feature_range=(-1, 1))
```

使用之前创建的 MinMaxScaler 对象的 fit_transform( ) 方法对 dataset 进行归一化处理，并将结果重新赋值给 dataset。

```
dataset=scaler.fit_transform(dataset)
```

③划分训练集、测试集。

从给定的数据集 dataset 中划分出 60% 的数据作为训练集，其余的作为测试集。

```
train_size=int(len(dataset) * 0.60)
trainlist=dataset[:train_size]
testlist=dataset[train_size:]
```

在 create_dataset( ) 函数中，look_back 参数代表了时间步长，即需要多少个先前的数据点来预测下一个数据点。

```
def create_dataset(dataset, look_back):
#这里的 look_back 与 timestep 相同,注释以 look_back=15 为例
    dataX, dataY = [ ], [ ]
    for i in range(len(dataset)-look_back-1):
        # 635-15-1=619,i=0~619
        a=dataset[i:(i+look_back)]
        # a=0:15,1:16,…,619:634
        dataX.append(a)
        dataY.append(dataset[i + look_back])
        # 0+15,1+15,2+15,3+15,…,619+15
        # 15,16,17,…,634
    return np.array(dataX),np.array(dataY)
look_back=30
trainX,trainY=create_dataset(trainlist,look_back)
testX,testY=create_dataset(testlist,look_back)
```

使用 np.reshape 将训练和测试数据集的形状进行更改，使其符合某些机器学习模型的要求。在这里，它被转换为（样本数，时间步长，1）的形状。这是因为在许多机器学习模型中，如循环神经网络模型，通常需要将输入数据调整为三维形式，其中第三维度通常为 1。

```
trainX=np.reshape(trainX, (trainX.shape[0], trainX.shape[1], 1))
testX=np.reshape(testX, (testX.shape[0], testX.shape[1],1 ))
```

④建立 LSTM 模型。

```
def build_model(optimizer):
```

使用 Keras 库中的 Sequential 类创建一个顺序模型，命名为 grid_model。

```
    grid_model=Sequential()
```

向模型添加一个 LSTM 层,输出维度为 5(即有 5 个神经元)。return_sequences=True 意味着 LSTM 层的输出将传递给下一层。输入形状为(30,1),表示输入的数据是 30 个时间步长的序列,每个时间步长具有一个特征。

```
grid_model.add(LSTM(5,return_sequences=True,input_shape=(30,1)))
```

向模型添加另一个 LSTM 层,输出维度为 5(即有 5 个神经元)。由于前一层设置了 return_sequences=True,因此这一层的输出将传递给下一层。

```
grid_model.add(LSTM(5))
```

向模型添加一个 Dropout 层,丢弃比例为 0.2,意味着在训练过程中,每一层将随机忽略 20%的神经元。这有助于防止过拟合。

```
grid_model.add(Dropout(0.2))
```

向模型添加一个全连接层,输出维度为 1。这通常是用于预测或分类任务的最后一层。

```
grid_model.add(Dense(1))
```

编译模型,损失函数为均方误差,通常用于回归问题。使用传递给函数的优化器进行优化。根据你提供的代码,优化器可以是任何 Keras 支持的优化器,如 Adam、SGD 等。

```
grid_model.compile(loss='mse',optimizer=optimizer)
return grid_model
```

⑤训练并保存最佳模型。

这里创建了一个 KerasRegressor 对象,其中 build_fn=build_model 表示用 build_model() 函数来构建模型,而 verbose=1 表示在训练过程中显示训练步骤和指标。

```
grid_model=KerasRegressor(build_fn=build_model,verbose=1)
```

这里定义了一个参数字典,其中包含了三个参数:批处理大小(batch_size)、训练周期数(epochs)和优化器(optimizer)。这些参数都有多个可能的值。

```
parameters={'batch_size':[2,4,8,16,32],
            'epochs':[15,20,25,30],
            'optimizer':['adam']}
```

创建了一个 GridSearchCV 对象,该对象将使用上面定义的参数网格(param_grid)和 KerasRegressor 模型(estimator)进行网格搜索。参数 cv=2 表示使用 2 折交叉验证。

```
grid_search=GridSearchCV(estimator=grid_model,
                         param_grid=parameters,
                         cv=2)
```

使用训练数据(trainX 和 trainY)对 GridSearchCV 对象进行拟合。同时,这里还提供了验证数据(testX 和 testY),用于在每个参数组合上评估模型的性能。

```
grid_search=grid_search.fit(trainX,trainY,validation_data=(testX,testY))
```

获取 GridSearchCV 对象中最佳参数的字典。GridSearchCV 会在内部进行模型的训练和验证,通过交叉验证的方法来确定哪些参数对于模型的效果最好。当这个过程结束后,

best_params_属性会返回在所有参数组合中表现最好的那一组参数。

grid_search. best_params_

获取 GridSearchCV 对象中表现最好的模型。GridSearchCV 在进行参数搜索的过程中，会对每个参数组合进行模型的训练，并计算其评价指标。表现最好的模型就是评价指标最好的模型。best_estimator_属性会返回这个模型。

my_model=grid_search. best_estimator_. model
my_model. save('现金流预算最佳模型/my_model. h5')

【微课视频】5-2 现金流预算 3

(5)模型结果与可视化。
①验证模型预测效果。

prediction=my_model. predict(testX)

使用 scaler 对象(通常是一个标准化对象)对预测结果进行逆转换。这个操作通常用于将数据转换回原始的尺度。在机器学习中，通常在训练前对数据进行标准化，然后在预测时对其进行逆标准化。

scaler. inverse_transform(prediction)

使用 NumPy 库的 repeat( )函数复制 prediction 数组的每个元素，沿着最后一个轴，创建一个新的数组。

prediction_copies_array=np. repeat(prediction,1, axis=-1)
pred=scaler. inverse_transform(np. reshape(prediction_copies_array,(len(prediction),1)))[:,0]

首先将 prediction_copies_array 转换为一个新的形状，然后再次使用 scaler 对象的 inverse_transform 方法进行逆转换。之后使用 NumPy 库的切片操作取结果的第二列(因为它是从 0 开始计数的，所以[:,0]表示取所有行的第一列)。最后将结果保存在 pred 变量中。

original_copies_array=np. repeat(testY,1, axis=-1)
original=scaler. inverse_transform(np. reshape(original_copies_array,(len(testY),1)))[:,0]

②效果可视化。

plt. rcParams['font. sans-serif']=['SimHei']
plt. rcParams['axes. unicode_minus']=False

绘制一条线，使用原始数据(变量 original)，颜色为红色，并标记为"真实值"。

plt. plot(original, color='red', label='真实值')

绘制另一条线，使用预测数据(变量 pred)，颜色为蓝色，并标记为"预测值"。

123

```
plt.plot(pred, color='blue', label='预测值')
plt.title('现金流净额预测')
plt.xlabel('时间')
plt.ylabel('现金流净额')
```

显示图例，以解释每条线的含义。

```
plt.legend()
plt.savefig('4.1.现金流净额预测效果.png')
```

③可视化结果呈现。

现金流净额预测可视化如图5-9所示。

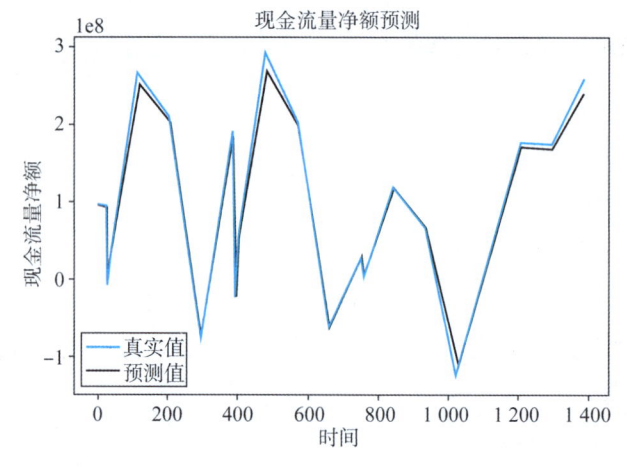

图5-9　现金流净额预测可视化

【微课视频】5-2 现金流预算4

(6)模型评价。

```
#计算 R²
r_2=r2_score(original,pred)
print('Test r_2: %.3f'% r_2)
#计算 MAE
mae=mean_absolute_error(testY,prediction)
print('Test MAE: %.3f'% mae)
#计算 RMSE
from math import sqrt
rmse=sqrt(mean_squared_error(testY,prediction))
print('Test RMSE: %.3f'% rmse)
```

模型评价结果如图5-10所示。

```
 ✓ r_2 = r2_score(original,pred)
Test r_2: 0.987
Test MAE: 0.035
Test RMSE: 0.054
```

图 5-10　模型评价结果

(7) 对未来 30 天的现金流净额进行预测。

读取 CSV 文件，parse_dates 参数指定日期列，index_col 参数指定索引列。

data=pd. read_csv('3.1. 日度现金流净额数据(49). csv',parse_dates=["统计截止日期"],index_col=[0])

选择近 90 天的数据。

dataframe=data[-90:]

将数据转换为 NumPy 数组，并将整型数据类型转换为 float32。

dataset=dataframe. values
dataset=dataset. astype('float32')

使用 MinMaxScaler 进行归一化，将数据缩放到范围 [-1, 1]。

scaler=MinMaxScaler(feature_range=(-1, 1))
dataset=scaler. fit_transform(dataset)

定义一个函数，用于创建输入数据集和标签。

def create_dataset(d, look_back):
　　dataX, dataY=[ ], [ ]
　　for i in range(len(d)- look_back- 1):
　　　　a=d[i:(i+look_back)]
　　　　dataX. append(a)
　　　　dataY. append(d[i + look_back])
　　return np. array(dataX),np. array(dataY)

设置时间步长 look_back 为 30。

look_back=30

创建输入数据集 x 和对应的标签 y，并对数据集进行形状调整。

x,y=create_dataset(dataset, look_back)
x. shape
x=np. reshape(x, (x. shape[0], x. shape[1] ,1))

使用模型进行预测。

pre=my_model. predict(x)

将预测结果进行反向归一化。

scaler.inverse_transform(pre)

p_c=np.repeat(pre,1,axis=-1)

pr=scaler.inverse_transform(np.reshape(p_c,(len(pre),1)))[:,0]

提取最后30天的预测结果,并将结果保存。

month_pre=pr[-30:]

month_pre=pd.DataFrame(month_pre,columns=['现金流净额'],index=range(1,31))

month_pre.to_csv('3.2.未来30天现金流净额预测.csv')

【微课视频】5-2 现金流预算5

知识拓展

在当前的商业环境中,准确预测销量和现金流是企业制定战略、优化资源配置和保持竞争力的关键。LSTM算法作为一种先进的深度学习技术,以其卓越的时序数据处理能力,为销量和现金流预算提供了更为精准和可靠的方法。

首先,LSTM算法在销量和现金流预算中的重要性体现在其能够捕捉数据中的长期依赖关系。传统的预算方法往往只能基于短期的历史数据进行预测,而LSTM算法则能够充分利用长期的销售和现金流数据,发现其中的趋势和周期性规律,从而进行更为准确的长期预测。

其次,LSTM算法在中小企业中的应用尤为广泛。中小企业往往面临着资源有限、市场变化快等挑战,因此,准确的销量和现金流预算对于它们的生存和发展至关重要。通过采用基于LSTM算法的预算方法,中小企业可以更好地把握市场趋势,优化库存管理,控制成本,提高资金利用效率,从而在市场竞争中立于不败之地。

此外,值得注意的是,基于LSTM算法的预算方法并不是孤立的。它需要结合企业的实际情况和市场环境进行综合运用。例如,中小企业在应用LSTM算法进行预算时,还需要考虑自身的经营特点、产品特性、市场需求等因素,以便制定更为合理的预算方案。

总之,基于LSTM算法的销量和现金流预算对于中小企业的运营和发展具有重要意义。通过充分利用LSTM算法的优势,中小企业可以更加精准地预测未来市场变化,优化资源配置,提高经营效率,从而在激烈的市场竞争中取得优势。

练习题

一、单选题

1. 销量预算在管理会计中的作用是( )。

A. 制订生产计划　　　　　　　　　　B. 制订资金分配计划

C. 制定成本预算　　　　　　　　D. 所有选项都正确

2. 神经网络的基本组成单位是(　　)。
A. 数据　　　B. 神经元　　　C. 权重　　　D. 时间序列

3. 时间序列的特点是(　　)。
A. 数据无关　　　　　　　　　　B. 随机分布
C. 按时间顺序记录　　　　　　　D. 所有选项都正确

4. 循环神经网络(RNN)与前馈神经网络的主要区别在于(　　)。
A. RNN 具有循环连接，可以保持状态信息。
B. RNN 没有隐藏层。
C. RNN 只能处理静态数据，不能处理时序数据。
D. RNN 的激活函数不同于前馈神经网络。

5. LSTM 神经网络相对于 RNN 的改进点是(　　)。
A. 更好的处理非线性关系　　　　B. 具有更多的神经元
C. 解决梯度消失与爆炸问题　　　D. 所有选项都正确

6. 在销量预测流程中，对销售量数据进行归一化处理的原因是(　　)。
A. 提高数据收集效率　　　　　　B. 提高模型训练效率和性能
C. 减小数据集规模　　　　　　　D. 增加特征尺度差异

7. 在现金流预算流程中，对于空缺值处理，选择删除包含空缺值的行的原因是(　　)。
A. 保留数据的完整性　　　　　　B. 减小数据集规模
C. 提高模型泛化能力　　　　　　D. 不影响预测准确性

8. 在 LSTM 模型构建中需要保存最佳模型的原因是(　　)。
A. 提高模型的泛化能力　　　　　B. 避免过拟合
C. 加快模型训练速度　　　　　　D. 在需要时加载并使用最佳模型

9. 在现金流预算流程中，要将经营活动、投资活动、筹资活动的流入流出分别汇总为现金流入、现金流出的原因是(　　)。
A. 增加数据维度　　　　　　　　B. 简化数据处理
C. 提高数据准确性　　　　　　　D. 降低数据复杂度

10. 在现金流预算中，要将季度数据转换为日度数据的原因是(　　)。
A. 减小样本数量　　　　　　　　B. 提高模型泛化能力
C. 增加数据维度　　　　　　　　D. 获取足够大的数据量

二、简答题

1. 销量预算和现金流预算之间的关系是什么？
2. 解释神经网络中的激活函数的作用。
3. LSTM 神经网络中的三个门的作用是什么？
4. 在 LSTM 模型构建中，为什么要进行数据标准化(归一化)？
5. 在 LSTM 模型构建中，为什么要选择适合的损失函数和优化器？

6 基于 Streamlit 框架的全面质量管理分析

章节引入

在当今数字化时代，全面质量管理不再仅仅是传统制造业的专利，而是成为各行各业追求高质量发展的共同选择。然而，如何有效地进行质量管理并实时分析数据，以驱动企业持续改进和创新，成为许多企业面临的难题。本章介绍的 Streamlit 框架，为这一问题提供了全新的解决方案。

想象一下，一个制造企业正面临着产品质量不稳定、客户投诉频发的困境。为了改善这一状况，企业决定引入全面质量管理理念，并借助 Streamlit 框架构建一个实时的质量管理分析系统。

首先，企业强调了全员参与的重要性。从高层管理者到一线员工，每个人都深刻认识到产品质量的重要性，并积极参与到了质量控制流程中。通过团队协作和共同努力，企业逐渐形成了良好的质量文化氛围。

其次，企业注重全过程性的控制。从顾客需求输入到产品发货的每一个环节，都进行了细致的管理和控制。通过预防为核心的策略，企业确保了与产品质量相关的各个过程都能为交付合格的产品和服务提供必要的支持。

最后，企业全面覆盖了产品设计、生产、辅助和质量管理等各个方面。各个职能部门在全面质量管理中发挥了特殊的重要作用，共同构建了一个有效的质量管理体系。

章节分析

全面质量管理理念在现代企业中扮演着举足轻重的角色，它不仅仅是一种管理方法，更是一种企业文化和思维方式。在这个背景下，Streamlit 框架以其独特的方式为全面质量管理分析提供了强大的支持。

首先，在实际操作中，如何确保企业的每一位成员都能有效参与并贡献自己的力量？Streamlit框架提供了一个有效的解决方案。其纯Python语言开发的特性使得企业内部的数据分析师、数据科学家及业务人员都能轻松使用，无须深入了解复杂的前端技术。这样，不同部门、不同技能背景的员工都能参与到质量管理分析中，共同为提升产品质量出谋划策。

其次，全面质量管理强调的全过程性在Streamlit框架中得到了很好的体现。从数据收集、处理到可视化分析，Streamlit框架提供了一套完整的工具链，帮助用户对整个质量管理过程进行细致的管理和控制。用户可以利用Streamlit框架快速构建交互式Web应用程序，实时监控产品质量的各个环节，确保每个过程都能为交付合格的产品和服务提供必要的支持。

最后，全面质量管理所涵盖的全范围特性在Streamlit框架中也得到了很好的应用。Streamlit框架支持用户集成机器学习模型，这意味着企业可以利用机器学习的力量，对产品设计、生产、辅助和质量管理等各个方面进行深度分析和优化。这种跨部门的协同工作，使得全面质量管理不再是一个孤立的概念，而是成为企业整体战略的一部分。

Streamlit框架以其简单易用、高效灵活的特性，为全面质量管理分析提供了强大的支持。它使得全面质量管理理念在现代企业中得到了更好的实践和应用，为企业的持续发展提供了有力的保障。

学习目标

知识目标
- 掌握全面质量管理的核心理念及其包含的7大方面内涵，理解其全员参与、全过程和全范围的特性。
- 熟悉全面质量管理常用的7种工具及其具体应用方法，包括检查表、排列图、因果图、分层法、直方图、控制图和散布图等。
- 理解Streamlit框架的基本概念和核心优势，掌握其作为基于Python语言的Web应用程序框架的特点和功能。

能力目标
- 根据全面质量管理的理念和方法，分析企业产品质量管理的现状，并提出改进措施。
- 使用Streamlit框架快速构建交互式的Web应用程序，实现数据可视化和结果分析。
- 结合Streamlit框架和全面质量管理工具，构建出针对企业全面质量管理的交互式数据分析平台，支持企业对质量管理数据的高效分析和利用。

素质目标
- 培养学生的数据分析和解决问题的能力，提升其在企业质量管理中的实际操作能力。
- 培养学生的创新意识和团队合作精神，鼓励其在全面质量管理中积极探索和实践。

6.1 理论概述

6.1.1 全面质量管理

全面质量管理的概念包括如下几方面内涵。
(1) 质量是由客户定义的企业行为集合。
(2) 质量与对应的企业成本有着高度的对应性、均衡性。
(3) 质量与管理相互关联，并认为质量和管理都需要个人与团队的合作来完成。
(4) 创新是影响产品质量的关键因子。
(5) 质量在企业成长的各个时期呈现不同特点，有着鲜明的动态化特色。
(6) 质量是涵盖顾客到供应商之间的全流程集合，是一种长期的完善的过程体系。
(7) 质量是企业的一种经营方式，强调尽可能控制生产成本的同时能够实现企业最大的生产效能。

全面质量管理具有全员参与、全过程和全范围的特性。首先是全员参与。企业的全体人员，在整个产品质量控制流程中都扮演着关键的角色，产品质量控制不仅仅是某个部门的特定员工的个人任务，而是企业团队中每个人员的共同责任，唯有在全员共同参加的情况下，产品质量方可有效保证。其次是全过程性。对企业各环节和流程的有效控制是全面质量管理强调的全过程特性，只有以预防为核心，对从顾客需求输入到产品发货的全过程都做到细致的管理和控制，确保与产品质量相关的各个过程都能为交付合格的产品和服务提供必要的支持，才能构建有效的质量管理体系。最后是全范围。全面质量管理总体上包含4个方面，即产品设计、生产、辅助和质量管理。公司的所有职能部门都在公司全面质量管理工作下有着特殊的重要位置和具体作用，而各个部门又在公司整体品质管理工作流程中都起到了关键的作用，涵盖着公司所有的制造流程和整个产品过程，要想提高质量，就需要发挥公司各部门的质量管理作用。

全面质量管理有7种常用工具，用以分析和研究质量问题、质量数据，控制或改进质量水平。具体方法如表6-1所示。

表6-1 全面质量管理具体方法

工具名称	简介
检查表	检查表又称调查表、统计分析表等。使用检查表的目的是系统地收集资料、积累信息、确认事实，并可对数据进行粗略的整理和分析
排列图	排列图又称帕累托曲线，是通过收集数据、进行分层、列数据表、计算、作排列图等一系列步骤，从而找出影响产品质量主要因素的有效方法
因果图	因果图又称特性要因图或鱼骨图。按其形状，也称树枝图或鱼刺图。它是寻找质量问题产生原因的一种有效工具
分层法	分层法又称分类，是分析影响质量原因的方法。把收集来的数据按照不同的目的加以分类，把性质相同，在同一生产条件下收集的数据归在一起

续表

工具名称	简介
直方图	直方图是频数直方图的简称。它是由一系列宽度相等、高度不等的长方形表示数据的图组成。通过直方图可以比较直观地显示质量波动的状态
控制图	控制图是判断和预报生产过程中质量状况是否发生波动的一种常用的质量控制统计方法。它能直接监视生产过程中的过程质量动态，具有稳定生产、保证质量、积极预防的作用
散布图	散布图是指通过分析研究两种因素的数据之间的关系，来控制影响产品质量的相关因素的一种有效方法

6.1.2 Streamlit 框架

Streamlit 是一个基于 Python 语言的 Web 应用程序框架，致力于以更高效、更灵活的方式可视化数据，并分析结果。它是一个开源库，可以帮助数据科学家和学者在短时间内开发机器学习可视化仪表板。

Streamlit 框架的核心优势在于其简单易用性和高效性。用户只需使用 Python 语言，无须了解 HTML/JavaScript 等前端知识，就能快速构建出交互式的 Web 应用程序。具体而言，Streamlit 框架具有以下特点。

纯 Python 语言开发：Streamlit 框架支持使用 Python 语言进行开发，用户只需使用 Python 语言编写代码，即可快速构建出交互式的 Web 应用程序。

快速构建：Streamlit 框架提供了丰富的组件和工具，使用户能够快速创建应用程序，无须编写大量的代码。用户只需使用 Streamlit 框架提供的组件和工具，即可轻松构建出交互式的 Web 应用程序。

可视化界面：Streamlit 框架支持用户通过可视化界面创建应用程序，用户只需通过拖曳组件和设置属性等方式，即可快速创建出美观、易用的 Web 应用程序。

集成机器学习模型：Streamlit 框架能够轻松集成机器学习模型，使用户能够快速部署和分享他们的模型，同时收集建模所需的参数。

可扩展性：Streamlit 框架具有很好的可扩展性，用户可以根据自己的需求和技能水平进行自定义和扩展。

社区支持：Streamlit 框架拥有强大的社区支持和持续的更新维护，用户可以享受到优质的服务。

Streamlit 框架运行流程图如图 6-1 所示，其协同工作流程如下。

（1）Streamlit apps 是一个从头到尾执行的 .py 格式脚本。

（2）每当用户打开一个指向应用程序的浏览器标签，脚本就会重新执行。

（3）当脚本执行时，Streamlit 在浏览器中实时绘制其输出。

（4）脚本使用 Streamlit 缓存来避免重新计算代价高昂的函数，因此更新速度非常快。

（5）每次用户与小部件交互时，都会重新执行脚本，并在运行期间将该小部件的输出值设置为新值。

（6）Streamlit 框架支持多人协同工作，多个用户可以同时编辑和运行同一个 Streamlit

应用程序，实现高效的团队协作。

（7）在 Streamlit 应用程序中，用户可以通过注释和讨论来交流和分享想法，其提供了更加便捷的协作工具。

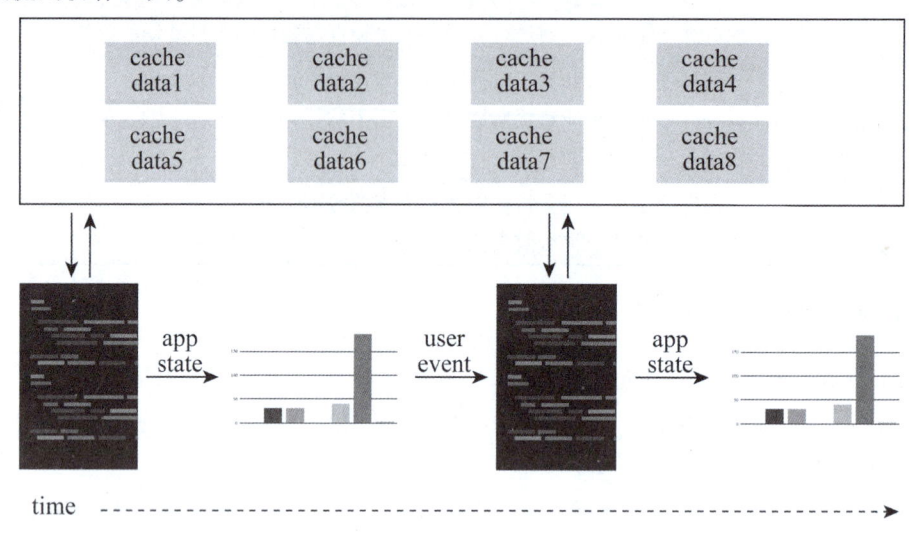

图 6-1　Streamlit 框架运行流程

Streamlit 框架中包含许多组件，具体用法如表 6-2 所示。

表 6-2　Streamlit 框架组件

组件类型	组件	备注
文本组件	st.title( )	文章大标题
	st.header( )	显示一级标题
	st.subheader( )	显示二级标题
	st.text( )	显示固定格式的文本
	st.code( )	显示代码
	st.markdown( )	打印 Markdown 文本
	st.latex( )	打印 LaTeX 公式
数据显示组件	st.dataframe( )	显示数据表
	st.table( )	显示表格
	st.pyplot( )	显示 Matplotlib 图表
	st.plotly_chart( )	显示 Plotly 图表
图表可视化组件	st.line_chart( )	创建折线图
	st.area_chart( )	创建面积图
	st.bar_chart( )	创建柱状图
	st.map( )	创建地图

续表

组件类型	组件	备注
用户操作组件	st.button()	按钮
	st.checkbox()	复选框
	st.radio()	单选框
	st.selectbox()	下拉单选框
	st.mutiselect()	下拉复选框
	st.select_slider()	选择条
	st.slider()	滑动条
多媒体组件	st.image()	显示一张图片或一组图片
	st.video()	播放视频
	st.audio()	播放音频
页面布局、容器组件	st.sidebar()	显示在侧边栏
	st.columns()	列容器
	st.tabs()	划分容器

6.2 流程分析

产品质量在市场竞争中占据着重要的地位，它是企业形象、品牌信誉和客户口碑的重要体现。提高产品质量不仅可以增强企业的竞争力，还可以给企业带来更多的商业机会和利润。本章将围绕产品质量管理，从以下4个方面构建全面的质量管理面板，其设计流程如图6-2所示。

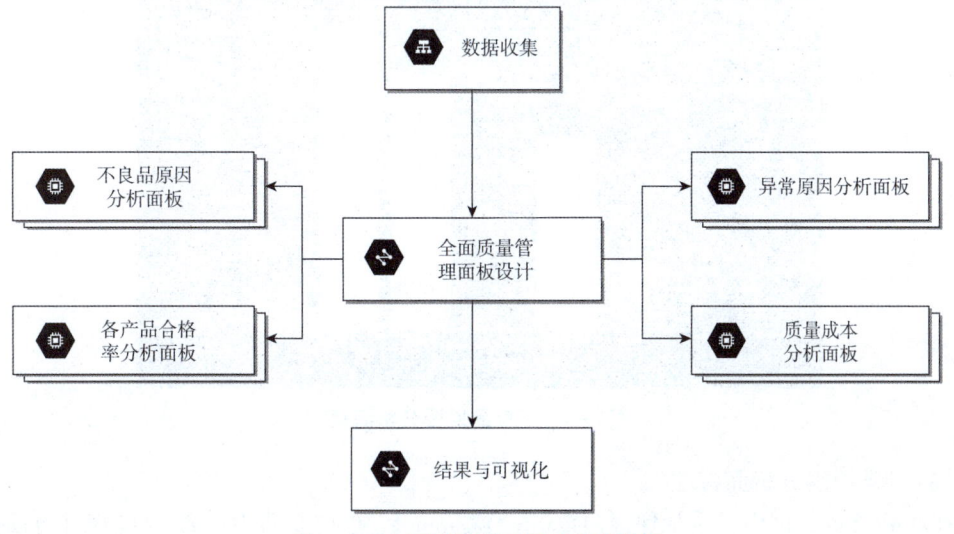

图6-2 全面质量管理面板设计流程

（1）各产品合格率分析面板。

在市场竞争中，产品合格率是衡量一个企业产品质量的重要指标。通过对合格率的分析，可以了解产品的质量变化趋势，及时发现并解决问题。本章将构建一个1—7月产品合格率分析面板，该面板将展示各月份的合格率数据，并允许用户交互式地探索不同产品的合格率变化趋势，为管理者提供决策所需的信息。该面板将采用折线图的形式展示产品合格率情况，用户可以通过调整维度筛选条件来比较不同产品、不同生产批次的合格率变化趋势。产品合格率分析面板如图6-3所示。

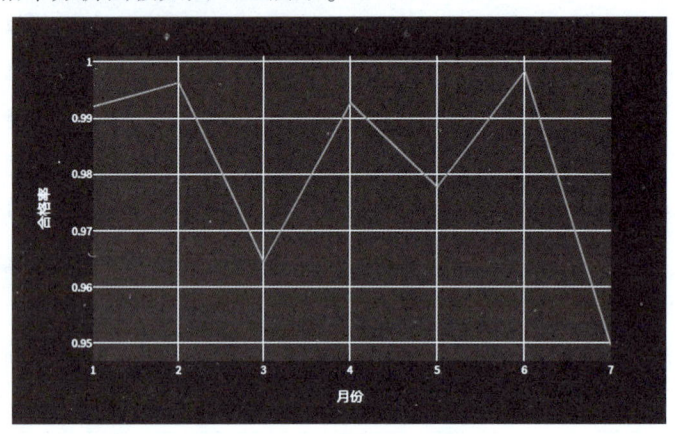

图6-3　产品合格率分析面板

（2）不良品原因分析面板。

在生产过程中，不同工序会产生不同类型的不良品。为了采取有针对性的改进措施，企业需要对各工序产生的不良品原因进行分类汇总。本章将构建一个分类汇总面板，展示各工序产生的不良品原因，聚焦产品在技术、生产方面的缺陷，为产品的进一步改造提供决策基础。该面板将采用柱状图的形式展示不良品情况，用户可以查看各产品不同时间段的具体不良情况。不良品原因分析面板如图6-4所示。

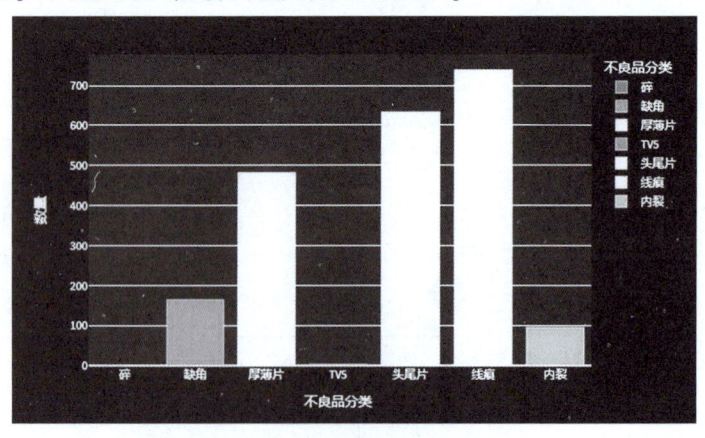

图6-4　不良品原因分析面板

（3）异常原因分析面板。

在产品质量管理中，质量保证（Quality Assurance，QA）负责对生产全过程进行质量监控，保证了产品的安全、有效、稳定，保证了产品全部符合质量要求。通过对QA每日巡检记录的可视化展示，可以更好地了解产品质量管理的实际情况，并针对问题采取相应的改进措施。本章将构建一个 QA 每日巡检记录可视化面板，展示巡检记录中的关键指标和异常数据。用户可以通过调整产品名称和时间范围来查看不同时间段、不同产品等维度的巡检记录情况。该面板将采用表格的形式展示异常情况，用户可以查看各产品各工序不同时间段的具体异常情况。异常原因分析面板如图 6-5 所示。

图 6-5 异常原因分析面板

（4）质量成本分析面板。

质量成本管理有利于控制和降低成本，可以拓宽成本管理道路。通过质量成本管理，管理层可以更好地掌握质量管理中存在的问题，从而采取有效的改进措施，提高产品质量。

质量成本是指企业为了保持或提高产品质量所支出的成本，具体包括内部成本、外部成本、鉴定成本和预防成本。内部成本是指在产品生产过程中出现的成本，如由于产品缺陷导致的损失、返工、报废等成本。外部成本是指在产品交付后由于质量问题导致的成本，如产品退货、维修、更换等成本。鉴定成本是指为了确保产品质量符合要求而进行的检验、测试等成本。预防成本是指为了预防质量问题而支出的成本，如质量培训、质量管理体系的建设等成本。

通过质量成本管理，企业可以更好地了解不同产品在不同月份的质量成本构成，从而采取有针对性的改进措施。用户可以通过筛选产品名称和月份来查看具体质量成本构成，这可以帮助企业更好地了解不同产品的质量状况和改进方向。此外，质量成本管理还可以为企业决策提供有力的支持，帮助企业制定更加科学合理的质量管理策略，提高产品质量和市场竞争力。质量成本分析面板如图 6-6 所示。

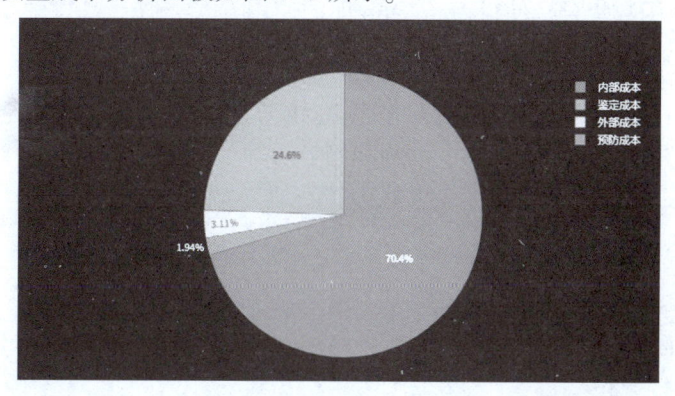

图 6-6 质量成本分析面板

因此，本章从以上 4 个方面构建全面质量管理面板，具体结构如图 6-7 所示。

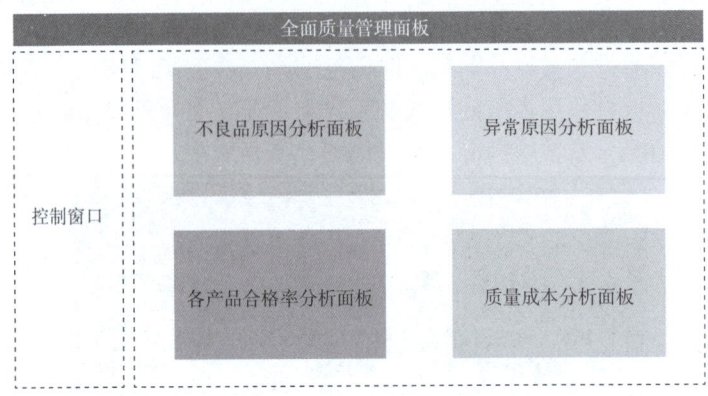

图 6-7　全面质量管理面板

6.3　具体流程

【微课视频】6 全面质量管理 1

6.3.1　数据处理

（1）导入相关库。

Streamlit 库是一个基于 Tornado 框架的快速搭建 Web 应用的 Python 库，封装了大量常用组件方法，支持大量数据表、图表等对象的渲染，支持网格化、响应式布局。简单来说，Streamlit 库可以帮助不了解前端的人搭建网页。

```
import streamlit as st
import pandas as pd
```

pyplot 是一个函数集合，使得 Matplotlib 库的使用方式类似于 MATLAB 库。

```
from matplotlib import pyplot as plt
```

Plotly Express 是 Python 交互式可视化库 Plotly 的高级组件。用于创建丰富的交互式绘图，包括分面绘图（faceting）、地图、动画和趋势线等。

```
import plotly.express as px
```

（2）防止中文乱码。

```
# 解决中文显示问题
plt.rcParams['font.sans-serif'] = ['SimHei']
# 解决负号显示问题
plt.rcParams['axes.unicode_minus'] = False
```

6.3.2 面板设计

(1) 设置页面标题。

```
#设置页面标题
st.set_page_config(page_title="全面质量管理分析面板", page_icon=":bar_chart:", layout="wide")
```

(2) 读入不良品原因分析面板数据。
读入数据表。

```
df=pd.read_excel('不合格品数量统计表.xlsx')
```

将检验时间这一列转换为时间格式,取出检验时间中的月份。

```
df['检验时间']=pd.to_datetime(df['检验时间'])
df['检验月份']=df['检验时间'].dt.month
```

将空缺值填补为0。

```
df.drop(columns={'检验时间'},inplace=True)
df.fillna(0,inplace=True)
col1_data=df.copy()
```

(3) 读入异常原因分析面板数据、各产品合格率分析面板数据、月度质量成本分析面板数据。

```
df6=pd.read_excel('异常表.xlsx')
col2_data=df6.copy()
df2=pd.read_excel('产品合格率.xlsx')
col3_data=df2.copy()
df4=pd.read_excel('质量成本.xlsx')
col4_data=df4.copy()
```

6.3.3 可视化结果呈现

(1) 设置主题及框架。

设置页面标题为"全面质量管理分析面板"。将页面水平划分为3部分,使用col1和col2来分别表示两个较宽的部分,space2用于在它们之间创建一个空白的间距。

```
st.title('全面质量管理分析面板')
col1, space2, col2=st.columns((10,1,10))
```

(2)不良品原因分析面板可视化。

进入一个代码块,该代码块在col1中执行。下面的代码都属于这个代码块。

```
with col1:
```

创建一个复选框,并设置默认选中状态为True。如果复选框被选中,则执行下面的代码块。

```
if st.sidebar.checkbox("不良品原因分析面板", True, key=3):
```

对"col1_data"按照料号和检验月份进行分组,并计算分组后的各列的总和。并且重置索引,使原来的索引成为一个新的列,同时更新索引顺序。

```
df3 = col1_data.groupby(by=['料号','检验月份']).sum()
df3.reset_index(inplace=True)
```

从df3中去除重复的料号及检验月份,并创建副本。

```
a=df3.drop_duplicates('料号').copy()
b=df3.drop_duplicates('检验月份').copy()
```

创建下拉菜单,将a['料号']作为选项,用来选择产品料号,将b['检验月份']作为选项,用来选择检验月份。

```
select1=st.selectbox('选择产品料号', a['料号'])
select2=st.selectbox('选择检验月份', b['检验月份'])
```

在页面上以Markdown形式展示选择的产品料号和检验月份。根据选择的产品料号和检验月份,从df3中获取相应的数据。

```
st.markdown("## %s 产品" % (select1))
st.markdown("### %s 月不良品原因分析面板" % (select2))
# 获取选择框选中的状态
state_data = df3[(df3['料号'] == select1)&(df3['检验月份']==select2)]
```

定义一个函数get_total_dataframe(),该函数接收一个数据集作为输入,并返回一个包含不良品分类和数量的数据框。

```
def get_total_dataframe(dataset):
    total_dataframe = pd.DataFrame({
        '不良品分类':['碎','缺角','厚薄片','TV5','头尾片','线痕','内裂'],
        '数量':(dataset.iloc[0]['碎'],
            dataset.iloc[0]['缺角'],
            dataset.iloc[0]['厚薄片'], dataset.iloc[0]['TV5'],dataset.iloc[0]['头尾片'],dataset.iloc[0]['线痕'],dataset.iloc[0]['内裂'])})
    return total_dataframe
```

调用get_total_dataframe()函数,获取选择框选中的数据集的不良品分类和数量。

```
state_total = get_total_dataframe(state_data)
```

使用 Plotly 库创建一个柱状图，x 轴是不良品分类，y 轴是数量，颜色按不良品分类区分，并在页面上展示该柱状图。

```
state_total_graph=px.bar(
    state_total,
    x='不良品分类',
    y='数量',
    color='不良品分类')
st.plotly_chart(state_total_graph)
```

(3) 异常原因分析面板可视化。

进入一个代码块，该代码块在 col2 中执行。下面的代码都属于这个代码块。

```
with col2:
```

创建一个复选框，并设置默认选中状态为 True。如果复选框被选中，则执行下面的代码块。

```
    if st.sidebar.checkbox("异常原因分析面板", True, key=2):
        st.markdown("##  异常原因分析面板 ")
        col2_data
```

(4) 各产品合格率分析面板可视化。

将页面水平划分为 3 部分，使用 col3 和 col4 来分别表示两个较宽的部分，space3 用于在它们之间创建一个空白的间距。

进入一个代码块，该代码块在 col3 中执行，下面的代码都属于这个代码块。

```
col3, space3, col4=st.columns((10,1,10))
with col3:
```

在页面上显示"各产品合格率分析面板"标题和"产品合格率折线图"副标题。

```
    st.markdown("##  各产品合格率分析面板 ")
    st.markdown("###  产品合格率折线图 ")
```

创建一个复选框，并设置默认选中状态为 True。如果复选框被选中，则执行下面的代码块。

```
    if st.sidebar.checkbox("各产品合格率分析面板", True, key=1):
```

在用户界面中，为用户提供一个选择框，用户从 col3_data 的产品名称列中选择一个产品，选择的结果会被存储在变量 select3 中。根据用户选择的产品名称从 col3_data 中筛选出相应的数据，并存储在变量 state_data3 中。

```
        select3=st.selectbox('选择产品名称', col3_data['产品名称'])
        state_data3=col3_data[(col3_data['产品名称']==select3)]
```

定义一个函数 get1()，该函数接收一个数据集作为输入，并返回一个名为 total_dataframe3 的数据框，包含月份和对应的合格率数据。

```
        def get1(dataset):
            total_dataframe3=pd.DataFrame({
                '月份': ['1','2','3','4','5','6','7'],
                '合格率': (dataset.iloc[0]['1 月'],dataset.iloc[0]['2 月'],dataset.iloc[0]['3 月'],
```

```
                    dataset.iloc[0]['4月'],dataset.iloc[0]['5月'],
                    dataset.iloc[0]['6月'],dataset.iloc[0]['7月'],)})
          return total_dataframe3
    state_tota3=get1(state_data3)
```

使用Plotly库中的px.line()函数生成一个折线图,并将数据集和x、y轴对应的列名传入。

```
    graph1=px.line(state_tota3,x='月份',y='合格率')
    st.plotly_chart(graph1)
```

(5)月度质量成本分析面板可视化。

col4的设置与col3类似,在此不赘述。

```
with col4:
    st.markdown("##  月度质量成本分析面板 ")
    st.markdown("###  月度质量成本饼状图",)
    if st.sidebar.checkbox("质量成本分析面板", True, key=0):
        select4=st.selectbox('选择月份', col4_data['月份'])
        state_data4=col4_data[(col4_data['月份']==select4)]
        def get1(dataset):
            total_dataframe4=pd.DataFrame({
            '成本类型':['预防成本','鉴定成本','内部成本','外部成本'],
            '金额': (dataset.iloc[0]['预防成本'],dataset.iloc[0]['鉴定成本'],dataset.iloc[0]['内部成本'],
                    dataset.iloc[0]['外部成本'],)})
            return total_dataframe4
    state_tota4=get1(state_data4)
    graph2=px.pie(state_tota4,values='金额',names='成本类型')
    st.plotly_chart(graph2)
```

【微课视频】6 全面质量管理4

全面质量管理分析面板可视化结果如图6-8和图6-9所示。

图6-8 全面质量管理分析面板(1)

6 基于 Streamlit 框架的全面质量管理分析

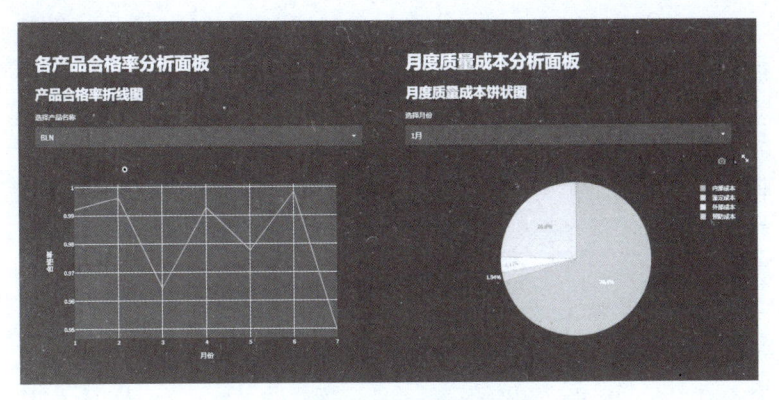

图 6-9 全面质量管理分析面板（2）

【微课视频】6 全面质量管理 5

知识拓展

全面质量管理作为现代企业管理的重要理念和方法，已经广泛应用于各行各业。它以顾客需求为导向，强调全员参与、全过程和全范围的质量控制，旨在通过持续改进和创新，提升企业的竞争力和市场地位。

在现代企业中，全面质量管理不仅是一种管理理念，更是一种企业文化和战略选择。它要求企业从高层管理者到一线员工，都深刻认识到产品质量和企业生存发展的紧密关系，并将质量意识融入到日常工作中。通过培训和教育，企业可以培养出一支具备质量意识和专业技能的员工队伍，为提升产品质量和顾客满意度奠定坚实的基础。

此外，全面质量管理还强调跨部门、跨职能的协同合作。它需要研发、生产、销售、服务等各个部门共同参与，形成合力，共同推进质量管理工作的深入开展。通过跨部门协作，企业可以打破部门壁垒，实现资源共享和优势互补，从而提升整体质量管理水平。

在实践中，企业可以运用各种质量管理工具和方法，如 PDCA 循环、六西格玛管理等，来推动全面质量管理工作的持续改进和创新。同时，借助现代信息技术手段，如大数据、人工智能等，企业可以实现质量数据的实时采集、处理和分析，为决策提供有力支持。

需要注意的是，全面质量管理并非一蹴而就的过程，而是需要企业长期坚持和不断努力。企业需要在实践中不断探索和总结，形成适合自己的全面质量管理模式和经验，为企业的持续发展和市场竞争力的提升提供有力保障。

练习题

一、单选题

1. 全面质量管理的特点中，以下（　　）是其基本内涵。
A. 质量与成本无关

B. 创新不影响产品质量

C. 质量是企业的一时经营方式

D. 质量在企业成长过程中呈现不同特点

2. 全面质量管理的全员参与特征表述正确的是(　　)。

A. 只有特定部门的员工参与

B. 每个人员都有共同责任

C. 产品质量控制是特定员工的任务

D. 只需高级管理人员参与

3. 全面质量管理中，以下(　　)可用于找出影响产品质量主要因素。

A. 排列图　　　　B. 直方图　　　　C. 散布图　　　　D. 控制图

4. Streamlit 框架的核心优势不包括(　　)。

A. 纯 Python 开发　　　　　　　　B. 高效性

C. HTML/JavaScript 前端知识要求　　D. 快速构建

5. Streamlit 框架的协同工作流程中，每当用户打开指向应用程序的浏览器标签，脚本会(　　)。

A. 停止执行　　　B. 重新执行　　　C. 不受影响　　　D. 执行一半

6. (　　)是用于分析影响质量原因的方法。

A. 排列图　　　　B. 直方图　　　　C. 散布图　　　　D. 分层法

7. 全面质量管理的质量是由(　　)定义的。

A. 高级管理人员　　　　　　　　B. 供应商

C. 客户　　　　　　　　　　　　D. 生产人员

8. Streamlit 框架中，用户通过(　　)创建可视化界面。

A. 使用 HTML/JavaScript　　　　B. 通过拖曳组件和设置属性

C. 编写大量代码　　　　　　　　D. 只能使用预设模板

9. 全面质量管理中，以下(　　)不是其特征。

A. 全员参与　　　B. 全过程性　　　C. 局部范围　　　D. 全范围

10. (　　)是用于判断和预测生产过程中质量状况是否发生波动的工具。

A. 排列图　　　　B. 直方图　　　　C. 控制图　　　　D. 散布图

二、简答题

1. 简述全面质量管理的三个特征。

2. 简述全面质量管理中的七种常用工具。

3. Streamlit 框架的可扩展性体现在哪些方面？选择一点进行详细解释。

7 基于主客观组合赋权算法的绩效评价

章节引入

在企业管理实践中，绩效评价是衡量企业经营成果、识别改进空间、制定战略规划的重要工具。随着商业环境的复杂化，单一的财务评价已无法全面反映企业的运营状况。因此，企业开始寻求一种更全面、客观的绩效评价方法。本章聚焦电气机械和器材制造业，通过主客观组合赋权算法，综合了主观判断和客观数据分析，旨在提供一种新的绩效评价框架。该行业作为研究对象，因其数据丰富、经营活动复杂，为绩效评价方法的实证分析提供了良好的研究场景。企业如何通过整合财务与非财务指标、运用先进的数据分析技术，以及如何进行数据预处理等关键问题，都是本章将要详细探讨的内容。

章节分析

本章以电气机械和器材制造业的 A 股上市公司为研究对象，通过爬虫技术收集了 2002—2021 年的财务与非财务数据。首先，对收集到的数据进行预处理，包括数据清洗、空缺值处理和异常值剔除。然后，采用主客观组合赋权算法，结合了主成分分析法、层次分析法、熵值法和 CRITIC 法，对绩效评价指标进行权重分配。通过构建层次结构模型、计算特征向量、进行一致性检验等步骤，最终得出了各指标的权重。最后，本章展示了如何将权重应用于实际数据，计算出企业的绩效评分，并通过可视化手段直观展示了绩效评分的变化趋势。

学习目标

知识目标
- 掌握企业绩效评价的基本概念和重要性。
- 了解主客观组合赋权算法的原理及其在绩效评价中的应用。
- 学习数据预处理的方法，包括数据清洗、空缺值处理和异常值剔除。

能力目标
- 能够运用 Python 等编程语言进行数据收集和预处理。
- 能够构建层次分析法的层次结构模型，并进行两两比较和判断矩阵的构建。
- 能够运用熵值法和 CRITIC 法进行客观赋权，并计算指标权重。

素质目标
- 培养数据分析的基本素养，提高逻辑思维和问题解决能力。
- 增强综合分析企业绩效的能力，提升决策支持水平。
- 发展批判性思维，学会从多角度评估企业绩效，促进企业持续改进。

7.1 理论概述

本节主要对企业绩效评价，以及基于主客观组合赋权算法所涉及的相关理论进行阐述。主客观组合赋权算法是一种用于确定指标权重的方法，旨在消除主观偏差和客观片面，同时体现主观信息和客观信息，更真实客观、完整准确地反映实际情况。该方法综合了主观赋权法和客观赋权法的优势。主客观组合赋权算法，充分考虑了决策者的主观判断和各元素的客观指标，从而得到更准确、全面的权重结果。该算法的优势在于综合考虑多种判断方法，克服了单一方法赋权的局限性。本节将分别对主观赋权法中的主成分分析（Principal Components Analysis，PCA）法、层次分析（Analytic Hierarchy Process，AHP）法，客观赋权法中的熵值法、CRITIC（Criteria Importance Though Intercrieria Correlation）法进行具体介绍，并以层次分析法-熵值法为例，进行主客观组合赋权。

7.1.1 企业绩效评价

企业绩效评价是指对企业在特定时间段内所取得的业绩和成果进行评估和衡量的过程。它是管理会计中的一项重要工作，旨在帮助企业了解自身的经营状况、发现问题和改进业务。

企业绩效评价可以涵盖多个方面，包括财务绩效和非财务绩效。财务绩效评价主要关注企业的财务指标，如利润、收入、成本、资产回报率等。它可以通过对比预算和实际数据，分析盈利能力、偿债能力、运营效率等财务方面的表现，评估企业的经济健康状况。

非财务绩效评价则注重评估企业在非财务层面的表现，如市场份额、客户满意度、员工绩效等。它可以借助各种指标和数据，从市场角度、客户角度和员工角度等多个维度评估企业在产品、服务、品牌形象等方面的表现，以及企业的创新能力、组织能力和员工素质等。

企业绩效评价的目的是帮助企业识别潜在的问题和机会，提供决策支持，推动企业的改进和发展。通过绩效评价，企业能够了解自身的优势和不足之处，识别改进措施，并为制定长期战略和短期目标提供依据。同时，企业绩效评价也可以用作内部管理和控制的工具，激励员工，推动整体组织的卓越表现。

企业绩效评价不仅仅是关注单一的指标或数字，而是综合考量多个因素和维度。它需要结合企业自身的背景、行业特性和目标设置合适的指标和评估方法，以确保评价的全面性和准确性。

7.1.2 主成分分析法

主成分分析法，又称主分量分析法，旨在利用降维思想，把多指标转化为少数几个综合指标。

在统计学中，主成分分析法是一种简化数据集的技术，通过线性变换将数据变换到一个新的坐标系统中，使任何数据投影的第一大方差在第一个坐标(称为第一主成分)上，第二大方差在第二个坐标(第二主成分)上，依次类推。主成分分析法经常用于减少数据集的维数，同时保留数据集中对方差贡献最大的特征。这是通过保留低阶主成分，忽略高阶主成分来实现的。这样低阶成分往往能够保留数据的最重要方面，但是，这也不是一定的，要视具体应用而定。

7.1.3 层次分析法

层次分析法是指将一个复杂的多目标决策问题作为一个系统，将目标分解为多个目标或准则，进而分解为多指标(或准则、约束)的若干层次，通过定性指标模糊量化方法算出层次单排序(权数)和总排序，以作为目标(多指标)、多方案优化决策的系统方法。

层次分析法即首先将决策问题按总目标、各层子目标、评价准则直至具体的备择方案的顺序分解为不同的层次结构，然后用求解判断矩阵特征向量的办法，求得每一层次的各元素对上一层次某元素的优先权重，最后用加权和的方法递阶归并各备择方案对总目标的最终权重，此最终权重最大者即为最优方案。

层次分析法比较适合具有分层交错评价指标的目标系统，而且目标值又难于定量描述的决策问题。

7.1.4 熵值法

熵原本指的是能量在空间内分布的均匀程度，通常被用来度量系统的混乱程度。后来，有学者将其运用到系统论中，得出的结论是：熵值越大，系统越无序，信息量越少，效用值越低，权重越小；反之，熵值越小，系统越有序，信息量越多，效用值越高，权重越大。熵值法是一种客观赋权方法，它通过计算指标的信息熵，根据指标的相对变化程度对系统的整体影响来确定指标的权重，相对变化程度越大，也就是指标离散程度越大，就说明该指标对综合评价的影响越大。该方法已经广泛应用于许多领域，所以，可以利用熵计算各个指标权重，进而为企业综合评价提供依据。

7.1.5 CRITIC 法

CRITIC 法是客观赋权法，它是基于评价指标的对比强度和指标之间的冲突性来综合衡量指标的客观权重。考虑指标变异性大小的同时兼顾指标之间的相关性，并非数字越大就说明越重要，完全利用数据自身的客观属性进行科学评价。

对比强度是指同一个指标各个评价方案之间取值差距的大小，以标准差的形式来表现。标准差越大，说明波动越大，各方案之间的取值差距越大，权重会越高。

指标之间的冲突性，用相关系数表示，若两个指标之间具有较强的正相关，说明其冲突性越小，权重会越低。

对于CRITIC法而言，在标准差一定时，指标间冲突性越小，权重也越小；冲突性越大，权重也越大。另外，当两个指标间的正相关程度越大时（相关系数越接近1），冲突性越小，这表明这两个指标在评价方案的优劣上反映的信息有较大的相似性。

7.2　流程分析

主客观组合赋权算法流程如图7-1所示。

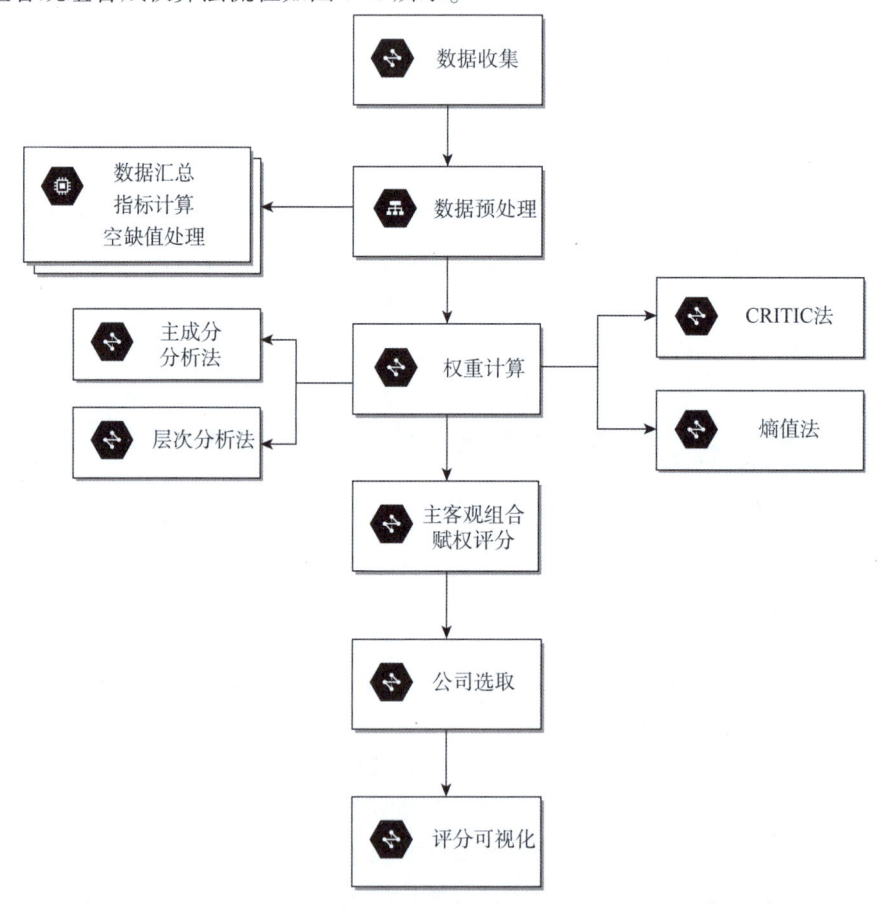

图7-1　主客观组合赋权算法流程

7.2.1　数据收集

本案例以行业代码为C38的电气机械和器材制造业为研究对象，运用爬虫工具，收集了该行业 2002—2021 年所有 A 股上市公司的相关指标数据，具体指标如表 7-1 所示。

表 7-1 绩效评价指标

维度	一级指标	二级指标
财务	盈利能力	营业利润率
		成本费用利润率
		总资产净利润率
		净资产收益率
	偿债能力	资产负债率
		利息保障倍数
		流动比率
		速动比率
	营运能力	营运资金周转率
		应付账款周转率
		营业周期
		总资产周转率
	发展能力	营业利润增长率
		资本保值增值率
		净资产收益率增长率
		总资产增长率
业务	生产流程	存货周转率
		存货与收入比
		营业成本率
	营销流程	销售费用率
		应收账款周转率
		应收账款与收入比
		主营业务利润占比
	管理流程	管理费用率
		高管占职工比例
		高管持股比例
客户	客户忠诚度	市场占有率
	客户维持	大客户占年度业务总额比例(%)
		是否披露供应商权益保护
		是否披露客户及消费者权益保护

续表

维度	一级指标	二级指标
学习与成长	研发创新能力	研发投入占营业收入比例(%)
		资本化研发投入(支出)占当期净利润的比重(%)
		研发费用率
		研发人员数量占比(%)
	人力资源政策	员工保持率
		是否披露职工权益保护

7.2.2 数据预处理

(1)数据汇总。

将多个表格中不同维度的数据汇总至一张表格内,方便后续处理。

(2)指标计算。

对于部分指标,如高管占职工比例、高管持股比例、市场占有率等,难以找到现成数据,故需要通过对其他指标进行计算得到。具体计算过程如下。

$$高管占职工比例=高管人数/员工人数$$
$$高管持股比例=高管持股数/总股数$$
$$市场占有率=公司营业收入/行业总营业收入$$

(3)空缺值处理。

在处理涉及多个公司数据的情况下,考虑到其均属于同一行业,并且权重的计算方式多种多样,可根据公司自身情况进行个性化定制,本案例仅作为初步尝试,故决定采取用平均值填充的方式来处理空缺值,以保留更多的数据量。

7.2.3 主成分分析法流程分析

主成分分析法,旨在利用降维思想,把多指标转化为少数几个综合指标。主成分分析法的主要步骤如下。

假设有 n 个样本,p 个指标(特征),则可以构成大小为 $n×p$ 的样本矩阵 x。

$$x = \begin{pmatrix} x_{11} & x_{12} & \cdots & x_{1p} \\ x_{21} & x_{22} & \cdots & x_{2p} \\ \vdots & \vdots & & \vdots \\ x_{n1} & x_{n2} & \cdots & x_{np} \end{pmatrix} = (\boldsymbol{x}_1, \boldsymbol{x}_2, \cdots, \boldsymbol{x}_p)$$

(1)数据标准化。

将原始数据进行标准化处理,使得每个特征的均值为0,方差为1。这一步骤是为了确保不同特征之间具有相同的尺度,避免某些特征对主成分分析的结果产生过大的影响。

(2)计算协方差矩阵。

协方差矩阵描述了原始数据中各个特征之间的相关性。通过计算标准化后数据的协方差矩阵,可以得到特征之间的协方差。

$$r_{ij} = \frac{1}{n-1}\sum_{k=1}^{n}(x_{ki}-\bar{x}_i)(x_{kj}-\bar{x}_j) = \frac{1}{n-1}\sum_{k=1}^{n}x_{ki}x_{kj}$$

$$R = \begin{bmatrix} r_{11} & r_{12} & \cdots & r_{1p} \\ r_{21} & r_{22} & \cdots & r_{2p} \\ \vdots & \vdots & & \vdots \\ r_{p1} & r_{p2} & \cdots & r_{pp} \end{bmatrix}$$

(3) 计算协方差矩阵 R 的特征值和特征向量。

通过对协方差矩阵进行特征值分解，得到特征值和对应的特征向量。特征值表示了数据中每个特征对应的方差大小，特征向量表示了每个特征对应的主成分方向。

特征值：$\lambda_1 \geq \lambda_2 \geq \cdots \geq \lambda_p \geq 0$（$R$ 是半正定矩阵，且 $\mathrm{tr}(R)=\sum_{k=1}^{p}\lambda_k=p$）

特征向量：$a_1 = \begin{bmatrix} a_{11} \\ a_{21} \\ \vdots \\ a_{p1} \end{bmatrix}$, $a_2 = \begin{bmatrix} a_{12} \\ a_{22} \\ \vdots \\ a_{p2} \end{bmatrix}$, $\cdots$, $a_p = \begin{bmatrix} a_{1p} \\ a_{2p} \\ \vdots \\ a_{pp} \end{bmatrix}$

(4) 计算主成分贡献率和累计贡献率。

主成分贡献率指的是某个主成分所解释的方差在总方差中所占的比例。它表示了该主成分对数据变化的贡献程度，主成分贡献率越高，说明该主成分能够更好地代表原始数据的变化。主成分贡献率的计算公式为：

$$主成分贡献率 = 主成分的特征值/总特征值的和$$

其中，主成分的特征值表示该主成分所对应的方差；总特征值的和表示原始数据的总方差。

$$主成分贡献率 = \frac{\lambda_i}{\sum_{k=1}^{p}\lambda_k}, \ (i=1,2,\cdots,p)$$

累计贡献率是指从第 1 个主成分开始，逐个累加主成分的贡献率。它表示了使用前 k 个主成分时，能够解释原始数据总方差的比例。累计贡献率可以帮助确定所需保留的主成分数量。通常情况下，希望累计贡献率能够达到较高的程度，如 80% 或 90% 以上，以尽量保留原始数据的信息。累计贡献率的计算公式：

$$累计贡献率 = \frac{\sum_{k=1}^{i}\lambda_k}{\sum_{k=1}^{p}\lambda_k}, \ (i=1,2,\cdots,p)$$

通过分析主成分贡献率和累计贡献率可以确定保留的主成分数量，从而进行数据降维或特征选择的决策。当累计贡献率达到所期望的阈值时，可选择相应数量的主成分，将原始数据映射到低维空间中，保留较高比例的数据方差。

(5) 得出主成分。

一般取累计贡献率超过 80% 的特征值所对应的 $1, 2, \cdots, m(m \leq p)$ 个主成分。第 i 个主成分：

$$F_i = a_{1i}x_1 + a_{2i}x_2 + \cdots + a_{pi}x_p, \ (i=1,2,\cdots,m)$$

(6)根据系数分析主成分代表的意义。

对于某个主成分而言,指标前的系数越大,代表该指标对于该主成分的影响越大。

7.2.4 层次分析法流程分析

层次分析法根据问题的性质和要达到的总目标,将问题分解为不同的组成因素,并按照因素间的相互关联影响及隶属关系将因素按不同层次聚集组合,形成一个多层次的分析结构模型,从而最终使问题归结为低层次相对于高层次(即总目标分解为多个层级的子目标)的相对重要权值的确定或相对优劣次序的排定。层次分析法的详细步骤和原理如下。

(1)构建层次结构。

首先,将决策问题分解成一个层次结构,包含目标层、准则层和方案层。目标层是决策问题的最终目标或总体目标,准则层包含了实现目标所需要考虑的因素,方案层是实现目标的具体选择。

(2)两两比较。

在层次分析法中,需要对每一层级内的元素进行两两比较,以确定它们之间的相对重要性。比较的结果可以用数值来表示,一般采用一个1~9的比较刻度,其中,1表示两个元素具有同样的重要性,9表示一个元素的重要性远大于另一个元素。相对重要性划分标准表如表7-2所示。

表7-2 相对重要性划分标准

标度	含义
1	表示两个元素相比,具有同样的重要性
3	表示两个元素相比,前者比后者稍重要
5	表示两个元素相比,前者比后者明显重要
7	表示两个元素相比,前者比后者强烈重要
9	表示两个元素相比,前者比后者极端重要
2,4,6,8	表示上述相邻判断的中间值
倒数	若元素i和j的重要性之比为p,那么元素j和元素i重要性之比为$1/p$

(3)构建判断矩阵。

通过两两比较的结果,构建一个判断矩阵,其中,每个元素a_{ij}表示第i个元素相对于第j个元素的重要性。判断矩阵是一个对称矩阵,对角线上的元素为1。如果元素i相对于元素j的重要性为k,那么$a_{ij}=k$,$a_{ji}=1/k$。

(4)计算特征向量。

对判断矩阵进行特征值分解,得到其特征值和对应的特征向量。特征向量代表了每个元素的权重或重要性,特征向量中的各个值的比例可以用来衡量各个元素的重要性。

(5)一致性检验。

由于两两比较可能存在主观性和不一致性,需要进行一致性检验。计算一致性指标$CI=(\lambda_{max}-n)/(n-1)$,查找相应的平均随机一致性指标RI,对$n=1,2,\cdots,9$,Satty给出了RI的值,如图7-2所示。

n	1	2	3	4	5	6	7	8	9
RI	0	0	0.58	0.90	1.12	1.24	1.32	1.41	1.45

图 7-2　RI 值

计算一致性比例 CR = CI/RI，当 CR<0.10 时，一致性接受，否则该矩阵应适当修改参数。

(6)计算权重及其得分。

得到最大特征值对应特征向量 $t = [t_1, t_2, \cdots, t_n]^T$，得到权重向量 $w = [w_1, w_2, \cdots, w_n]^T$，最终得分 $s = p \cdot w$，p 为指标评分，w 为权重。

7.2.5　熵值法流程分析

熵值法赋权的具体步骤如下。

(1)指标数值预处理。

运用熵值法对公司绩效进行分析评价，在 n 个待评价对象的基础上，设计 m 个评价指标变量。在行业维度，x_{ij} 表示第 i 家企业的第 j 项指标值，在公司内部维度，x_{ij} 表示第 i 年的第 j 项指标($i=1, 2, 3, \cdots, n; j=1, 2, 3, \cdots, m$)。

①指标一致化。

财务评价指标的性质分为正向指标、负向指标、适度指标。正向指标表示该指标越大越好，负向指标表示该指标越小越好，适度指标则表示该指标需要控制在一定范围内才能体现其能力强。每个指标都具有其特有的性质，因此，为了使评价结果更精确、更有可比性，需要先进行指标一致化。将适度指标转化成负向指标：

$$\chi' = \left| \chi - \frac{M + m}{2} \right|$$

其中，χ 代表适度指标；M 是 χ 取值的最大值；m 是 χ 取值的最小值。

②指标标准化。

本文所选的指标中，数据单位有些差异，例如，流动比率没有单位，存货周转率单位是次，净资产收益率单位是百分比，数值之间因单位不同可能还存在数量级的差异，因此，为了方便不同指标间比较，需要对这些指标数据进行无量纲化处理，对正向指标和负向指标分别处理如下。

正向指标处理　　　　　　　　$\chi'_{ij} = \left| \dfrac{\chi_{ij} - m_j}{M_j - m_j} \right|$

逆向指标处理　　　　　　　　$\chi'_{ij} = \left| \dfrac{M_j - \chi_{ij}}{M_j - m_j} \right|$

其中，M_j 是 χ_{ij} 最大值；m_j 是 χ_{ij} 最小值。

此外，熵值法在后续的计算过程中要取对数，指标数据不可出现 0，为使对数计算有意义，需将无量纲化后的数据整体平移 0.000 1，尽可能减少对最终结果的影响。

(2)熵值法的计算。

①对预处理后的指标无量纲化。

$$p_{ij} = \frac{x_{ij}}{\sum_{i=1}^{n} x_{ij}}$$

②熵值计算。

$$e_j = -\frac{1}{\ln n}\sum_{i=1}^{n} p_{ij}\ln(p_{ij}), \quad 0 \leq e_j \leq 1$$

③差异性系数计算。

$$g_j = 1 - e_j$$

④确定评价指标权重。

$$W_j = \frac{g_j}{\sum_{j=1}^{m} g_j}, \quad (j = 1, 2, 3, \cdots, m)$$

⑤综合指标值。

$$E_j = \sum_{j=1}^{m} W_j p_{ij}$$

7.2.6 CRITIC 法流程分析

CRITIC 法赋权的具体步骤如下。

（1）构建判断矩阵。下列矩阵代表 m 个方案中有 n 个指标：

$$\boldsymbol{x} = \begin{pmatrix} x_{11} & \cdots & x_{1m} \\ \vdots & \ddots & \vdots \\ x_{n1} & \cdots & x_{nm} \end{pmatrix}$$

（2）对指标进行同化处理。在一个评估体系中会同时出现正向指标和负向指标。如资金占用越高代表此类原材料的重要性越高，供货源越少代表此类原材料重要性越高，两种反向指标同时存在会造成计算方式的不统一，加大工作量，因此同化处理是解决正负指标共存的最佳选择，同化公式如下：

$$x'_{ij} = \frac{1}{p + \max|x_i| + x_{ij}}$$

其中，$\max|x_i|$ 为指标 i 的最大值；p 为协调系数，在 0~0.1 之间取值，越接近 0.1 代表判断结果一致性越高。经同向化转换，评估矩阵 $\boldsymbol{x}$ 转换为 $\boldsymbol{x}'$。

（3）由于矩阵中的各评估指标的意义不同，评估指标量纲不同，所以需要各个评估指标进行无量纲化处理，减小不同量纲对分析结论的影响，具体公式如下：

$$\boldsymbol{x}'_{ij} = \frac{\boldsymbol{x}'_{ij}}{\sqrt{\sum_{j=1}^{m}(\boldsymbol{x}'_{ij})^2}}, \quad (i = 1, 2, \cdots, n)$$

（4）同一指标包含的数据或是分散，或是集中，要通过评估指标之间的系数关系，构建反映指标之间冲突性的量化表达式。对无量纲化处理后的标准矩阵 $\boldsymbol{x}''$ 进行求导，求得指标间的标准差 σ_i，具体公式如下：

$$\sigma_i = \sqrt{\frac{1}{n-1}\sum_{i=1}^{n} \overline{x''_{ij} x''_{j}}^2}$$

其中，$\overline{\boldsymbol{x}''_j}$ 为指标 j 的均值。

（5）计算各指标的相关系数，公式如下：

$$w_{ij} = \frac{\text{cov} x_i'' x_{ij}''}{\sigma_i \sigma_j}$$

其中，$\text{cov} x_i'' x_{ij}''$ 为标准矩阵第 i 行、第 j 列的协方差。

(6) 计算各指标包含的信息量，公式如下：

$$C_i = \sigma_i \sum_{i=1}^{n}(1 - w_{ij})$$

其中，C_i 代表评估指标 i 所包含的信息量；$\sum_{i=1}^{n}(1 - w_{ij})$ 代表指标 i 与其他指标的冲突关系。

(7) 若 C_i 越大，就说明该项评估指标对全体评估体系的贡献越大，两者正相关。换句话说，指标信息量越大，所赋权重越大。所以第 i 个评估指标的客观权重 α_i 的计算公式为：

$$\alpha_i = \frac{C_i}{\sum_{i=1}^{n} C_i}$$

7.2.7 层次分析法-熵值法组合流程分析

层次分析法-熵值法是在克服两者缺点的基础上提出的，既削弱了主观因素对层次分析赋权结果的影响，又能反映出在不同时代背景下不同指标的重要程度，使综合分析更具客观性。因此，在分别求得客观和主观权重后，利用组合赋权的方法对权重进行优化得出最终权重，根据选取指标的数量和两种方法的输出结果，通过乘法合成归一法计算优化权重 Y，计算公式如下：

$$Y_j = \frac{V_j W_j}{\sum_{j=1}^{n} V_j W_j} \quad (j = 1, 2, \cdots, n)$$

其中，V_j 是熵值法所求权重；W_j 是层次分析法所求权重。

7.3 具体流程

【微课视频】7-1 具体流程

7.3.1 数据收集

本案例以电气机械和器材制造业为例，选取该行业所有 A 股上市公司数据的 36 个评价指标作为数据源。部分绩效评价指标数据如图 7-3 所示。

行业代码	主营业务利	行业名称	股票简称	流动比率	速动比率	利息保障倍	资产负债率	资本保值增
C38	1.805653	电气机械和	德赛电池	1.342388	0.966055	29.590672	0.673751	1.263445
C38	2.053636	电气机械和	特发信息	1.259359	0.862216	5.566144	0.5931	1.309644
C38	2.683076	电气机械和	美的集团	1.424719	1.199915		0.644	1.162692
C38	3.278163	电气机械和	许继电气	2.151952	1.820861	132.60965	0.42498	1.038766
C38	44.391506	电气机械和	长虹美菱	1.250921	1.075327		0.640058	0.995409
C38	105.09632	电气机械和	顺钠股份	1.448339	1.25655	0.720977	0.630724	0.930859
C38	2.20683	电气机械和	佛山照明	3.156136	2.592407		0.205303	1.130398
C38	-1.171578	电气机械和	ST 东电	0.443091	0.402338		1.107133	-2.310815
C38	-1.259806	电气机械和	合金投资	0.695793	0.488208	-5.057238	0.84009	1.100432

图 7-3 部分绩效评价指标数据

7.3.2 数据预处理

(1) 导入相关库。

```
import os
import pandas as pd
import numpy as np
```

(2) 数据汇总。

```
data=''
i=1
```

开始一个 for 循环, 该循环遍历指定目录下的所有文件。

```
for info in os.listdir(r"C:\Users\zws\Desktop\1.1 数据源"):
```

os.listdir( ) 函数返回指定路径下的所有文件和文件夹的名称。

```
    domain = os.path.abspath(r"C:\Users\zws\Desktop\1.1 数据源")
    info = os.path.join(domain, info)
    d = pd.read_csv(info, encoding='gbk')
    d = d.loc[d['统计截止日期'].str.contains('12/31')]
    if i == 1:
        data = d.copy()
    else:
        data = pd.merge(data, d, how='left', on=['证券代码', '统计截止日期'])
    i=i+1
```

删除在证券代码和统计截止日期列中重复的行, 但保留第一次出现的行数据。

```
data = data.drop_duplicates(subset=['证券代码', '统计截止日期'], keep='first')
```

(3) 指标计算。

```
data['高管占职工比例']=data.高管人数 / data.员工人数
data['高管持股比例']=data.高管持股数 / data.总股数
ind=data['行业代码'].value_counts().index
```

```
year=data['统计截止日期'].value_counts().index
data_remo=pd.DataFrame(columns=data.columns)    #新建一个数据框用于存储数据
for i in ind:
        data_group=data[data['行业代码'].isin([i])].copy()
        for j in year:
                d=data_group[data_group['统计截止日期'].isin([j])].copy()
                s=d.营业收入.sum()
                d['市场占有率']=''
                for k in range(len(d)-1):
                        d['市场占有率']=d.营业收入 / s
                data_remo=data_remo.append(d)
df=data_remo.drop(columns=['高管人数','高管持股数','总股数','员工人数','营业收入'])
df.set_index('证券代码', inplace=True)
```

(4)异常值处理。

对于数据框 df 中的每一列,可能存在着某列包含正无穷大或负无穷大的值,这时就需要利用 NaN 替换它们,然后计算该列的均值进行填充,这样可以避免由于异常值导致的 inf 或 -inf 结果。

```
for column in list(df.columns[df.isnull().sum()>0]):
        if df[column].dtypes in ['int64', 'float64']:
                #检查是否包含 inf 或 -inf
                if (df[column]==np.inf).any() or (df[column]==-np.inf).any():
                        #处理含有 inf 或 -inf 的值,用 NaN 替换
                        df[column]=df[column].replace([np.inf,-np.inf], np.nan)
                #计算均值(忽略 NaN 值)
                mean_val=df[column].mean()
                #用均值填充 NaN 值
                df[column].fillna(mean_val, inplace=True)
```

(5)空缺值处理。

对于数据框 df 中的每一列,如果该列出现 NaN 值,那么就将 NaN 值替换为该列的平均值,并将结果保存为一个 CSV 文件。

```
for column in list(df.columns[df.isnull().sum()>0]):
        if pd.api.types.is_numeric_dtype(df[column]):
                mean_val=df[column].mean()
                df[column].fillna(mean_val, inplace=True)
        else:
                pass
df.to_csv('3.2.Ctotal.csv')
```

(6)数据筛选。

经过上面多个步骤处理后得到的 3.2.Ctotal.csv 文件,其中不仅仅包括了行业代码为 C38 的数据,还包含了大量其他行业的数据,所以需要将行业代码 C38 对应的数据筛选并提取出来。

```
data=pd. read_csv('3. 2. Ctotal. csv')
ind_C38=data[data['行业代码']. isin(['C38'])]
ind_C38. to_csv('3. 2. C38. csv')
```

【微课视频】7-2 数据收集+数据预处理

7.3.3 主成分分析法具体流程

(1) 导入相关库。

```
import pandas as pd
import numpy as np
from sklearn import preprocessing
from sklearn. preprocessing import StandardScaler
from sklearn. decomposition import PCA
```

(2) 导入数据集。

```
#提取数据
df=pd. read_csv(r"3. 2. C38. csv",usecols=['营业利润率','成本费用利润率','总资产净利润率','净资产收益率','资产负债率','利息保障倍数','流动比率','速动比率','营运资金周转率','应付账款周转率','营业周期','总资产周转率','营业利润增长率','资本保值增值率','净资产收益率增长率','总资产增长率'])
```

(3) 数据标准化。
删除有空缺值的行后，对数据框 df 进行标准化。

```
df=df. dropna()
df=preprocessing. scale(df)
```

(4) 模型构建。
①构建主成分分析模型。
设置累计贡献率达到80%以上的 k 值为主成分的个数。

```
md=PCA(). fit(df)
lg=np. cumsum(md. explained_variance_ratio_)
print("累计贡献率为:",lg)
k=[i for i in range(len(lg)) if lg[i] < 0.8]
k=max(k) + 2
print("累计贡献率达到80% 时主成分个数:", k)
```

②结果可视化。
依次打印出特征值、各主成分的贡献率、累计贡献率及各主成分的系数。

```
print("特征值为:",md. explained_variance_)
print("各主成分的贡献率:",md. explained_variance_ratio_)
print("奇异值为:",md. singular_values_)
a=md. components_
print("各主成分的系数:\n",a) #每行是一个主成分
```

③创建新列，存放累计贡献率的值。

```
#a 为各主成分的系数,b 为累计贡献率
#将矩阵转换为 dataframe 格式
a=pd.DataFrame(a)
b=pd.DataFrame(lg)
b.rename(columns={0:'Accumulated contribution'},inplace=True)
#合并各系数和累计贡献值
result=pd.concat([a,b],axis=1)
```

④输出结果。

```
result.to_csv("3.3.1.主成分分析-财务.csv")
```

【微课视频】7-3 主成分分析法

业务、客户、学习与成长维度均参照财务维度进行主成分分析，不再详细阐述。4 个维度最终结果如图 7-4 所示。

图 7-4 主成分分析结果

7.3.4 层次分析法具体流程

（1）构建层次结构。

层次结构如表 7-3 所示。

表 7-3　层次结构

维度	一级指标	二级指标
财务	盈利能力	营业利润率
		成本费用利润率
		总资产利润率
		净资产利润率
	偿债能力	资产负债率
		利息保障倍数
		流动比率
		速动比率
	营运能力	营运资金周转率
		应付账款周转率
		营业周期
		总资产周转率
	发展能力	营业利润增长率
		资本保值增值率
		净资产收益率增长率
		总资产增长率
业务	生产流程	存货周转率
		存货与收入比
		营业成本率
	营销流程	销售费用率
		应收账款周转率
		应收账款与收入比
		主营业务利润占比
	管理流程	管理费用率
		高管占职工比例
		高管持股比例
客户	客户忠诚度	市场占有率
	客户维持	大客户占年度业务总额比例(%)
		是否披露供应商权益保护
		是否披露客户及消费者权益保护

续表

维度	一级指标	二级指标
学习与成长	研发创新能力	研发投入占营业收入比例(%)
	人力资源政策	资本化研发投入(支出)占当期净利润的比重(%)
		研发费用率
		研发人员数量占比(%)
		员工保持率
		是否披露职工权益保护

(2)构建判断矩阵。

在各个层次内,指标两两比较,构建判断矩阵。

例如,如图7-5所示,因为存货周转率与存货周转率相同重要,因此打分为1;而存货周转率的重要性小于营业成本率,因此打分为1/3。

业务	存货周转率	营业成本率
存货周转率	1	1/3
营业成本率	3	1

图7-5 判断矩阵

(3)导入相关库。

```
import pandas as pd
import numpy as np
import datetime
from sklearn import preprocessing
from sklearn.preprocessing import StandardScaler
```

(4)计算特征向量和最大特征值。

变量a为构造出的判别矩阵。

```
a=np.array([[1,2,3,4],[1/2,1,3,4],[1/3,1/3,1,2],[1/4,1/4,1/2,1]])
```

np.linalg.eig()函数返回特征值和特征向量。

```
w=np.linalg.eig(a)
```

取出最大特征值。

```
tzz=np.max(w[0])
```

查找最大特征值所在的行和列。

```
t=np.argwhere(w[0]==tzz)
```

取出最大特征值对应的特征向量。

```
tzx=w[1][::,t[0]]
```

(5)一致性检验。

对所构建的判断矩阵进行一致性检验,若不通过,需对判断矩阵进行适当修改。

```
RILIST=[0,0,0.58,0.9,1.12,1.24,1.32,1.41,1.45,1.49,1.52,1.54,1.56,1.58,1.59]
n=a.shape[0]
RI=RILIST[n]
CI=(tzz-n)/(n-1)
CR=CI/RI
print(CR)
print("通过一致性检验") if CR<0.1 else print("没有通过一致性检验")
```

(6) 计算权重。

```
#赋权重
quan=tzx/sum(tzx)
Q=quan
print('权重分别为:', Q)
```

(7) 数据标准化。

对样本数据进行标准化处理,避免数据源范围对加权得分范围的影响。

```
data=pd.read_csv(r"3.2.C38.csv")


#提取所需列
df=data[['营业利润率','成本费用利润率','总资产净利润率','净资产收益率','资产负债率','利息保障倍数','流动比率','速动比率','营运资金周转率','应付账款周转率','营业周期','总资产周转率','营业利润增长率','资本保值增值率','净资产收益率增长率','总资产增长率','存货周转率','存货与收入比','营业成本率','销售费用率','应收账款周转率','应收账款与收入比','主营业务利润占比','管理费用率','高管持股比例','高管占职工比例','市场占有率','大客户占年度业务总额比例(%)','是否披露供应商权益保护','是否披露客户及消费者权益保护','研发投入占营业收入比例(%)','资本化研发投入(支出)占当期净利润的比重(%)','研发费用率','研发人员数量占比(%)','员工保持率','是否披露职工权益保护']]
#标准化
df=df.apply(lambda x: (x-np.min(x)) / (np.max(x)-np.min(x)))


#处理异常值inf
for column in list(df.columns[df.isnull().sum()>0]):
    if df[column].dtypes in ['int64', 'float64']:
        #检查是否包含inf或-inf
        if (df[column]==np.inf).any() or (df[column]==-np.inf).any():
            #处理含有inf或-inf的值,用NaN替换
            df[column]=df[column].replace([np.inf,-np.inf], np.nan)
        #计算均值(忽略NaN值)
        mean_val=df[column].mean()
        #用均值填充NaN值
        df[column].fillna(mean_val, inplace=True)
```

(8) 计算加权得分。

```
#计算加权得分
df=pd.DataFrame(df)
```

```
df['score']=''
df=df.reset_index(drop=True)
for i in range(len(df)):
        df.loc[i,'score']=df.loc[i,'营业利润率']*0.1384+df.loc[i,'成本费用利润率']*0.0461+df.loc[i,'净资产收益率']*0.0176+df.loc[i,'资产负债率']*0.0054+df.loc[i,'利息保障倍数']*0.0041+df.loc[i,'流动比率']*0.0374+df.loc[i,'速动比率']*0.0077+df.loc[i,'营运资金周转率']*0.0447+df.loc[i,'应付账款周转率']*0.0069+df.loc[i,'总资产周转率']*0.0113+df.loc[i,'营业利润增长率']*0.0248+df.loc[i,'资本保值增值率']*0.0457+df.loc[i,'净资产收益率增长率']*0.0457+df.loc[i,'总资产增长率']*0.0144+df.loc[i,'存货周转率']*0.0440+df.loc[i,'营业成本率']*0.1320+df.loc[i,'应收账款周转率']*0.0389+df.loc[i,'管理费用率']*0.0158+df.loc[i,'高管占职工比例']*0.0061+df.loc[i,'应收账款与收入比']*0.0399+df.loc[i,'主营业务利润占比']*0.0233+df.loc[i,'销售费用率']*0.0133+df.loc[i,'高管持股比例']*0.0083+df.loc[i,'市场占有率']*0.0291+df.loc[i,'是否披露客户及消费者权益保护']*0.0060+df.loc[i,'大客户占年度业务总额比例(%)']*0.0872+df.loc[i,'是否披露供应商权益保护']*0.0179+df.loc[i,'研发投入占营业收入比例(%)']*0.0146+df.loc[i,'是否披露职工权益保护']*0.0032+df.loc[i,'研发人员数量占比(%)']*0.0047+df.loc[i,'资本化研发投入(支出)占当期净利润的比重(%)']*0.0236+df.loc[i,'研发费用率']*0.0324+df.loc[i,'员工保持率']*0.0115
```

（9）输出结果。

```
#提取所需列
data3=data[['统计截止日期','行业代码','证券代码','股票简称']]
#将年份单独提取出来
data3['统计截止日期']=pd.to_datetime(data3['统计截止日期'])
data3['年份']=data3['统计截止日期'].dt.year
#修正股票代码
data3['证券代码']=data3['证券代码'].apply(lambda x: '{:0>6d}'.format(x))
#将股票代码转换为字符型
data3['证券代码']=data3['证券代码'].astype('str')
type(data3)
#将data3 和df['score']合并
data_score=df[['score']]
data_final=pd.concat([data3,data_score],axis=1)
#输出
data_final.to_csv('3.4.层次法加权得分.csv')
```

【微课视频】7-4 层次分析法

7.3.5 熵值法具体流程

（1）导入相关库。

```
import pandas as pd
```

```
import numpy as np
import math
from numpy import array
```

（2）导入数据。

```
data=pd. read_csv(r"3.2.C38.csv")
#填充空缺值
for column in list(data. columns[ data. isnull(). sum()>0 ]):
    mean_val=data[ column ]. mean()
    data[ column ]. fillna(mean_val, inplace=True)
df=data[['营业利润率','成本费用利润率','总资产净利润率','净资产收益率','资产负债率','利息保障倍数','流动比率','速动比率','营运资金周转率','应付账款周转率','营业周期','总资产周转率','营业利润增长率','资本保值增值率','净资产收益率增长率','总资产增长率','存货周转率','存货与收入比','营业成本率','销售费用率','应收账款周转率','应收账款与收入比','主营业务利润占比','管理费用率','高管持股比例','高管占职工比例','市场占有率','大客户占年度业务总额比例(%)','是否披露供应商权益保护','是否披露客户及消费者权益保护','研发投入占营业收入比例(%)','资本化研发投入(支出)占当期净利润的比重(%)','研发费用率','研发人员数量占比(%)','员工保持率','是否披露职工权益保护']]
d=data
```

（3）定义熵值法函数。

```
#定义熵值法函数
def cal_weight(x):
    '''熵值法计算变量的权重'''
```

将矩阵 x 标准化，即将 x 中的每个元素减去最小值，然后除以 x 中数据的范围（最大值减去最小值），这使得每个元素的值都转换到 0~1。

```
#标准化
x=x. apply(lambda x: ((x - np. min(x)) / (np. max(x)- np. min(x))))
```

获取矩阵的行、列数。

```
#求 k 的基础
rows=x. index. size   # 行
cols=x. columns. size  # 列
```

计算参数 k 的值，用于计算冗余度。这里使用对数的倒数，这是一种特殊的方法或者简化公式。

```
#求 k
k=1.0 / math. log(rows)
x=array(x)
```

创建一个和输入矩阵大小一样的空矩阵，用来存储每个元素的信息熵。

```
#创建空矩阵
lnf=[[None] *  cols for i in range(rows)]
```

```
lnf=array(lnf)
```

如果元素值不为 0，则计算该元素的信息熵。首先计算该元素在它所在列中的概率，然后使用该概率和冗余度参数 k 计算信息熵。

```
#计算信息熵
for i in range(0, rows):
    for j in range(0, cols):
        if x[i][j] == 0:
            lnfij=0.0
        else:
            p=x[i][j] / x.sum(axis=0)[j]
            lnfij=math.log(p) * p * (-k)
        lnf[i][j]=lnfij
lnf=pd.DataFrame(lnf)
E=lnf
```

计算冗余度。

```
#计算冗余度
d=1 - E.sum(axis=0)
```

创建一个和输入矩阵大小一样的空矩阵，用来存储每个指标的权重。注意这个权重矩阵只有一列。

```
#计算各指标的权重
w=[[None] * 1 for i in range(cols)]
for j in range(0, cols):
    wj=d[j] / sum(d)
    w[j]=wj
    #计算各样本的综合得分,用最原始的数据
w=pd.DataFrame(w)
w.index=['营业利润率','成本费用利润率','总资产净利润率','净资产收益率','资产负债率','利息保障倍数','流动比率','速动比率','营运资金周转率','应付账款周转率','营业周期','总资产周转率','营业利润增长率','资本保值增值率','净资产收益率增长率','总资产增长率','存货周转率','存货与收入比','营业成本率','销售费用率','应收账款周转率','应付账款与收入比','主营业务利润占比','管理费用率','高管持股比例','高管占职工比例','市场占有率','大客户占年度业务总额比例(%)','是否披露供应商权益保护','是否披露客户及消费者权益保护','研发投入占营业收入比例(%)','资本化研发投入(支出)占当期净利润的比重(%)','研发费用率','研发人员数量占比(%)','员工保持率','是否披露职工权益保护']
w.columns=['权重']
```

对于每一个指标(列)，计算它的权重，并保存。

```
w.to_csv('3.5.1 熵值法权重.csv')
```

计算得分。

```
#计算得分
s=np.dot(x, w)
Score=100 * s / max(s)
```

```
    score=pd.DataFrame(Score, columns=['加权得分'])
    return score
```

(4) 调用熵值法函数计算加权得分。

```
data2=pd.concat([df, cal_weight(df)], axis=1)
```

(5) 输出结果。

提取所需列。

```
#提取所需列
final_pr=['统计截止日期','行业代码','证券代码','股票简称']
data3=d.loc[:, final_pr]
```

将年份单独提取出来。

```
#将年份单独提取出来
data3['统计截止日期']=pd.to_datetime(data3['统计截止日期'])
data3['年份']=data3['统计截止日期'].dt.year
```

修正股票代码(即将整型1修正为字符型000001)。

```
data3['证券代码']=data3['证券代码'].apply(lambda x: '{:0>6d}'.format(x))
```

将股票代码转换为字符型。

```
#将股票代码转换为字符型
data3['证券代码']=data3['证券代码'].astype('str')
data_final=pd.concat([data3, data2], axis=1)
data_final.drop(columns=['统计截止日期'], inplace=True)
data_final=data_final.set_index('证券代码')
data_final.to_csv('3.5.2.熵值法加权得分.csv')
```

【微课视频】7-5 熵值法

7.3.6 CRITIC法具体流程

(1) 导入相关库。

```
import pandas as pd
import numpy as np
```

(2) 导入数据。

```
# 假设您已经加载了数据到 'data'变量,使用的是绝对路径
data=pd.read_csv(r"D:\\学习组\\教材\\07 基于主客观赋权算法的绩效评价\\3.2.C38.csv")
```

(3) 数据正向化标准化处理。
确保所有列都是数值类型。

```
numeric_cols=data.select_dtypes(include=[np.number]).columns
df=data[numeric_cols]
```

从数据框中提取所有这些指标,并转换为数值型数组。

```
label_need=df.columns
data1=df[label_need].values
data2=data1.copy()
[m,n]=data2.shape
index_all=np.arange(n)
```

指定某些位置为负向指标,这些位置对应的指标值越大,结果越小。注意 Python 语言是从 0 开始计数,对应位置也要相应减 1。

```
index=[1,18,19,23]    #负向指标位置
```

对每一个负向指标位置 j,找到该列的最大值和最小值,然后对所有数据进行归一化处理。

```
for j in index:
    d_max=max(data1[:,j])
    d_min=min(data1[:,j])
    data2[:,j]=(d_max-data1[:,j])/(d_max-d_min)
```

删除之前指定的负向指标位置,剩下的就是正向指标位置。

```
index=np.delete(index_all,index)
for j in index:
    d_max=max(data1[:,j])
    d_min=min(data1[:,j])
    data2[:,j]=(data1[:,j]-d_min)/(d_max-d_min)
```

(4)计算权重。

计算对比性。

```
the=np.std(data2,axis=0)
```

计算矛盾性。

```
data3=list(map(list,zip(* data2)))   #矩阵转置
r=np.corrcoef(data3)       #求皮尔逊相关系数
f=np.sum(1-r,axis=1)  #每一列的相关系数的补数之和
```

计算信息承载量。

```
c=the* f
```

计算权重。

```
w=c/sum(c)
w=pd.DataFrame(w)
w.index=label_need
```

```
w.columns=['权重']
w.to_csv('3.6.1CRITIC法权重.csv')
```

(5)计算加权得分。

```
s=np.dot(data2,w)
Score=100* s/max(s) #计算得分
score=pd.DataFrame(Score, columns=['加权得分'])
data2=pd.concat([df,score],axis=1)
```

(6)输出结果。

提取所需列。

```
final_pr=['统计截止日期','行业代码','证券代码','股票简称']
data3=data[final_pr].copy()
```

将年份单独提取出来。

```
data3['统计截止日期']=pd.to_datetime(data3['统计截止日期'],errors='coerce')
data3['年份']=data3['统计截止日期'].dt.year
```

修正股票代码。

```
data3['证券代码']=data3['证券代码'].apply(lambda x: '{:0>6d}'.format(x))
```

将股票代码转换为字符型。

```
data3['证券代码']=data3['证券代码'].astype('str')
data_final=pd.concat([data3,data2],axis=1)
data_final.drop(columns=['统计截止日期'],inplace=True)
data_final=data_final.set_index('证券代码')
data_final.to_csv('3.6.2.CRITIC法加权得分.csv')
```

【微课视频】7-6 CRITIC 法流程

7.3.7 层次分析法-熵值法组合具体流程

(1)计算组合权重。

将熵值法和层次分析法得出的权重汇总至一张表内,通过乘法合成归一法计算优化权重。由于过程过于简单,本步骤直接在 Excel 内完成。主客观组合权重部分结果如图 7-6 所示。

7 基于主客观组合赋权算法的绩效评价

	层次分析法最终权重	熵值法权重	组合赋权权重
营业利润率	0.016605	0.000016	0.000009
成本费用利润率	0.027675	0.000061	0.000055
总资产净利润率	0.040590	0.000099	0.000131
净资产收益率	0.099630	0.000018	0.000057
资产负债率	0.006750	0.006951	0.001535
利息保障倍数	0.020250	0.002354	0.001560
流动比率	0.072675	0.015821	0.037619
速动比率	0.354825	0.018844	0.218771
营运资金周转率	0.040500	0.132086	0.175029
应付账款周转率	0.008100	0.031417	0.008326
总资产周转率	0.012825	0.008760	0.003676
营业周期	0.006075	0.009989	0.001985
营业利润增长率	0.024795	0.000022	0.000018
资本保值增值率	0.045675	0.000065	0.000097
净资产收益率增长率	0.045675	0.000022	0.000033
总资产增长率	0.014355	0.004546	0.002135
存货周转率	0.044000	0.011442	0.016472
营业成本率	0.103840	0.001299	0.004412
存货与收入比	0.028160	0.011727	0.010805
管理费用率	0.055744	0.002265	0.004132
高管持股比例	0.019136	0.045362	0.028401
高管占职工比例	0.008320	0.026863	0.007313
应收账款与收入比	0.011552	0.013452	0.005084
应收账款周转率	0.021280	0.445330	0.310063
主营业务利润占比	0.021280	0.000023	0.000016
销售费用率	0.006688	0.015252	0.003338

图 7-6　主客观组合权重

（2）导入相关库。

```
import pandas as pd
import numpy as np
from numpy import array
```

（3）导入数据。

```
#加载数据
data=pd. read_csv("3.2.C38.csv")
#填充空缺值
for column in list(data.columns[data.isnull().sum()>0]):
    mean_val=data[column].mean()
    data[column].fillna(mean_val, inplace=True)

w=pd.read_csv("3.8.1.AHP-CRITIC法权重.csv", index_col=0, encoding='gbk')
w=w[['组合赋权权重']].values.flatten()   # 直接转换为一维 numpy 数组
#选取需要归一化的列
columns_to_normalize=['营业利润率','成本费用利润率','总资产净利润率','净资产收益率','资产负债率','利息保障倍数','流动比率','速动比率','营运资金周转率','应付账款周转率','营业周期','总资产周转率','营业利润增长率','资本保值增值率','净资产收益率增长率','总资产增长率','存货周转率','存货与收入比','营业成本率','销售费用率','应收账款周转率','应收账款与收入比','主营业务利润占比','管理费用率','高管持股比例','高管占职工比例','市场占有率','大客户占年度业务总额比例(%)','是否披露供应商权益保护','是否披露客户及消费者权益保护','研发投入占营业收入比例(%)','资本化研发投入(支出)占当期净利润的比重(%)','研发费用率','研发人员数量占比(%)','员工保持率','是否披露职工权益保护']
```

(4)标准化。

```
#归一化处理
data[columns_to_normalize]=data[columns_to_normalize].apply(lambda x: (x- x.min()) / (x.max()- x.min()))
```

(5)计算加权得分。

```
#计算得分
df=data[columns_to_normalize].values   #将归一化后的列转换为 numpy 数组
s=np.dot(df, w)   #使用权重计算得分
Score=100 * s / max(s)
score=pd.DataFrame(Score, columns=['主客观组合赋权得分'])
#合并原始数据与得分
data2=pd.concat([data, score], axis=1)
```

(6)输出结果。

将年份单独提取出来。

```
data2['统计截止日期']=pd.to_datetime(data2['统计截止日期'])
data2['年份']=data2['统计截止日期'].dt.year
```

修正股票代码。

```
data2['证券代码']=data2['证券代码'].apply(lambda x: '{:0>6d}'.format(x))
```

将股票代码转换为字符型。

```
data2['证券代码']=data2['证券代码'].astype('str')
data2.drop(columns=['统计截止日期'], inplace=True)
#设置索引并保存到 CSV
data_final=data2.set_index('证券代码')
data_final.to_csv('3.8.2.层次-熵值法加权得分.csv')
```

【微课视频】7-7 层次分析法-熵值法组合

7.3.8 基于主客观赋权绩效评分可视化

【微课视频】7-8 基于主客观赋权绩效评分可视化 1

(1)导入相关库。

```
import matplotlib.pyplot as plt
import pandas as pd
```

从 matplotlib 库的 pyplot 模块中导入 MultipleLocator 类。MultipleLocator 类可以用于在图表的 x 轴或 y 轴上显示多个刻度线。

```python
from matplotlib.pyplot import MultipleLocator
from matplotlib.ticker import FuncFormatter
```

（2）导入数据。

```python
d=pd.read_csv('3.8.2.层次-熵值法加权得分.csv')
data=d[['证券代码','年份','主客观组合赋权得分']]
```

（3）选择目标公司。

```python
data['证券代码']=data['证券代码'].apply(lambda x: '{:0>6d}'.format(x))
company=input('请输入公司证券代码:')
data_company=data[data['证券代码']==company]
data_company=data_company.sort_values('年份')
```

（4）可视化。
防止中文乱码。

```python
plt.rcParams['font.sans-serif']=['SimHei']
plt.rcParams['axes.unicode_minus']=False
```

计算增长率。

```python
data_company['Growth']=data_company['主客观组合赋权得分'].pct_change(fill_method=None)
```

定义数据。

```python
x=data_company['年份'].values
y=data_company['Growth'].values
```

绘制折线图。

```python
ax=plt.gca()
```

把 x 轴的刻度间隔设置为 2。

```python
x_major_locator=MultipleLocator(2)
ax.xaxis.set_major_locator(x_major_locator)
```

将刻度格式化为百分比。

```python
ax.yaxis.set_major_formatter(FuncFormatter(lambda x, pos: '{0:.0f}%'.format(x* 100)))
```

创建折线图。

```python
plt.plot(x,y,marker='o')
```

定义标题和轴标签。

```python
plt.title('绩效评分变化率')
plt.xlabel('年份')
plt.ylabel('变化率')
```

保存图形。

```
plt.savefig('3.8.3.目标公司绩效变化率.png')
```

以证券代码为 002005 的公司为例,其绩效评分可视化结果如图 7-7 所示。

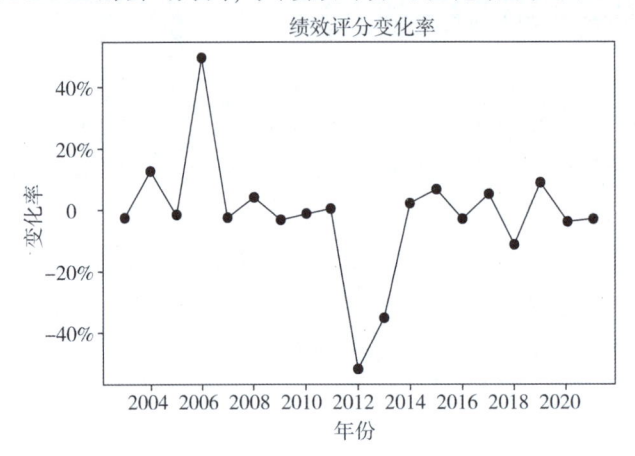

图 7-7　目标公司绩效评分可视化

【微课视频】7-8 基于主客观赋权绩效评分可视化 2

知识拓展

在现代企业管理中,绩效评价是一项至关重要的工作。一个科学合理的绩效评价方法不仅能准确反映员工的工作成果,还能激发员工的工作积极性和创造力。主客观组合赋权算法作为一种结合了主观判断与客观数据的绩效评价方法,已经在实践中展现出其独特的优势。

主客观组合赋权算法通过结合专家的主观评价和客观数据的定量分析,为企业提供了一种更加全面、客观的绩效评价手段。主观评价通常基于专家的经验、知识和判断,能够反映员工在特定岗位上的能力和表现;而客观数据则基于实际的工作成果、业绩指标等,能够客观地反映员工的工作效率和质量。通过将两者结合起来,可以更加准确地评估员工的工作绩效。

在应用中,主客观组合赋权算法需要首先确定评价指标和权重。评价指标应该与企业的战略目标和岗位职责紧密相关,能够全面反映员工的工作成果和贡献。权重则可以通过专家打分、问卷调查等方式进行确定,以反映不同指标在绩效评价中的重要程度。

在确定评价指标和权重后,企业需要收集相关的数据和信息,包括员工的工作成果、业绩指标、行为表现等。这些数据可以通过各种方式进行收集,如员工自评、同事互评、上级评价等。在收集到数据后,企业需要运用主客观组合赋权算法进行计算和分析,以得出员工的绩效评分和排名。

在主客观组合赋权算法的应用过程中，还需要注意以下几点优化措施。首先，要确保评价指标的科学性和合理性，避免主观臆断和偏见的影响。其次，要加强对数据的收集和分析能力，确保数据的准确性和可靠性。最后，需要建立有效的反馈机制，及时向员工反馈绩效评价结果，帮助他们了解自己的优点和不足，为未来的工作提供指导。

总之，主客观组合赋权算法作为一种结合了主观判断与客观数据的绩效评价方法，在现代企业管理中具有广泛的应用前景。通过科学合理地应用该算法，企业可以更加全面、客观地评估员工的工作绩效，为企业的持续发展和市场竞争力的提升提供有力保障。

练习题

一、单选题

1. 企业绩效评价可以涵盖(　　)。
A. 财务绩效方面　　　　　　　　　B. 非财务绩效方面
C. 财务和非财务绩效方面　　　　　D. 市场份额和品牌形象

2. 财务绩效评价主要关注企业的(　　)。
A. 市场份额、客户满意度、员工绩效
B. 利润、收入、成本、资产回报率等
C. 创新能力、组织能力、员工素质
D. 预算和实际数据的对比

3. 主成分分析(PCA)的主要目的是(　　)。
A. 增加数据集的维度　　　　　　　B. 保持数据集的高阶主成分
C. 利用降维思想简化数据集　　　　D. 忽略低阶主成分

4. 主成分分析中，第一主成分的定义是(　　)。
A. 数据集的第一个维度
B. 第一大方差在新坐标系的投影
C. 保留高阶主成分
D. 线性变换的结果

5. 在层次分析法中，解决复杂的多目标决策问题使用的方法是(　　)。
A. 制定决策准则　　　　　　　　　B. 对目标进行模糊量化
C. 将目标分解为多个层次　　　　　D. 求解判断矩阵特征向量

6. 在层次分析法中，最终确定最优方案的步骤是(　　)。
A. 逐层归并各备择方案的最终权重
B. 制定决策准则
C. 对目标进行模糊量化
D. 制定备投方案

7. 根据系统论中的应用，熵值越大表示系统(　　)。
A. 有序　　　　B. 无序　　　　C. 信息量多　　　　D. 效用值高

8. 熵值法是一种用于(　　)的客观赋权方法。
A. 测量能量分布　　　　　　　　　B. 衡量系统的混乱程度

C. 计算指标的相对变化程度　　　　D. 确定指标的权重

9. 在CRITIC法中，对比强度的大小是通过(　　)来表示的。

A. 平均值　　　　B. 中位数　　　　C. 标准差　　　　D. 相关系数

10. 在CRITIC法中，如果两个指标之间的冲突性越小，其权重(　　)。

A. 越小　　　　B. 越大　　　　C. 不变　　　　D. 无法确定

二、简答题

1. 为什么企业绩效评价是管理会计中的一项重要工作？它是如何帮助企业改进和发展的？

2. 主成分分析法如何通过保留低阶主成分、忽略高阶主成分来实现数据集的维度减少，并保持对方差贡献最大的特征？

3. 层次分析法中的判断矩阵特征向量是如何用于计算各层次的元素对上一层次某元素的优先权重的？

4. 解释熵值在系统论中的应用，并说明其对综合评价的作用。

5. 分析CRITIC法中如何考虑指标变异性和指标之间的冲突性，并说明它们对权重的影响。

8 基于随机森林和逻辑回归算法的风险管理分析

章节引入

在企业管理中,风险管理是确保企业稳健运营的核心环节。随着市场经济的快速发展和企业经营环境的不断变化,企业面临的风险种类日益增多,尤其是在财务领域,如何有效识别和预防财务危机、舞弊行为,成为企业风险管理的重中之重。康得新财务舞弊案便是一个典型案例,其不仅对公司造成了巨大的经济损失,也对投资者信心产生了严重影响。本章聚焦运用随机森林和逻辑回归算法进行风险管理分析,以A股上市公司为研究对象,通过收集和处理大量财务和非财务数据,构建模型对企业的财务健康状况进行评估,实现对财务舞弊行为的识别和财务困境的预警。本章不仅展示了机器学习算法在风险管理领域的应用,还为企业提供了一个科学、系统的财务风险评估解决方案。

章节分析

本章首先通过爬虫工具收集了A股上市公司的历史财务数据和相关非财务信息,包括偿债能力、经营能力、盈利能力等关键指标。在数据预处理阶段,采用了空缺值处理、特征变量标准化等方法,以提高数据质量。随后,利用随机森林算法构建模型,通过自助法重采样和多棵决策树的组合,提高了模型的分类效果和泛化能力。同时,本章还采用了逻辑回归算法,通过对输入变量和输出变量之间关系的建模,预测企业发生财务困境的概率。两种算法的应用,不仅提高了财务风险识别的准确性,也为风险管理提供了新的技术手段。

学习目标

知识目标
- 理解风险管理的概念、重要性及在企业中的应用。
- 掌握随机森林算法和逻辑回归算法的基本原理和适用场景。
- 学习如何运用数据预处理技术提升模型性能。

能力目标
- 能够运用随机森林和逻辑回归算法进行数据分析和风险预测。
- 能够对财务数据进行预处理,包括数据清洗、特征选择和数据标准化。
- 能够使用机器学习算法构建风险评估模型,并进行模型评价和预测。

素质目标
- 培养数据驱动的决策思维,提高利用数据解决问题的能力。
- 增强风险意识,提升识别和应对财务风险的能力。
- 发展批判性思维,学会从数据角度评估企业风险管理策略的有效性。

8.1 概念介绍

本节主要对风险管理,以及基于随机森林(Random Forest,RF)算法和逻辑回归算法所涉及的相关理论进行阐述。

8.1.1 风险管理

风险管理是指企业在经营过程中识别、评估、处理和监控可能出现的各种风险,以降低风险对企业目标和长期发展的不利影响,并且最大程度地实现风险与回报的平衡。风险管理是企业管理的重要组成部分,通过有效的风险管理,企业可以增加决策的准确性、提高预见性和应变能力,确保企业的可持续发展。

财务危机预警是风险管理的一个重要方面,它旨在通过识别和预测企业可能面临的财务困境或危机,并及时采取相应的措施来避免或减轻潜在的风险影响。财务舞弊识别是风险管理的另一项内容,它旨在通过分析公司的财务报表和其他相关财务信息,来发现并判断是否存在财务舞弊行为。财务危机预警和财务舞弊识别通常涉及对企业的财务和经营状况进行全面评估,包括财务指标、资产负债表、现金流量等,以及对市场环境、行业趋势和潜在风险因素的分析。通过建立有效的财务预警系统,企业可以及时识别财务舞弊行为,并采取恰当的措施来应对财务困境,维护企业的稳定和可持续发展。

8.1.2 随机森林算法

随机森林算法最早被业界熟知是21世纪初,当时Breiman将决策树组合成RF,是利用决策树对数据改造的方法。在实际使用中,首先将决策树当作初始分类器,通过自助法重采样方法，在初始样本数据中任意选取部分样本当作模型训练集，数据选取采用有放回抽样，采用训练集对决策树展开训练，多次重复以上过程就能得到多棵决策树，从而完成样本分类判别。

由于随机森林是在决策树的基础上演变而来，而整个模型中的每棵决策树都是通过单独选取训练样本来生成，在这种情况下，虽然单棵决策树的分类效果并不理想，存在分类效果弱的问题，但是当存在多棵随机生成的决策树之后，组合成完整的决策树林，分类效果会显著提高，整个模型分类的偏差也会得到显著的改善。

目前流行的分类方法主要包括两种：一种是单分类器的分类方法，只包含单个分类器，如基于决策树的分类方法；另一种是包含多个分类器的多分类器方法，如基于随机森林的分类方法。单分类器的局限较多，性能较弱，多分类器以单分类器为基础建立，在分类技术中加入了集成学习思想，在分类过程中同时使用多个分类器来降低模型偏差，减小分类误差，从而提高分类准确率。

由于随机森林由多棵决策树构成，并且单棵树利用的是整个训练样本的部分数据和特征，从而消除模型过拟合现象的出现。由于决策树的训练样本特征是随机选取的，所以能够保证模型的稳定性。同时，在没有特征选择约束的情况下，随机森林可以支持并行计算且可很好地应用于高维数据，在大量数据处理方面有显著的优势。与此同时，由于数据集的噪声干扰比较严重，很容易出现由噪声带来的偏差，且存在不同的划分属性导致取值数目不同对模型的平衡容易产生干扰，取值数目多的影响力较大，而取值数目小的影响力较小，如何选取合适的取值数目，也是模型所需要解决的问题。

8.1.3 逻辑回归算法

逻辑回归是一种常用的分类算法，用于将观测数据分为两个或多个离散的类别。它的主要思想是基于线性回归模型和逻辑函数来进行分类。

在逻辑回归中，目标是通过给定的输入变量(特征)来预测一个二元的输出变量。逻辑回归假设输入变量和输出变量之间存在一种线性关系，而这种关系由逻辑函数来构建模型。

逻辑回归模型可以得到公司发生财务困境的概率，以 0.5 作为分界线进行比较去划分公司是否可能发生财务危机。如果计算出来的值大于 0.5，便要引起重视，因为公司经营状况可能出现了问题，反之可以判定公司目前的财务状况正常，公司经营管理并未出现严重问题。这种模型的优势是，不要求自变量呈正态分布，也不需要各自变量的协方差矩阵相等。这更加贴近现实状况，到目前为止运用依然很普遍，逻辑回归模型预测的准确性也被很多学者证实了。该模型的缺点是计算过程较复杂，且其预测的准确性会受到计算过程中的一些近似处理的影响。

逻辑回归是一个强有力的多类别分析工具。它不但能够给出除类别标签信号以外的所有明确分类概率，而且无须做任何正态性假设和对分散矩阵的限制性假设便能给出各类数据的预测值，所以无须在意先验概率无效的情况。当预测变量不满足正态性假定和存在较小多重共线性时，逻辑回归不会受到太大的影响。

8.1.4 过采样和欠采样

过采样是一种应对样本不均衡问题的方法，它可以通过增加少数类样本的数量来平衡数据集。有两种常见的过采样方法：随机过采样和SMOTE（Synthetic Minority Over-Sampling Technique）法过采样。欠采样则是另一种应对样本不均衡问题的方法，它是从多数类样本中随机选择样本，与少数类样本一起构成新的训练集。由于欠采样会丢弃大部分多数类样本，因此在建立模型时可能会出现欠拟合的情况。

在实际应用中，如果样本数据较小，可以考虑使用过采样方法，因为这样可以更好地利用数据，避免数据浪费。而如果数据量较大，则可以同时考虑使用过采样和欠采样方法。根据实际情况选择合适的采样方法，可以有效地处理样本不均衡问题。

过采样和欠采样都是解决样本不均衡问题的常用方法，但需要注意的是，过采样可能会导致对少数类样本的过拟合，而欠采样可能会导致欠拟合。因此，在选择采样方法时，需要权衡利弊，根据具体情况选择合适的方法。

8.2 流程分析

8.2.1 基于随机森林算法的财务舞弊识别流程分析

基于随机森林算法的财务舞弊识别流程如图8-1所示。

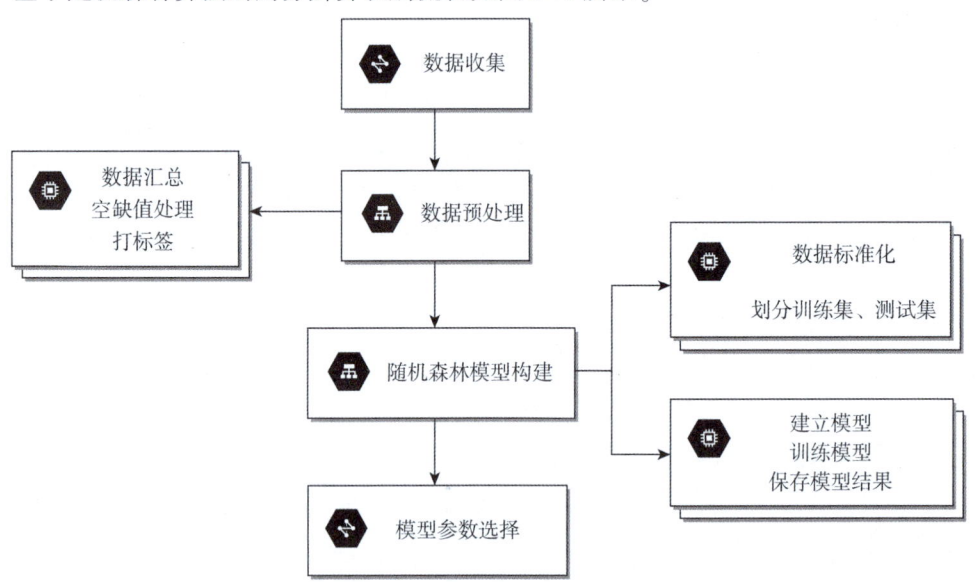

图8-1 基于随机森林算法的财务舞弊识别流程

（1）数据收集。

本案例选取A股房地产行业上市公司作为研究对象，通过筛选，去除无法获取准确数据的企业。最终选取涉及虚构利润、虚列资产、虚假记载（误导性陈述）、披露不实和重大遗漏这 5 类违规行为中一种或多种的房地产业上市公司作为舞弊样本。此外，对于 2000—2021 年发生过多次财务报告舞弊行为的房地产业上市公司，以每个舞弊年份的年度报告单独作为一个样本，共确定了 230 个舞弊样本。同时，为保持舞弊样本和非舞弊样本的平衡，本案例按照 1∶1 的比例等量随机选取了 230 个同行业非舞弊样本。具体指标数据如表 8-1 所示。

表 8-1　财务舞弊识别指标

指标类型	指标名称	指标计算公式	变量名
偿债能力	资产负债率	负债合计/资产总计	X1
	流动比率	流动资产/流动负债	X2
	速动比率	(流动资产-存货)/流动负债	X3
	现金比率	现金及现金等价物期末余额/流动负债	X4
	利息保障倍数	(净利润+所得税费用+财务费用)/财务费用	X5
	权益乘数	资产合计/所有者权益合计	X6
	产权比率	负债合计/所有者权益合计	X7
盈利能力	净资产收益率	净利润/股东权益余额	X8
	营业毛利率	(营业收入-营业成本)/营业收入	X9
	营业利润率	营业利润/营业收入	X10
	财务费用率	财务费用/营业收入	X11
营运能力	总资产周转率	营业收入/平均资产总额	X12
	流动资产周转率	营业收入/流动资产平均余额	X13
	固定资产周转率	营业收入/固定资产平均余额	X14
	应收账款周转率	营业成本/应收账款平均余额	X15
	存货周转率	营业成本/存货平均余额	X16
发展能力	总资产增长率	(年末资产总额-年初资产总额)/年初资产总额	X17
	净利润增长率	(年末净利润额-年初净利润额)/年初净利润额	X18
	营业收入增长率	(年末营业收入-年初营业收入)/年初营业收入	X19
内部控制	独立董事比例	年末在职人员在独立董事数量/董事会总人数	X20
	所有权比例	实际控制人持有上市公司所有权比例，0 表示该公司不存在控股股东即实际控制人	X21
	控制权比例	实际控制人持有上市公司控制权比例，0 表示该公司不存在控股股东即实际控制人	X22
	两权分离度	所有权比例-控制权比例	X23
	两职合一	董事长是否兼任总经理 0—否、1—是	X24

续表

指标类型	指标名称	指标计算公式	变量名
外部审计	审计意见	是否出具标准的无保留意见 0—否、1—是	X25

（2）数据预处理。

①空缺值处理。

将所需要的特征数据合并至同一张表格之中，并对空缺值进行处理。在涉及多个公司数据的情况下，考虑到不同公司的经营状况存在差异，为确保数据能够真实反映各公司的情况，故决定采取删除包含空缺值的行或列的方法来处理空缺值。

②特征变量标准化。

随机森林是用随机的方式建立一个森林，森林由很多的决策树组成，决策树之间是没有关联的。随机森林即随机采样样本，也随机选择特征，因此防止过拟合能力更强，能够降低模型的方差，同时还具有易解释性、可处理类别特征、易扩展到多分类问题、不需要特征归一化或者标准化。

（3）随机森林模型构建。

随机森林模型的建立较为简单。首先，利用有放回抽样，在原始数据样本中任意抽取 N 个数据作为样本，之后选取原始数据中的 K 个特征，由此建立决策树，再反复进行 M 次，汇总 M 棵决策树之后可以得到整个随机森林。

随机森林模型是由多个决策树组合而成，其中单个决策树的构成主要有多个内部节点和叶节点，在具体应用中利用单个叶节点来表示单个分类结果，利用单个内部节点表示单个分类属性，从而利用分类属性的不同取值，将单个内部节点样本进行划分，分别对应到每个分支的子节点上，汇总到根节点之后，每一条由根节点到叶节点的路径都代表一种分类方法，而根节点的样本集合则表示完整的样本集合，从而构成决策树。将新样本代入随机森林模型中，利用投票或者打分法确定其类别。决策树原理如图 8-2 所示，随机森林原理如图 8-3 所示。

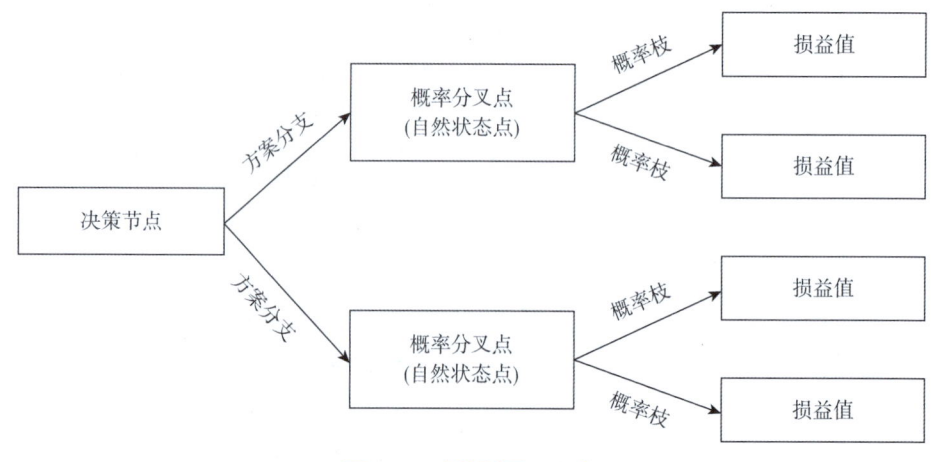

图 8-2 决策树原理示意

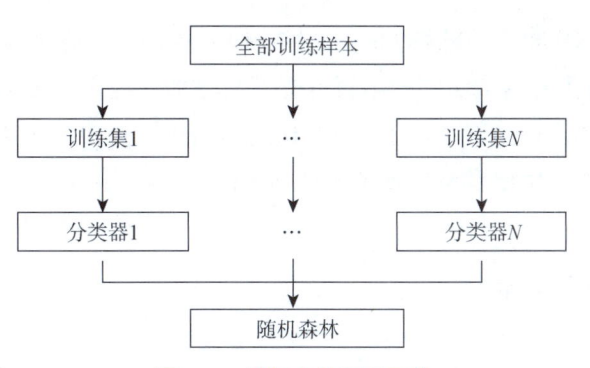

8 基于随机森林和逻辑回归算法的风险管理分析

图 8-3 随机森林原理示意

面对二分类问题时，利用正类（Positive）和负类（Negative）两种结果来衡量某一类新样本的分类结果，但是在实际应用中并不会单独出现正类或者负类的情况，而是会相互组合，共产生四种不同的情况，如表 8-2 所示。

真实类别为正，而模型预测结果也为正，即真阳（True Positive，TP）。
真实类别为正，但是模型预测结果为负，即假阴（False Negative，FN）。
真实类别为负，但是模型预测结果为正，即假阳（False Positive，FP）。
真实类别为负，而模型预测结果也为负，即真阴（True Negative，TN）。

表 8-2 分类结果列表

		预测值		
		正	负	合计
实际值	正	TP	FN	TP+FN
	负	FP	TN	FP+TN
	合计	TP+FP	FN+TN	TP+FN+FP+TN

利用 ROC（Receiver Operating Characteristic）曲线来度量随机森林算法的分类效果，ROC 曲线的 x 轴代表假阳率（False Positive Rate，FPR），y 轴代表真阳率（True Positive Rate，TPR）。其中，TPR=TP/(FN+TP)，代表在全部实际正类样本中，预测类别是正并且实际类别也是正的样本数量所占比例；而与之相对的 FPR=FP/(TN+FP)，代表在所有实际负类样本中，预测类别为正但实际类别是负的样本数量所占比例。预测值为正而实际值为负的样本数量越多，则 FPR 越大；预测值为正而实际值为正的样本数量越多，则 TPR 越大。

在实际应用随机森林分类器时，首先需要计算出每个样本被判定为正的概率，按照事先设定好的基准线，将分类概率与基准线进行对比，当分类概率超过基准线，则将样本划分为正类，当分类概率低于基准线，则将样本划分为负类，由此可以获得一组坐标（FPR，TPR）。为了得到合适的基准线，对测试样本进行横向对比，将所有测试样本按照概率从大到小排列，依次采用排列之后的概率值作为基准线，就可以得到一系列坐标值。这其中有两个极端点分别是（1，1）和（0，0），平面中（0，0）坐标对应的是最大基准值，而（1，

1) 坐标对应的是最小基准值，当基准值不断缩小时，越来越多的样本会被判定为正，这种情况下，正类样本中所包含的负类样本数量会不断增加，进而导致 TPR 和 FPR 的值也会不断变大。在这种情况下，将 (0, 0)，(1, 1) 与平面中的 (FPR，TPR) 点按顺序全部用曲线连接起来，就得到了 ROC 曲线，如图 8-4 所示。

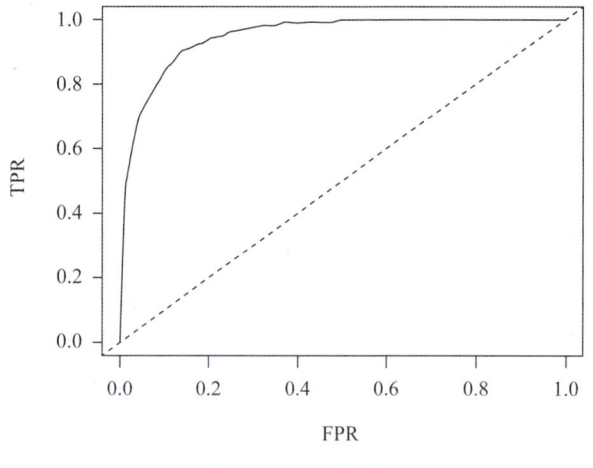

图 8-4　ROC 曲线

定义 AUC（area under ROC curve）是 ROC 曲线下方和 x 轴围成的不规则区域的面积。AUC 数值在 0~1 之间变化，因为 AUC 是一个概率结果，理论意义就是随便选取一个正负样本的情况下，正样本的顺序在负样本之前的可能性。利用 AUC 实现对分类器分类结果有效性的判断，AUC 值越大，所组成区域的面积就越多，则分类器有效性就越好，而 AUC 值越小，表明分类器还存在改进空间。在实际应用中，样本类别会存在不平衡情况，当原始测试集正负类样本分布产生变动时，ROC 曲线能维持不发生变化，这也意味着当对正负样本根据平衡性进行调整的时候，ROC 曲线大体上不会发生变化，AUC 也可以保持不变，从而利用 AUC 来评价分类效果有一定的广泛性。

(4) 模型参数选择。

①random_state：取值可以是整数、RandomState 实例或者 None（缺省值为 None）。如果是整数，则此整数作为随机数生成器的种子。如果是 RandomState 的一个实例，则此实例用来作为随机数生成器。如果是 None，则随机数生成器使用 numpy.random 模块生成的 RandomState 的一个实例。

②criterion：即决策树做划分时对特征的评价标准，对于分类 RF，默认是基尼系数 gini，另一个可选择的标准是信息熵 entropy。对于回归 RF，默认是平方误差 squared_error，另一个可选择的标准是绝对值误差 absolute_error。一般来说选择默认的标准就很好。

③max_depth：决策树最大深度，默认可以不输入，如果不输入的话，决策树在建立子树的时候不会限制子树的深度。一般来说，数据少或者特征少的时候可以不管这个值；如果模型样本量多，特征也多的情况下，推荐限制这个最大深度，具体的取值取决于数据的分布。常用的取值为 10~100。

④n_estimators：也就是弱学习器的最大迭代次数，或者说最大的弱学习器的个数。一般来说 n_estimators 太大，容易过拟合，n_estimators 太小，又容易欠拟合，一般选择一个适中的数值，默认是 100。

8.2.2 基于逻辑回归算法的财务困境识别流程分析

基于逻辑回归算法的财务困境识别流程如图 8-5 所示。

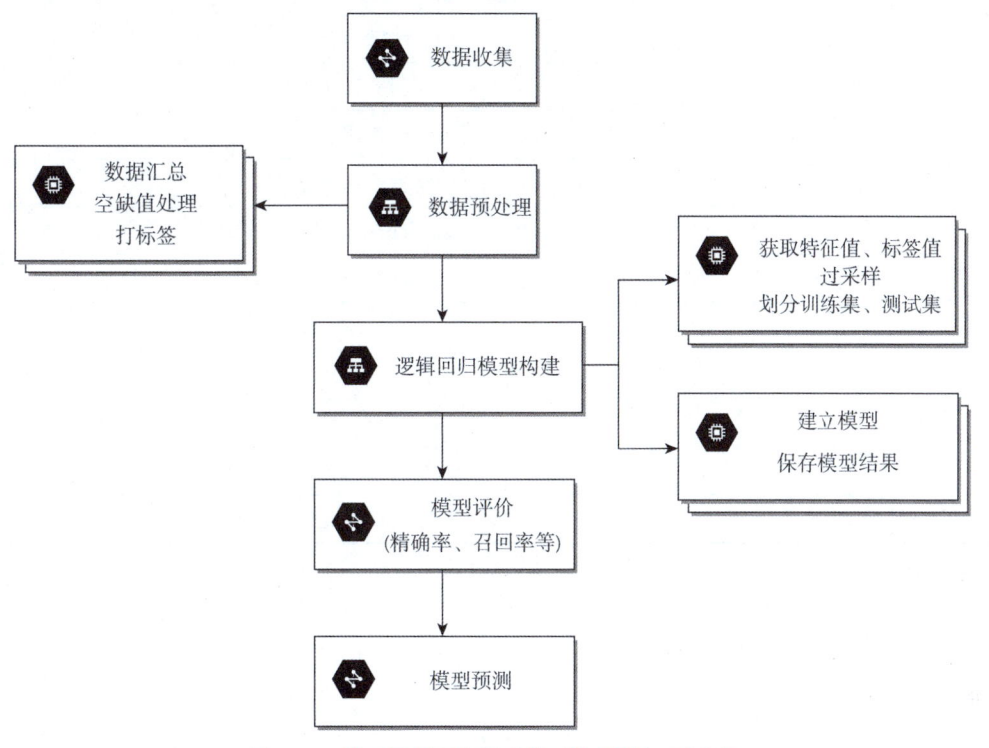

图 8-5 基于逻辑回归算法的财务困境识别流程

（1）数据收集。

本案例选取了 A 股所有上市公司作为研究对象，运用爬虫工具，收集了 2013—2022 年上述公司偿债能力、盈利能力、经营能力、发展能力、公司规模和股权结构 6 个维度相关的指标数据，具体指标数据如表 8-3 所示。

表 8-3 财务困境识别指标

	流动比率
	速动比率
	现金比率
偿债能力	资产负债率
	权益乘数
	长期负债权益比率

续表

盈利能力	资产报酬率
	总资产净利润率
	营业毛利率
	营业净利率
	成本费用利润率
经营能力	应收账款周转率
	存货周转率
	流动资产周转率
	固定资产周转率
	总资产周转率
发展能力	总资产增长率
	营业收入增长率
	可持续增长率
公司规模	资产总计
	所有者权益合计
股权结构	第一大股东持股比例(%)

（2）数据预处理。

①数据汇总。

将多个不同表格中不同维度的数据汇总至一张表格内，方便后续处理。

②空缺值处理。

在涉及多个公司数据的情况下，考虑到不同公司的经营状况存在差异，为确保数据能够真实反映各公司的情况，故决定采取删除包含空缺值的行或列的方法来处理空缺值。

③打标签。

逻辑回归是一种广泛应用于分类问题的算法，通常需要对数据进行标签化以进行分类。在本案例中，将ST企业和非ST企业分别归类为财务困境企业与非财务困境企业，并对其进行了标签化处理。

（3）逻辑回归模型构建。

①分别获取特征值和标签值。

特征值：特征值是指样本数据中用于训练模型的自变量，即输入数据。在逻辑回归中，特征值通常表示为一个向量，其中每个元素代表一个特征。例如，对于一个包含 n 个特征的样本数据，其特征值可以表示为 $x = (x_1, x_2, \cdots, x_n)$，其中，$x_i$ 表示第 i 个特征的值。在训练模型时，需要将每个样本的特征值输入到模型中。

标签值：标签值是指样本数据中用于训练模型的目标变量，即输出数据。在逻辑回归中，标签值通常为一个二元分类，即正例和反例。例如，对于一个二分类问题，标签值可以用 0 和 1 表示。在训练模型时,需要将每个样本的标签值输入到模型中。

在逻辑回归算法中,将特征值和标签值作为训练数据输入到模型中,通过最小化损失函数来优化模型参数,从而得到最优的模型。

②过采样。

过采样算法原理是通过对少数类样本进行复制、生成新样本,从而使总体样本中各类别样本数量平衡,提高分类准确率。常见的过采样算法有随机过采样和 SMOTE 法过采样。

随机过采样是从少数类样本中随机选择一个样本,然后复制该样本并加入到多类样本集中,重复多次该过程,直到少数类样本数量与多类样本数量相等为止。该方法简单易行,但可能会造成样本的重复,导致模型过拟合。

SMOTE 法过采样是一种改进的过采样方法,主要针对随机过采样容易导致过拟合的问题。该方法根据一定距离内的样本间的相关性,生成新的少数类样本。具体步骤如下:对于每个少数类样本,找出它的 k 个最近邻;根据少数类样本和它的 k 个最近邻之间的距离,为每个最近邻分类;按照一定的采样比例 N,从每个最近邻分类中随机选择若干样本,并生成新的样本。SMOTE 法过采样可以有效避免样本重复,提高模型的泛化能力。故本案例选取的是 SMOTE 法过采样。

③划分训练集、测试集。

通过将数据集划分为训练集和测试集,可以使用训练集来训练模型,并使用测试集来评估模型在未见过的数据上的性能。这有助于了解模型是否能够很好地推广到新的数据上。

④建立模型。

逻辑回归模型是基于线性回归的基础上构建的一个逻辑函数,该模型常常用来解决二分类问题。本案例中,逻辑回归模型的构建是用以预测企业财务困境发生概率。为了实现该分类的算法,逻辑回归模型一般使用 Sigmoid 函数构建模型,具体如下:

$$g(z) = \frac{1}{1 + e^{-z}}$$

如图 8-6 所示,当 z 趋于正无穷时,$g(z)$ 相应地趋向于 1,反之,当 z 趋于负无穷时,则 $g(z)$ 趋向于 0,并且该函数输出值位于 [0, 1] 之间,这时选定一个基准值如 0.5,使预测值大于 0.5 时为 1,反之为 0,由此得出来的模型是一个良好的分类概率模型。

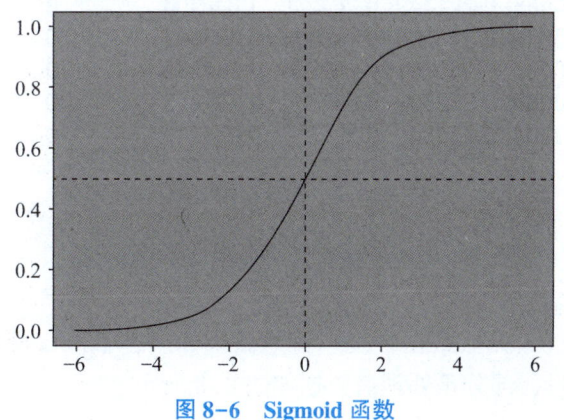

图 8-6 Sigmoid 函数

使用逻辑回归算法，在训练集上构建模型，并使用测试集评估模型的性能。

⑤保存模型结果。

保存模型结果以便在需要时可以直接加载并使用模型，而无须每次都重新训练。

(4) 模型评价。

通过计算准确率(Accuracy)、召回率(Recall)、精准率(Precision)、调和平均值(F1)等指标评估模型的性能。

准确率：正确分类的样本个数占总样本个数，$A = (TP + TN)/N$。

召回率：预测为正确的正例数据占实际为正例数据的比例，$R = TP/(TP + FN)$。

精准率：预测为正确的正例数据占预测为正例数据的比例，$P = TP/(TP+FP)$。

调和平均值：$F1 = 2/(1/P + 1/R) = 2PR/(P + R)$。

(5) 模型预测。

将数据代入最佳模型中进行预测，得出各公司发生财务困境的概率。当然，预测结果并非完全准确，因为未来的情况总是充满了不确定性和风险。但是，通过模型预测得出的概率提供了一种参考，有助于更好地理解和评估各公司未来可能面临的财务困境。

8.3 具体流程

8.3.1 基于随机森林算法的财务舞弊识别具体流程

(1) 数据收集。

本案例选取 25 个财务及非财务指标，部分指标数据如图 8-7 所示。

X19	X20	X21	X22	X23	X24	X25	Violation
0.000237	0.583304	0.23547	0.27431	0.025121	0.182464	1	1
0.000195	0.583304	0.23547	0.27431	0.025121	0.182464	1	1
0.000191	0.583304	0.23547	0.27431	0.025121	0.182464	0	1
0.000205	0.750088	0.185154	0.184279	1.84E-06	0.182464	1	1
0.000206	0.583304	0.026367	0.184279	0.305317	0	0	1
0.000246	0.750088	0.241449	0.264246	1.84E-06	0	1	1
0	0.750088	0.241449	0.264246	1.84E-06	0	0	1
0.000222	0.525026	0.318598	0.448436	0.096642	0	1	1
0.000233	0.750088	0.350781	0.667211	0.335235	0	0	1
0.000519	0.750088	0.352502	0.667211	0.331925	0	0	1
0.000341	0.583304	0.250849	0.332517	0.074341	0	1	1

图 8-7　部分指标数据

(2) 数据预处理。

①数据集降维。

为了减少冗余特征，降低数据维度，将原始指标通过 Boruta 降维后，共剩余 6 个指标，作为模型特征变量，部分预处理后数据如图 8-8 所示。

	X3	X5	X8	X10	X11	X21	Violation
0	0.0922679	0.0355654	0.7097695	0.9131299	0.2389113	0.2354704	1
1	0.0781797	0.0346162	0.7068177	0.9094286	0.2412649	0.2354704	1
2	0.026393	0.0341525	0.7078273	0.8864568	0.271346	0.2354704	1
3	0.0692172	0.0353832	0.7095492	0.9128529	0.2411581	0.1851541	1
4	0.0654245	0.0345951	0.7039468	0.9104315	0.2407866	0.0263669	1
5	0.0570578	0.0356032	0.7096418	0.9136093	0.2402096	0.2414494	1
6	0.0376956	0.0350131	0.7028944	0.8606972	0.4964635	0.2414494	1
7	0.0810725	0.0354633	0.7099471	0.9138552	0.2505943	0.3185984	1
8	0.0373919	0.0390009	0.7101788	0.9156784	0.23628	0.350781	1
9	0.039331	0.0399242	0.7094853	0.9147925	0.2349185	0.3525025	1
10	0.018484	0.0355957	0.7108372	0.9150884	0.2487844	0.2508492	1
11	0.0497445	0.0354307	0.7107366	0.9138396	0.2574454	0.2425409	1

图 8-8　部分预处理后数据

②导出样本数据。

```
#输出降维后数据
final_Data=data[['X3', 'X5', 'X8', 'X10', 'X11', 'X21','Violation']]
final_Data.to_csv('2.2.2Boruta降维后数据.csv')
```

(3) 模型构建。

①导入相关库。

cProfile 是一个 Python 标准库中的模块，用于对 Python 代码进行性能分析。

```
from cProfile import label
```

typing 模块用于类型提示，而 final 装饰器类用于表明一个类或函数不应该被覆盖或重新定义。

```
from typing import final
import numpy as np
import pandas as pd
from matplotlib import pyplot as plt
```

从 scikit-learn 库的 decomposition 模块导入 PCA 类，用于进行主成分分析。

```
from sklearn.decomposition import PCA
```

从 scikit-learn 库的 ensemble 模块导入 RandomForestRegressor 类，用于随机森林回归。

```
from sklearn.ensemble import RandomForestRegressor
```

从 scikit-learn 库的 model_selection 模块导入 train_test_split() 函数，用于划分训练集和测试集。

```
from sklearn.model_selection import train_test_split
import seaborn as sns
```

从 six 库导入 StringIO 类，这个库主要用于处理 Python 2 和 Python 3 的兼容性问题。

```
from six import StringIO
```

从 IPython.display 模块导入 Image 类，这通常用于在 Jupyter Notebook 等交互式环境中

显示图像。

```
from IPython.display import Image
```

从 scikit-learn 库的 pipeline 模块导入 Pipeline 类，用于构建机器学习管道。

```
from sklearn.pipeline import Pipeline
```

从 scikit-learn 库的 preprocessing 模块导入 StandardScaler 类，用于数据标准化。

```
from sklearn.preprocessing import StandardScaler
```

从 scikit-learn 库的 tree 模块导入一个函数，该函数可以导出决策树为 Graphviz 格式。

```
from sklearn.tree import export_graphviz
```

②读入样本数据集。

```
data=pd.read_csv('2.2.2Boruta 降维后数据.csv',index_col=0)
```

③构建随机森林模型。

参数选择如下：n_estimators=100 指定了森林中树的数量，random_state=1 设置了随机种子以确保结果的可重复性，而 n_jobs=-1 表示使用所有可用的中央处理器进行运算。

```
#特征数据和标签数据拆分
x, y=np.split(data, (6,), axis=1)
x_train, x_test, y_train, y_test=train_test_split(x, y, test_size=0.4, random_state=28)
```

④划分训练集和测试集。

```
forest= RandomForestRegressor(
    n_estimators=100,
    random_state=1,
    n_jobs=-1)
```

⑤测试集预测。

使用训练数据 x_train 和相应的标签 y_train 拟合模型。在训练模型后，可使用该拟合模型进行预测和评估。

```
forest.fit(x_train, y_train)
y_test_pred=forest.predict(x_test)
y_test_pred=pd.DataFrame(y_test_pred)
a= y_test_pred.index
```

⑥拟合结果可视化。

绘制散点图和纵坐标水平线。a[:30]代表了 x 轴的数据(前 30 个)，y_test_pred[:30]代表了对应的 y 轴数据(预测值)，c=(0.8, 0.4, 0.6)设定了点的颜色(RGB 值)，alpha=0.4 设定了点的透明度，label='Predicted values'设定了图例的名称。

```
plt.scatter(a[:30], y_test_pred[:30],c=(0.8, 0.4, 0.6),alpha=0.4, label='Predicted values')
plt.scatter(a[:30], y_test[:30], c=(0.2, 0.4, 0.6),alpha=0.4, label='True values')
```

在图上绘制一条水平线，线的位置在 y=0.5 处，线的颜色为 RGB(0.2, 0.4, 0.9)，线的样式为'--'(虚线)，线的宽度为 1。

```
plt. axhline(y=0. 5, c=(0. 2, 0. 4, 0. 9), linestyle='- -', linewidth=1)
```

添加标签和标题。

```
#添加标签和标题
plt. xlabel('Index')
plt. ylabel('Predicted values')
plt. title('Scatter Plot of True and Predicted Values')
```

添加图例,图例显示在右上角,图例的边框与图的右边界距离为 0.7,与图的顶部边界距离为−0.15(向下偏移),图例的列数为 1。

```
plt. legend(loc='upper right', bbox_to_anchor=(0. 7,- 0. 15), ncol=1)
```

保存并显示图像。

```
#显示图像
plt. savefig('4. 1. 2 随机森林模型预测结果. png')
plt. show()
```

⑦结果呈现。

随机森林预测结果散点图如图 8-9 所示。

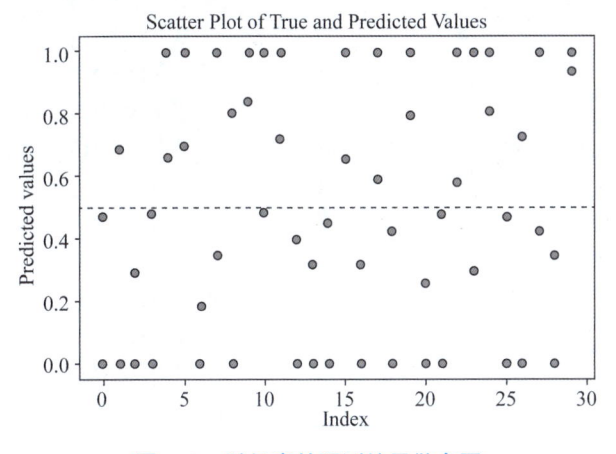

图 8-9 随机森林预测结果散点图

⑧对预测结果进行赋值,趋向于 0(即<0.5)的预测记录为非舞弊,趋向于 1(即≥0.5)的预测记录为舞弊。

```
y_test_pred[ y_test_pred < 0. 5 ]=0
y_test_pred[ y_test_pred>=0. 5 ]=1
```

⑨对比真实值。

合并真实值与预测值。

```
y_test=pd. DataFrame(y_test)
y_test. reset_index(inplace=True, drop=True)
final_data=pd. concat([ y_test,y_test_pred ],axis=1)
```

对列名进行重命名。

```
final_data = final_data.rename(columns = {0:'Predicted values'})
```

增加一列新列，用于存放对比结果。将预测值与真实值进行对比，若真实值=预测值（即预测准确），则赋值 Victory；反之，则赋值 Defeat。

```
final_data['Results'] = 0
for i in range(len(final_data)):
    if final_data.loc[i, 'Violation'] == final_data.loc[i,'Predicted values']:
        final_data.loc[i, 'Results'] = 'Victory'
    else:
        final_data.loc[i, 'Results'] = 'Defeat'
```

部分预测结果如图 8-10 所示。

	Violation	Predicted	Results
0	0	0	Victory
1	0	1	Defeat
2	0	0	Victory
3	0	0	Victory
4	1	1	Victory
5	1	1	Victory
6	0	0	Victory
7	1	0	Defeat
8	0	1	Defeat
9	1	1	Victory
10	1	0	Defeat
11	1	1	Victory
12	0	0	Victory

图 8-10　部分预测结果

⑩输出结果。

```
final_data.to_csv('4.1.3RF 预测结果.csv')
```

【微课视频】8-1 基于随机森林算法的财务舞弊识别

8.3.2　基于逻辑回归算法的财务困境识别具体流程

（1）数据收集。

本案例分别从偿债能力、经营能力、盈利能力、发展能力、公司规模和股权结构 6 个维度选取 22 个财务及非财务指标，指标数据变量名完全取自表 8-3。部分指标数据如图

8-11所示。

股票代码	统计截止日期	流动比率	速动比率	现金比率	资产负债率	权益乘数	长期负债权	资产报酬率
4	2022/6/30	4.382378	4.21683	1.045228	0.123478	1.140873	0.004442	-0.038151
4	2022/9/30	3.486472	3.357237	0.781344	0.154579	1.182843	0.003796	-0.061343
4	#########	2.412154	2.406694	0.606702	0.387338	1.632222	0.034558	-0.73259
5	2021/6/30	1.48783	1.46893	0.093156	0.371553	1.591224	0.011306	0.086906
5	2021/9/30	1.488669	1.468495	0.12043	0.386502	1.629996	0.02785	0.088423
5	#########	1.471567	1.455407	0.101275	0.403818	1.67734	0.060921	0.07395
5	2022/3/31	1.518827	1.501515	0.056978	0.37638	1.60354	0.049835	0.00147
5	2022/6/30	1.509397	1.492734	0.065951	0.374807	1.599505	0.047808	0.003208
5	2022/9/30	1.485482	1.467908	0.017767	0.37207	1.592535	0.037678	0.005633
5	#########	1.825075	1.81171	0.079912	0.497159	1.988701	0.362997	-0.069391
7	2021/6/30	1.253539	1.195817	0.304539	0.827137	5.784927	1.542672	-0.006309
7	2021/9/30	1.259381	1.183143	0.324223	0.827952	5.812326	1.514174	-0.005246
7	#########	1.497989	1.366894	0.289618	0.736008	3.787994	1.003889	0.105227
7	2022/3/31	1.507533	1.387457	0.253806	0.742428	3.882417	1.062992	-0.009681
7	2022/6/30	1.450723	1.328282	0.665808	0.764322	4.243077	1.161831	-0.028152
10	2019/6/30	1.120549	0.613923	0.066021	0.770659	4.36031	0.090614	0.033562
10	2019/9/30	1.02698	0.560987	0.025997	0.830591	5.902864	0.104091	0.060405
10	#########	1.01334	0.580411	0.022637	0.824373	5.693894	0.016726	0.076001
10	2020/3/31	1.013229	0.951229	0.003966	0.823635	5.670045	0.016863	0.00235
10	2020/6/30	1.021641	0.971687	0.041033	0.82847	5.829895	0.015965	0.017765

图 8-11　部分指标数据

（2）数据预处理。

①导入相关库。

```
import os
import pandas as pd
```

②数据汇总。

```
data=''
i=1
```

遍历目录1.0.数据源中的所有文件。

```
for info in os.listdir('1.0.数据源'):
```

获取1.0.数据源目录的绝对路径，并存储在变量domain中。

```
    domain=os.path.abspath('1.0.数据源')
```

将目录的路径与文件名结合，得到每个文件的完整路径，并存储在变量info中。

```
    info=os.path.join(domain, info)
    d=pd.read_csv(info, encoding='gbk')
    if i==1:
        data=d.copy()
    else:
```

使用pd.merge()函数将data与当前文件的内容（变量d）合并。这是左连接（how='left'），基于股票代码、股票简称、统计截止日期和报表类型编码几个列进行合并。

```
        data=pd.merge(data, d, how='left', on=['股票代码','股票简称','统计截止日期','报表类型编码'])
    i=i+1
```

在数据表 data 中删除基于股票代码列和统计截止日期列的重复行,保留重复行中第一次出现的行。

```
data=data.drop_duplicates(subset=['股票代码','统计截止日期'], keep='first')
d1=pd.read_csv('1.1.股权结构.csv', encoding='gbk')  # 无股票简称列,故需另外合并
data=pd.merge(data, d1, how='left', on=['股票代码','统计截止日期'])
```

③空缺值处理。

```
#删除空缺值
data.dropna(how='any', inplace=True)
```

④打标签。

```
#将 ST 企业和非 ST 企业分别标签化为 0 和 1
data_st=data.loc[data['股票简称'].str.contains('ST')]
data_st.loc[:,'标签']=0
data_=data.drop(data.loc[data['股票简称'].str.contains('ST')].index)
data_.loc[:,'标签']=1
d2=pd.concat([data_st, data_], axis=0, ignore_index=True)
d2=d2.drop(axis=1, columns=['股票简称','报表类型编码'])
d2=d2.set_index('股票代码')
d2.to_csv('3.1.处理后数据.csv')
```

【微课视频】8-2 基于逻辑回归算法的财务舞弊识别 1

(3)逻辑回归模型构建。
①导入相关库。

```
import pandas as pd
import numpy as np
```

从 scikit-learn 库的 model_selection 模块导入 train_test_split() 函数,用于将数据集划分为训练集和测试集。

```
from sklearn.model_selection import train_test_split
```

从 scikit-learn 库的 linear_model 模块导入 LogisticRegression 类,用于创建逻辑回归模型。

```
from sklearn.linear_model import LogisticRegression
```

从 scikit-learn 库的 metrics 模块导入 recall_score() 函数,用于计算模型的召回率。

```
from sklearn.metrics import recall_score
```

从 scikit-learn 库的 metrics 模块导入 accuracy_score() 函数,用于计算模型的准确率。

```
from sklearn.metrics import accuracy_score
```

从 scikit-learn 库的 metrics 模块导入 f1_score( ) 函数，用于计算模型的 F1 分数。

```
from sklearn.metrics import f1_score
```

从 scikit-learn 库的 metrics 模块导入 confusion_matrix( ) 函数，用于计算混淆矩阵。

```
from sklearn.metrics import confusion_matrix
```

导入 joblib 库，用于序列化和加载 Python 对象。

```
import joblib
```

从 imbalanced-learn 库的 over_sampling 模块导入 RandomOverSampler 类，用于过采样，可以解决数据不平衡的问题。

```
from imblearn.over_sampling import RandomOverSampler
```

②导入数据，分别获取特征值和标签值。

```
data=pd.read_csv('3.1.处理后数据.csv')
d=data.iloc[:, 2:]
```

分别获取特征值和标签值。

```
X=d.drop(columns='标签')
y=data['标签']
```

③过采样。

通过查看标签分布，发现标签为 1 的有 121 182 个，标签为 0 的只有 3 604 个，因此需要进行过采样来平衡样本量。

```
#查看标签分布
y.value_counts()
```

创建了一个过采样器对象，随机种子设为 0。

```
ros=RandomOverSampler(random_state=0)
X_resampled, y_resampled=ros.fit_resample(X, y)
```

④划分训练集、测试集。

```
X_train, X_test, y_train, y_test=train_test_split(X_resampled, y_resampled, test_size=0.2)
```

⑤建立模型。

创建了一个逻辑回归模型并用训练集数据进行拟合。

```
model=LogisticRegression().fit(X_train, y_train)
```

预测结果 y_pred。

```
y_pred=model.predict(X_test)
```

预测概率 y_pred_proba。

```
y_pred_proba=model.predict_proba(X_test)
```

⑥保存模型结果。

```
joblib.dump(model, '3.2.财务困境模型.pkl')
```

(4) 模型评价。

```
print('模型的准确率(accuracy):', accuracy_score(y_test, y_pred))
print('模型的召回率(recall):', recall_score(y_test, y_pred))
print('模型的f1-score:', f1_score(y_test, y_pred))
```

【微课视频】8-2 基于逻辑回归算法的财务舞弊识别2

模型评价结果如图8-12所示。

```
模型的准确率(accuracy): 0.6603469972974646
模型的召回率(recall): 0.9761757553274804
模型的f1-score: 0.7420648597838007
```

图8-12 模型评价结果

(5) 模型预测。

①导入相关库。

```
import joblib
import pandas as pd
```

②导入模型、数据。

```
model=joblib.load('3.2.财务困境模型.pkl')
data=pd.read_csv('3.1.处理后数据.csv')
```

③获取特征值。

```
d=data.iloc[:, 2:-1]
```

④模型预测。

```
y_pred=model.predict(d)
y_pred_proba=model.predict_proba(d)
pred=pd.DataFrame(y_pred_proba, columns=['财务困境概率', '无财务困境概率'])
fin=pd.concat([data, pred], axis=1)
fin.drop(columns=['无财务困境概率', '标签'], inplace=True)
fin.to_csv('3.3.财务困境预测结果.csv')
```

【微课视频】8-2 基于逻辑回归算法的财务舞弊识别3

模型的部分预测结果如图 8-13 所示。

股票代码	统计截止日期	财务困境概率
4	2022/6/30	0.4485654
4	2022/9/30	0.4502099
4	2022/12/31	0.4820431
5	2021/6/30	0.422211
5	2021/9/30	0.4228597
5	2021/12/31	0.42613
5	2022/3/31	0.4248817
5	2022/6/30	0.4245009
5	2022/9/30	0.4244076
5	2022/12/31	0.4389609
7	2021/6/30	0.4997554
7	2021/9/30	0.4997685
7	2021/12/31	0.4970008

图 8-13　模型的部分预测结果

知识拓展

随着大数据和人工智能技术的发展，基于算法的风险管理分析在企业中的应用越来越广泛。随机森林和逻辑回归算法因其在分类预测方面的优异表现，尤其适用于财务风险评估。这些算法能够处理复杂的非线性关系，提供更深入的洞察力，帮助企业及时识别潜在的财务问题。

未来，随着算法的不断优化和计算能力的提升，风险管理分析将更加精细化和个性化。企业可以利用实时数据流，结合先进的算法模型，实现对风险的动态监测和即时预警。此外，随着区块链、云计算等新技术的应用，风险管理的透明度和安全性将得到进一步提升。然而，技术的发展也带来了新的挑战，如数据隐私保护、算法透明度和可解释性等问题，需要企业在实践中不断探索和解决。

因此，企业需要加强对风险管理技术的投入和人才培养，以适应不断变化的管理需求，提升企业的整体竞争力。同时，企业还应关注技术发展带来的伦理和法律问题，确保风险管理的合规性和可持续发展。

练习题

一、单选题

1. 风险管理在企业管理中的主要目的是(　　)。
A. 增加企业的市场份额
B. 提高企业的产品质量
C. 降低风险对企业目标和长期发展的不利影响
D. 直接提高企业的利润

2. 财务危机预警系统的主要功能是(　　)。
A. 增加财务透明度　　　　　　　　B. 识别和预测财务困境或危机
C. 直接增加企业收益　　　　　　　D. 减少企业债务

3. 随机森林算法的基础是（　　）。

A. 线性回归　　　B. 决策树　　　C. 支持向量机　　　D. 逻辑回归

4. 随机森林算法处理高维数据的方法是（　　）。

A. 通过减少数据维度　　　　　　B. 采用并行计算

C. 仅使用单一决策树　　　　　　D. 忽略噪声数据

5. 逻辑回归算法在财务风险管理中的作用是（　　）。

A. 预测公司的市场趋势　　　　　B. 预测公司可能发生的财务危机

C. 直接增加公司收入　　　　　　D. 减少公司的运营成本

6. 过采样方法的主要目的是（　　）。

A. 减少数据集大小　　　　　　　B. 增加少数类样本的数量

C. 减少少数类样本的数量　　　　D. 增加数据集的特征数量

7. 欠采样可能导致（　　）。

A. 过拟合　　　　　　　　　　　B. 欠拟合

C. 增加噪声数据　　　　　　　　D. 减少数据维度

8. 在处理大量数据时，随机森林算法的优势是（　　）。

A. 不受数据噪声的影响　　　　　B. 不能处理高维数据

C. 有显著的优势　　　　　　　　D. 仅适用于小规模数据集

9. 财务舞弊识别的主要过程是（　　）。

A. 增加企业债务　　　　　　　　B. 分析财务报表和其他财务信息

C. 直接审计企业管理　　　　　　D. 提升企业信用等级

10. 多分类器方法比单分类器性能更强的原因是（　　）。

A. 它们使用更复杂的算法

B. 它们处理数据的速度更快

C. 它们通过集成学习降低模型偏误，减小分类误差

D. 它们仅使用一种算法进行分类

二、简答题

1. 解释如何通过财务危机预警系统来维护企业的稳定和可持续发展。
2. 描述随机森林算法在处理分类问题时的基本过程。
3. 逻辑回归算法在财务风险预测中是如何工作的？
4. 过采样和欠采样在处理样本不均衡问题时各自的优缺点是什么？
5. 随机森林算法如何解决单一决策树容易过拟合的问题？

9 基于 BP 神经网络算法的企业价值评估

章节引入

在企业管理和投资决策中，企业价值评估扮演着至关重要的角色。随着人工智能技术的发展，基于 BP 神经网络算法的企业价值评估方法逐渐成为研究的热点。BP 神经网络，以其出色的模式识别和非线性映射能力，为复杂数据关系提供了一种有效的解决方案。本章将探讨如何利用 BP 神经网络对企业价值进行评估，分析其在处理财务和非财务指标时的优势，并通过实际数据展示评估流程，旨在为企业管理者和投资者提供一种新的决策支持工具。

章节分析

本章通过构建基于 BP 神经网络的企业价值评估模型，展示了从数据收集、预处理到模型训练和测试的完整流程。首先通过爬虫工具收集了 A 股制造业上市公司的财务和非财务数据，并对数据进行预处理，包括空缺值处理和特征变量标准化。接着，构建了 BP 神经网络模型，通过正向传播和反向传播算法进行训练，不断迭代优化权重矩阵，最终实现了对企业市值的准确预测。此外，案例还对模型的预测结果进行了可视化展示，直观地呈现了模型的拟合效果和误差变化情况。

学习目标

知识目标
- 掌握企业价值评估的基本概念和方法。
- 理解 BP 神经网络的工作原理及其在企业价值评估中的应用。

> **能力目标**
> - 能够运用BP神经网络算法对企业价值进行评估。
> - 能够进行数据预处理、模型构建、训练和测试。
>
> **素质目标**
> - 培养数据分析和模型构建的能力。
> - 提高逻辑思维和问题解决能力,以及对新兴技术的应用意识。

9.1 理论概述

本节主要对企业价值评估,以及基于BP神经网络算法所涉及的相关理论进行阐述。

9.1.1 企业价值评估

企业价值评估简称企业估值,目的是分析和衡量一个企业或一个经营单位的公允市场价值,并提供有关信息以帮助投资者和管理当局改善决策。一方面它使用许多定量分析模型,具有一定的科学性和客观性;另一方面它又使用许多主观估计的数据,带有一定的主观估计性质。企业价值评估是从偿债能力、成长能力、盈利能力、营运能力、非财务指标5个方面,分别选取指标,综合评价企业价值的一种财务评估方法。

9.1.2 神经网络

神经网络是一种计算模型,它是受到人脑神经元的结构和功能的启发而设计出来的。它可以用于解决各种复杂的问题,如图像识别、自然语言处理、声音识别等。在神经网络中,大量的人工神经元通过加权连接构成了一个复杂的网络,该网络可以通过大量的训练数据来学习和适应各种复杂的输入输出关系,从而实现人工智能的目标。

9.1.3 BP神经网络

BP神经网络是一种按误差逆传播算法训练的多层前馈神经网络,是应用最广泛的神经网络模型之一。它的基本思想是输入层(Input Layer)接收输入特征向量,通过激活函数(Active Function)将其转换为权重向量,输入到隐藏层(Hidden Layer)进行处理,然后通过激活函数将处理后的权重向量传递到输出层(Output Layer),最终输出预测结果。

9.2 流程分析

基于BP神经网络的企业价值评估流程如图9-1所示。

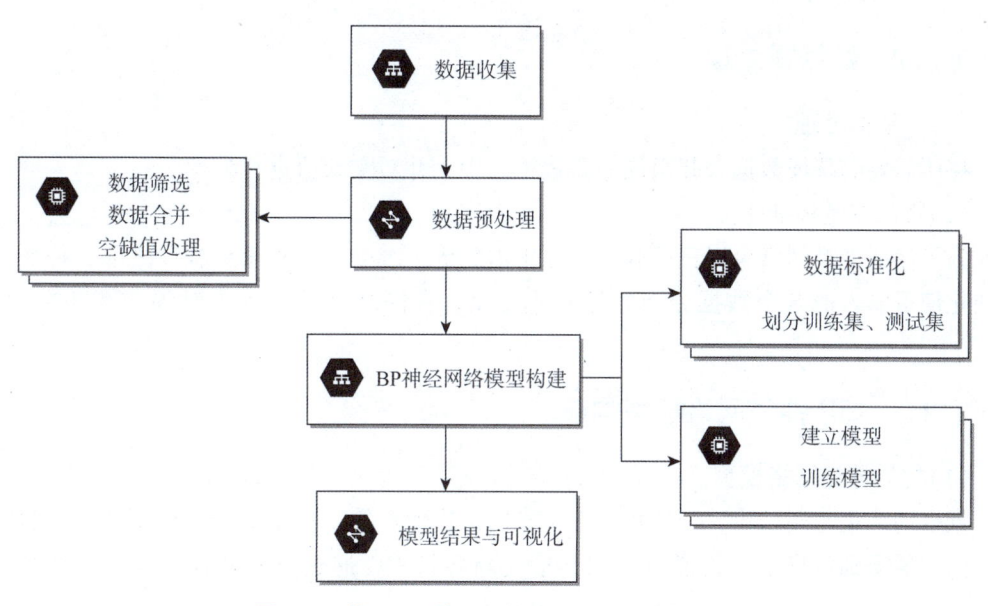

图 9-1 基于 BP 神经网络的企业价值评估流程

9.2.1 数据收集

本案例选取 A 股所有制造业上市公司作为研究对象，运用爬虫工具，下载上述公司相关财务、非财务指标数据。具体指标如表 9-1 所示。

表 9-1 企业价值评估指标

Y	企业市值	X	企业市值
X1	流动比率	X12	营业成本率
X2	营运资金	X13	销售费用率
X3	经营活动产生的现金流量净额/流动负债	X14	资产减值损失/营业收入
X4	长期债务与营运资金比率	X15	总资产增长率
X5	负债与权益市价比率	X16	基本每股收益增长率
X6	应收账款周转率	X17	销售费用增长率
X7	固定资产与收入	X18	可持续增长率
X8	非流动资产周转率	X19	每股净资产增长率
X9	总资产周转率	X20	研发投入金额
X10	固定资产净利润率	X21	研发投入占营业收入比例(%)
X11	息税前利润	X22	前十大股东持股比例(%)

9.2.2 数据预处理

(1)空缺值处理。

将所需要的特征数据合并至同一张表格之中,并对空缺值进行处理。

(2)特征变量标准化。

为了保证神经网络可以良好收敛,在不清楚各个维度的相对重要程度之前,特征数据标准化使得输入的各个数据分布相近,从而允许在网络训练过程中对各个维度"一视同仁"。

9.2.3 BP 神经网络模型构建

(1)构建神经网络模型。

划分训练集与测试集,训练集用于神经网络模型训练,测试集用于模型效果检验。通过正向传播得到目标值,再通过反向传播更新各权重,通过不断迭代,得到最终的权重矩阵。

(2)BP 神经网络的 4 个结构。

①输入层:指非线性可分的特征图的最前面的一层,它接收大量的非线性输入信号,并将它们转换为线性形式,以便于后续的处理。输入层的神经元数量通常很多,因为它需要接收尽可能多的输入信号,以便后续处理和分析。输入层的输入向量通常是大量的非线性特征值,它们需要经过一系列的处理,如非线性变换、平移、缩放等,才能转换为线性形式。

②隐藏层:隐藏层不直接接收外界的信号,也不直接向外界发送信号。隐藏层在神经网络中的作用是将输入数据的特征,抽象到另一个维度空间,来展现其更抽象化的特征,这些特征能更好地进行线性划分。输出层可以将隐藏层激活值转换为期望输出所在的任何比例。

经验法和黄金分割法用于确定隐藏层节点数。

经验法:根据问题的复杂度和输入特征的维度,可以使用一些经验法则来选择隐藏层节点数。

$$h = \sqrt{m+n} + a$$

其中,h 是隐藏层节点的数量;m 是输入节点的数量;n 是输出节点的数量;a 是一个 1~10 之间的常数。

黄金分割法:首先在区间 $[a,b]$ 内寻找理想的隐藏层节点数,这样就充分保证了网络的逼近能力和泛化能力。为满足高精度逼近的要求,再按照黄金分割原理拓展搜索区间,即得到区间 $[b,c]$,在区间 $[b,c]$ 中搜索最优,则得到逼近能力更强的隐藏层节点数,在实际应用中根据要求,从中选取其一即可。

构造法和删除法用于确认隐藏层层数。

构造法:首先运用 3 种确定隐藏层层数的方法得到 3 个隐藏层层数,找到最小值和最大值,然后从最小值开始逐个验证模型预测误差,直到达到最大值。最后选取模型误差最小的那个隐藏层层数。该方法适用于双隐藏层网络。

删除法：单隐藏层网络非线性映射能力较弱，对于相同问题，为达到预定映射关系，隐藏层节点要更多一些，以增加网络的可调参数，因此适合运用删除法。

③输出层：神经网络的输出层是指最后一层，它将隐藏层的激活值作为输出信号，输出到外部世界。输出层的神经元数量和激活函数的数量可以根据具体问题和任务而定，通常情况下，输出层的神经元数量要少于隐藏层的神经元数量，而激活函数的数量要多于隐藏层的激活函数数量。

④激活函数：激活函数是一类非线性函数，它将非线性特性引入到人工神经网络中，其主要作用是使用非线性的方法将神经网络模型中一个节点的输入信号转换成一个非线性输出信号，从而增强神经网络对非线性函数的拟合能力。常见的 BP 神经网络激活函数有以下几种。

Sigmoid 函数(Logistic 函数)：

$$f(x) = 1/(1 + e^{-x})$$

Sigmoid 函数将输入值映射到介于 0 和 1 之间的输出值，用于二分类问题或将输出限制在某个特定范围。

双曲正切函数(tanh 函数)：

$$f(x) = (e^x - e^{-x})/(e^x + e^{-x})$$

tanh 函数将输入值映射到介于 -1 和 1 之间的输出值，具有类似于 Sigmoid 函数的特性，但是输出值的范围更广。

修正线性单元(ReLU 函数)：

$$f(x) = \max(0, x)$$

ReLU 函数在 x 大于 0 时输出 x，小于等于 0 时输出 0，可以有效地减少梯度消失问题，提高神经网络的训练速度。

Leaky ReLU 函数：

$$f(x) = \max(0.01x, x)$$

Leaky ReLU 函数在 x 小于 0 时引入一个较小的斜率，可以避免 ReLU 函数中的神经元"死亡"问题。

Softmax 函数：

Softmax 函数将一个向量或一组实数转换成概率分布，使得所有输出值都是非负的，并且总和为 1。Softmax 函数的公式定义如下：

设 z 是一个 K 维的向量，那么 Softmax 函数 $\sigma(z)$ 将 z 转换为一个 K 维的概率分布 $\sigma(z)_i$，其中第 i 个元素的计算公式为：

$$\sigma(z)_i = \frac{e^{z_i}}{\sum_{j=1}^{K} e^{z_j}}$$

(3) BP 神经网络主要算法。

正向传播：正向传播是指数据从输入层到输出层的计算过程。在每一层中，神经元的输入是上一层神经元的加权和加上偏置项。

神经网络具体结构如图 9-2 所示。

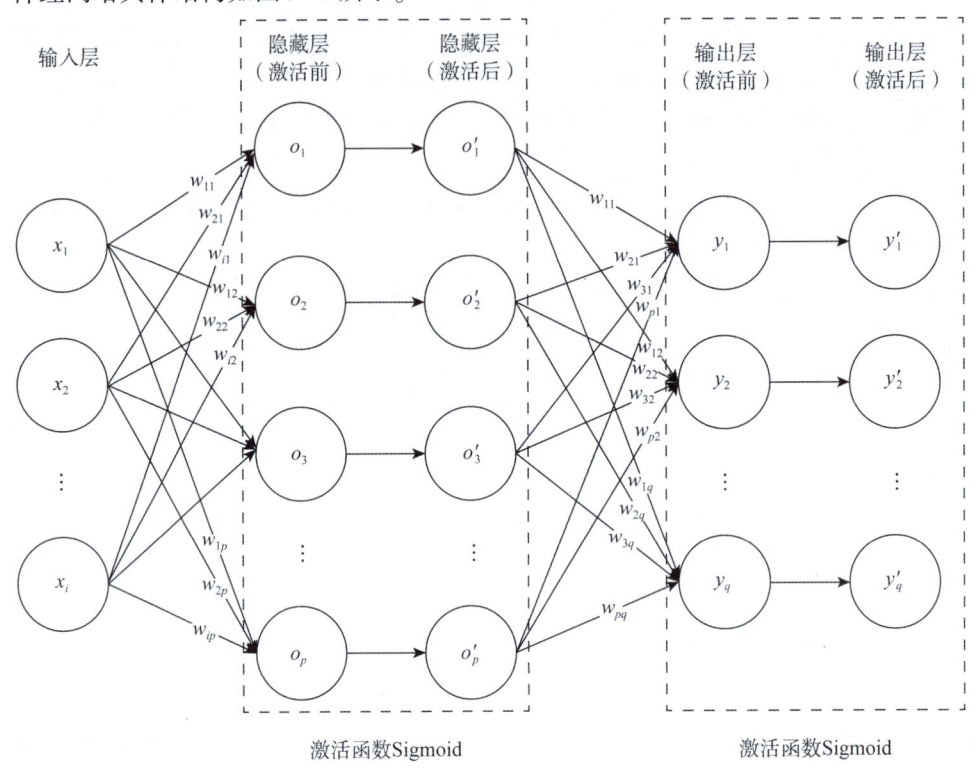

图 9-2　神经网络结构

图中 w_{11}，w_{21}，w_{31}，…，w_{ip} 表示输入层—隐藏层的权重矩阵。
图中 w_{11}，w_{21}，w_{31}，…，w_{pq} 表示隐藏层—输出层的权重矩阵。

x_1，x_2，…，x_i 为输入的特征变量，y_1，y_2，…，y_q 为经过网络输出的目标值，具体公式如下：

偏置 b 也为随机值，代码中体现为随机矩阵。

$$o_1(激活前) = x_1 * w_{11} + x_2 * w_{21} + x_3 * w_{31} + \cdots + x_i * w_{i1} + b_1$$
$$o_2(激活前) = x_1 * w_{12} + x_2 * w_{22} + x_3 * w_{32} + \cdots + x_i * w_{i2} + b_2$$
$$\vdots$$
$$o_p(激活前) = x_1 * w_{1p} + x_2 * w_{2p} + x_3 * w_{3p} + \cdots + x_i * w_{ip} + b_p$$

通过激活函数，对 o 进行变换，激活后的隐藏层为 o'。

$$y_1(激活前) = o'_1 * w_{11} + o'_2 * w_{21} + o'_3 * w_{31} + \cdots + o'_p * w_{p1} + b_1$$
$$y_2(激活前) = o'_1 * w_{12} + o'_2 * w_{22} + o'_3 * w_{32} + \cdots + o'_p * w_{p2} + b_2$$
$$\vdots$$
$$y_q(激活前) = o'_1 * w_{1q} + o'_2 * w_{2q} + o'_3 * w_{3q} + \cdots + o'_p * w_{pq} + b_q$$

通过激活函数，对 y 进行变换，激活后的输出层为 y'。

为了便于理解，BP 神经网络结构图一般不会体现偏置与激活函数。

反向传播：反向传播是指根据预测结果与真实结果之间的误差来反向调整网络参数（权重和偏置）的过程。反向传播算法基于梯度下降法，在每次迭代中沿着损失函数（误差平方和）对参数求导得到的负梯度方向更新参数。

中间的隐藏层并不直接与数据记录的类别打交道，而是通过下一层的所有节点误差按权重累加，计算公式如下：

$$E_j = O_j(1 - O_j) \sum_k E_k w_{jk}$$

其中，w_{jk} 表示当前层的节点 j 到下一层的节点 k 的权重值；E_k 表示下一层的节点 k 的误差率，O_j 表示隐藏层。

计算完误差率后，就可以利用误差率对权重和偏置进行更新，权重更新如下：

$$\Delta w_{ij} = \lambda E_j O_i$$

$$w_{ij}(更新后) = w_{ij} + \Delta w_{ij}$$

其中，λ 表示学习率，取值范围为 0~1。学习率设置得较大，训练收敛更快，但容易陷入局部最优解；学习率设置得比较小，收敛速度较慢，但能一步步逼近全局最优解。

更新完权重后，还有最后一项参数需要更新，即偏置：

$$\Delta \theta_j = \lambda E_j$$

$$\theta_j(更新后) = \theta_j + \Delta \theta_j$$

这样就完成了一次神经网络的训练过程，通过不断地使用所有数据记录进行训练，从而得到一个分类模型。不断地迭代，直到满足最大迭代次数或者模型在训练样本集上的预测准确率达到预设要求。

(4) 模型参数选取。

BP 神经网络模型主要涉及学习率、迭代次数、输入层节点数、隐藏层节点数等参数，通过不断调整，寻找最合适的参数组合。

学习率是神经网络中一个重要的超参数，它决定了参数更新的步长。选择适当的学习率可以帮助模型更好地收敛并取得较好的性能。通常情况下，可以从一个较小的学习率开始（如 0.001），然后根据模型的性能逐渐调整。如果模型收敛较慢或者在训练过程中出现震荡，可以尝试增大学习率。相反，如果模型发散或者损失函数不断增加，可以尝试减小学习率。

迭代次数的选择没有一个固定的标准值，它取决于多个因素，包括问题的复杂性、数据集的大小和特征、模型的复杂度，等等。同时，实际过程中，迭代次数应根据模型训练结果适当调整。

选择 22 个特征变量作为输入层，即输入层节点数为 22。而输出层节点数为 1，所以隐藏层节点数=(输入层节点数+输出层节点数)$^{\frac{1}{2}}$+1，因此隐藏层节点数选择 5。

9.2.4 模型结果与可视化

通过神经网络模型训练，可以得到企业价值与各个特征数据之间的权重矩阵。通过可视化，将训练结果与真实值以折线图呈现，观察模型的拟合效果。

9.3 具体流程

9.3.1 数据收集

部分指标数据如图 9-3 所示。

	A	B	C	D	E	F	G	H	I
	股票代码	统计截止日	报表类型编	流动比率	营运资金	经营活动产	长期债务与	负债与权益	应收账款周
	8	########	A	1.103128	571158480	0.082835	2.634999	0.465516	0.794194
	8	########	A	1.347237	1.592E+09	0.11341	0.988683	0.466415	0.644161
	8	########	A	1.613198	2.516E+09	0.001297	0.145332	0.309769	0.890185
	8	########	A	2.032443	2.861E+09	-0.213098	0.101412	0.223561	0.83138
	8	########	A	1.890285	3.053E+09	-0.015444	0.020369	0.150907	0.935082
	8	########	A	2.245238	2.449E+09	-0.028541	0.021895	0.107213	1.125923
	12	########	A	1.244411	1.832E+09	0.261131	2.747838	0.437426	12.880339
	12	########	A	1.663992	2.517E+09	1.029559	1.701855	0.264334	18.656474
	12	########	A	1.214909	820756399	0.714994	4.200942	0.296257	15.659234
	12	########	A	0.741464	-1.65E+09	0.372668	-1.182465	0.402117	16.118719

图 9-3 部分指标数据

9.3.2 数据预处理

(1) 导入相关库。

```
import pandas as pd
import numpy as np
```

(2) 导入数据。

```
#数据导入
data1=pd.read_csv('0.1.制造业财务指标.csv', encoding='gbk')
data2=pd.read_csv('0.2.制造业非财务指标.csv', encoding='gbk')
data3=pd.read_csv('0.3.制造业各公司市值.csv', encoding='gbk')
```

(3) 筛选年度数据。

由于数据中包含半年度数据，因此需从中筛选出所有统计截止日期为 12/31 的年度数据。

```
data1=data1.loc[data1['统计截止日期'].str.contains('12/31')]
```

(4) 合并各数据表。

```
merge1=pd.merge(data1, data2, how='left', on=['股票代码','统计截止日期'])
merge2=pd.merge(merge1, data3, how='left', on=['股票代码','统计截止日期'])
```

(5) 删除空缺值。

```
merge2.dropna(how='any', inplace=True)
merge2.set_index('股票代码', inplace=True)
```

(6) 导出样本数据。

```
merge2.to_csv('2.1.处理后数据.csv')
```

【微课视频】9 BP 神经网络企业价值评估 1

9.3.3 模型构建

(1)导入相关库。

```
import pandas as pd
import numpy as np
from sklearn.preprocessing import StandardScaler
from sklearn.model_selection import train_test_split
import matplotlib.pyplot as plt
```

解决中文显示问题和负号显示问题。

```
#解决中文显示问题
plt.rcParams['font.sans-serif'] = ['SimHei']
#解决负号显示问题
plt.rcParams['axes.unicode_minus'] = False
```

(2)定义激活函数。

```
def sigmoid(x):
# sigmoid 激活函数: f(x)=1 / (1 + e^(-x))
    return 1 / (1 + np.exp(-x))
def deriv_sigmoid(x):
# sigmoid 激活函数的导数: f'(x)=f(x) * (1-f(x))
    fx = sigmoid(x)
    return fx * (1-fx)
```

(3)定义损失函数(MSE)。

```
def mse_loss(y_true, y_pred):
    w = ((y_true - y_pred) ** 2).mean()
    return w
```

(4)定义零矩阵生成函数给定参数 m 和 n,返回 m 行 n 列的二维矩阵,这个矩阵的每个元素默认填充为 0。

```
def makematrix(m, n, fill=0.0):
    a = []
    for i in range(m):
        a.append([fill] * n)
    return np.array(a)
```

(5)构建正向传播的网络。

定义一个用于构建一个 BP(反向传播)神经网络的类的构造函数,m,n,a 是构造函数的参数,它们在创建类实例时传递给构造函数。m 表示输入层的节点数,n 表示隐藏层节点数,a 表示样本数。

```
def __init__(self,m,n,a):
```

输入层节点数为 m,需要增加一个节点放置"1",后续作为偏置的系数。

```
    self.m=m+1
```

隐藏层节点数为n，输出层节点数为1。

```
    self.n=n
```

样本数为a。

```
    self.a=a
```

输入层到隐藏层的权重矩阵（行数为self.m，列数为self.n）。

```
    self.weight_in=makematrix(self.m,self.n)
```

对权重矩阵赋初值。

```
    for i in range(self.m):
        for j in range(self.n):
            self.weight_in[i][j]=np.random.normal()
```

生成隐藏层到输出层的权重矩阵（行数为self.n，列数为1），默认输出节点数为1。

```
    self.weight_out=makematrix(self.n,1)
```

对隐藏层到输出层的权重矩阵进行随机赋值。

```
    for j in range(self.n):
        self.weight_out[j]=np.random.normal()
```

Y为输入层，all_y_trues为真值（目标输出值）。

```
def feedforward(self,Y):
    self.circle_H_after=sigmoid(np.dot(Y,self.weight_in))
    self.circle_O_after=sigmoid(np.dot((self.circle_H_after),self.weight_out)+self.bias_out)
    return self.circle_O_after
def train(self,data2,all_y_trues,bias_outs):
```

设置学习率为0.0001。

```
    learn_rate=0.0001
```

设置迭代次数为500次。

```
    epochs=500
    self.d_ypred_d_h=[]
    self.d_h_d_b=[i for i in range(self.n)]
```

使用makematrix()函数创建一个self.n行1列的矩阵、一个self.m行self.n列的矩阵、一个1行self.n列的矩阵、一个1行self.n列的矩阵。

```
    self.d_ypred_d_w=makematrix(self.n,1)
    self.d_h_d_w=makematrix(self.m,self.n)
    self.circle_H_before=makematrix(1,self.n)
    self.circle_H_after=makematrix(1,self.n)
```

遍历整个训练数据集的每个 epoch。

```
for epoch in range(epochs):
```

对于每个 epoch 中的每组输入数据，遍历 data2、all_y_trues 和 bias_outs，将这三个列表组合成一个元组的列表，其中每个元组包含 data2 的一个元素、all_y_trues 的一个元素和 bias_outs 的一个元素。

```
for Y, y_true,self. bias_out in zip(data2, all_y_trues,bias_outs):
```

计算输入数据 Y 和权重 self.weight_in 之间的点积。

```
self. circle_H_before=np. dot(Y,self. weight_in)
```

应用 Sigmoid 激活函数于 self.circle_H_before。

```
self. circle_H_after=sigmoid(self. circle_H_before)
```

类似地，下一步是计算输出层的点积并应用 Sigmoid 激活函数。

```
self. circle_O_before=np. dot((self. circle_H_after),self. weight_out)+self. bias_out
self. circle_O_after=sigmoid(self. circle_O_before)
y_pred=self. circle_O_after
```

计算损失函数在预测值 y_pred 上的梯度。

```
d_L_d_ypred=-2 * (y_true- y_pred)
```

(6) 构建反向传播网络。

隐藏层到输出层链式法则。

```
#求出 d_ypred_d_h
for j in range(self. n):
    self. d_ypred_d_h. append(self. weight_out[j]* deriv_sigmoid(self. circle_O_before))
#求 d_ypred_d_w
for j in range(self. n):
    self. d_ypred_d_w[j]=self. circle_H_after[j]* deriv_sigmoid(self. circle_O_before)
#求 d_ypred_d_b
d_ypred_d_b=deriv_sigmoid(self. circle_O_before)
```

输入层到隐藏层链式法则。

```
#求出 d_h_d_w
for j in range(self. n):
    for i in range(self. m- 1):
        self. d_h_d_w[i,j]=Y[i+1] * deriv_sigmoid(self. circle_H_before[j])
## 求出 d_h_d_b
for j in range(self. n):
    self. d_h_d_b[j]=deriv_sigmoid(self. circle_H_before[j])
```

更新输入层到隐藏层权重矩阵的值。

```python
        for j in range(self.n):
            for i in range(self.m-1):
                self.weight_in[i+1][j]=self.weight_in[i+1][j]-learn_rate*d_L_d_ypred
                    *self.d_ypred_d_h[j]*self.d_h_d_w[i][j]
        for j in range(self.n):
            self.weight_in[0][j]=self.weight_in[0][j]-learn_rate*d_L_d_ypred*
                self.d_ypred_d_h[j]*self.d_h_d_b[j]
```

更新隐藏层到输出层权重矩阵的值。

```python
        for j in range(self.n):
            self.weight_out[j]=self.weight_out[j]-learn_rate*d_L_d_ypred*self.d_
                ypred_d_w[j]
        self.bias_out=self.bias_out-learn_rate*d_L_d_ypred*d_ypred_d_b
```

训练过程中进行定期评估。

```python
        if epoch % 5 == 0:
            y_preds=np.apply_along_axis(self.feedforward,1,data2)
            loss=mse_loss(all_y_trues,y_preds)
            print("Epoch %d loss: %.3f" % (epoch, loss))
```

打印神经网络权重。

```python
        print('输入层权重矩阵为', self.weight_in)
        print('隐藏层权重矩阵为', self.weight_out)
```

(7) 返回测试集的目标值。

```python
    def test(self,test_data):
        test_h=sigmoid(np.dot(test_data,self.weight_in))
        test_o=sigmoid(np.dot((test_h),self.weight_out)+self.bias_out)
        print(test_o)
        return test_o
```

【微课视频】9 BP 神经网络企业价值评估 2

9.3.4 模型训练

(1) 读取训练数据。

```python
data_source=pd.read_csv('2.1.处理后数据.csv',encoding='utf-8',index_col=0)
```

重置索引。

```python
data_source=data_source.reset_index()
```

增加一列"1"，作为初始偏置矩阵的系数。

```
data_source['basis']=1
fin_data=data_source[['basis','流动比率','营运资金','经营活动产生的现金流量净额/流动负债','长期债务与营运资金比率','负债与权益市价比率','应收账款周转率','固定资产与收入','非流动资产周转率','总资产周转率','固定资产净利润率','息税前利润','营业成本率','销售费用率','资产减值损失/营业收入','总资产增长率','基本每股收益增长率',
'销售费用增长率','可持续增长率','每股净资产增长率','研发投入金额','研发投入占营业收入比例(%)','前十大股东持股比例(%)','市值']]
```

(2)数据标准化。

数据标准化，并转为数据框类型。

```
X_std=StandardScaler().fit_transform(fin_data)
X_std=pd.DataFrame(X_std)
```

(3)划分训练集和测试集。

```
train_data_p,test_data_P=train_test_split(X_std,train_size=0.7,test_size=0.3,random_state=123)
```

(4)定义传入类的变量并训练模型。

train_data_Y 为目标输出值。

```
train_data_Y=train_data_p[22]
train_data_Y=np.array(train_data_Y)
```

train_data_X 为训练集，22 为市值列。

```
train_data_X=train_data_p.drop(columns=[22])
```

将训练集转为 np.array 类型。

```
train_data_X=np.array(train_data_X)
```

计算 train_data_X 的行数，存储在变量 a 中。

```
a=len(train_data_X)
```

创建一个隐藏层的偏置矩阵，用于在 zip 中更新每次的偏置权重值。

```
bias_outs=makematrix(a,1)
for i in range(a):
    bias_outs[i]=np.random.normal()
```

选择 22 个特征变量作为输入层，隐藏层节点数选择 5。

```
result=OurNeuralNetwork(22,5,a)
result.train(train_data_X,train_data_Y,bias_outs)
```

(5)测试集测试。

test_data_Y 为测试集实际值。

```
test_data_Y=test_data_P[22]
```

test_data_X 为测试集。

```
test_data_X=test_data_P.drop(columns=[22])
```

将测试集样本的模型预测结果保存在 predict_Y 中。

```
#将测试集样本的模型预测结果保存在 predict_Y 中
predict_Y=result.test(test_data_X)
```

(6)拟合结果可视化。

由于测试集和训练集的划分是随机的,作出的图像以索引作为 X 轴。因此,为避免图像混乱,需要将索引排序重置。

```
test_data_Y.index=[i for i in range(len(test_data_Y))]
```

绘制实际值与预测值的折线图。

```
plt.plot(test_data_Y,color='#D8E7CA',label="test_data_Y")
plt.plot(predict_Y,color='#DF9E9B',label="predict_Y")
plt.ylabel("企业市值")
```

设定 x 轴、y 轴的范围。

```
plt.axis([0,200,-3,3])#设定 x 轴 y 轴的范围
plt.title("实际值与预测值折线图")
plt.legend()
```

(7)结果呈现。

模型预测结果与实际值的拟合效果如图 9-4 所示。

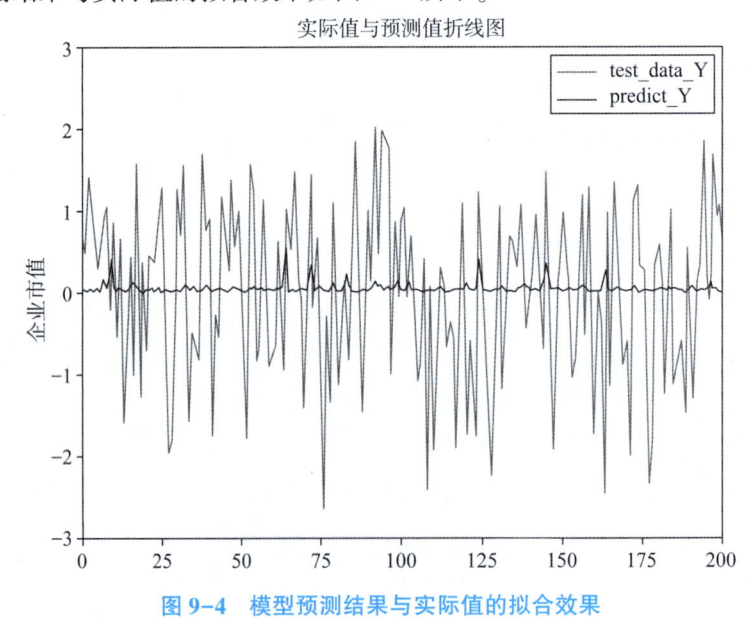

图 9-4　模型预测结果与实际值的拟合效果

模型最后得出的输入层权重矩阵如图 9-5 所示。

```
输入层权重矩阵为 [[-0.24769387 -0.42908389 -1.72270464 -4.44583544 -2.10429309]
 [ 1.34969935 -0.1553487   0.30375069  1.81953553  0.84822519]
 [-0.80446082  0.29663081  1.76669463 -1.20857598  0.90501734]
 [ 1.27757835 -0.30554382  1.33467162 -0.94851492  0.16934526]
 [ 0.26732206  0.11413594 -1.69174771 -0.04336269 -0.2862718 ]
 [-0.09221377  0.83522422  0.02551744 -1.31721514 -1.30842507]
 [-1.88970037  1.56048355  0.3402005  -0.45880113 -1.54300833]
 [-0.55434395  1.49513243 -0.19542122 -0.82728216 -0.87264953]
 [ 1.49007655 -0.684228    1.82402357  2.75346644 -0.06896565]
 [ 0.89818893  0.37087417 -1.32777523 -0.9218821  -1.74526114]
 [-1.54284002  0.6082616  -1.17322575  0.3127862  -0.05916171]
 [-0.46768681 -1.66812595  1.06154677  0.48620271 -0.24438589]
 [-2.25834891  1.98358749  0.22550215 -1.66854836  1.12553006]
 [-1.11521848 -0.36272493  0.2495398  -0.85121331  0.90736742]
 [ 2.2239597  -0.58562648  0.28101199  0.51527535  0.47788192]
 [ 1.42024591 -0.58588685  1.67635041  2.33876501  0.63198251]
 [-0.62007587 -1.16594368  0.11959745  0.13584324 -0.79493713]
 [-0.35082778  1.82176617  0.92503535 -1.64171362 -0.92596388]
 [-0.60699661 -0.35606616 -1.1179279   0.28524495  0.15610401]
 [-0.27666413  0.03178089  0.36265103 -0.57641987  0.47471141]
 [-1.29743146  0.31373564 -0.66843114  0.38280646 -1.59034064]
 [-0.18729904 -0.32626381  0.09462985 -0.30154991  0.325787  ]
 [ 1.21881627  0.10417386  0.15519684 -0.62611826 -0.45353413]]
```

图 9-5　输入层权重矩阵

模型最后得出的隐藏层权重矩阵如图 9-6 所示。

```
隐藏层权重矩阵为 [[-0.71099515]
 [-4.34487792]
 [-0.73588632]
 [-0.67587624]
 [-2.19653414]]
[[0.03646353]
 [0.0345113 ]
 [0.01802365]
 ...
 [0.01101948]
 [0.05511327]
 [0.0223806 ]]
```

图 9-6　隐藏层权重矩阵

模型的运行过程中，误差变化如图 9-7 所示。

```
Epoch 0 loss: 1.653      Epoch 255 loss: 1.003
Epoch 5 loss: 1.255      Epoch 260 loss: 1.003
Epoch 10 loss: 1.111     Epoch 265 loss: 1.004
Epoch 15 loss: 1.065     Epoch 270 loss: 1.004
Epoch 20 loss: 1.044     Epoch 275 loss: 1.004
Epoch 25 loss: 1.033     Epoch 280 loss: 1.004
Epoch 30 loss: 1.026     Epoch 285 loss: 1.004
Epoch 35 loss: 1.022     Epoch 290 loss: 1.004
Epoch 40 loss: 1.018     Epoch 295 loss: 1.004
```

图 9-7　误差变化

【微课视频】9 BP 神经网络企业价值评估 3

知识拓展

BP 神经网络算法在企业价值评估中的应用，标志着人工智能技术在财务分析领域的深入融合。随着技术的不断进步，BP 神经网络及其衍生算法在处理复杂数据集、识别潜在价值关联及预测市场趋势方面展现出巨大潜力。企业价值评估的智能化不仅提升了评估的效率和准确性，也为企业战略规划和风险管理提供了新的视角。

未来，BP 神经网络算法的应用将进一步拓展到更多的财务分析领域，如信贷评估、投资分析、市场预测等。通过结合大数据分析、云计算和区块链技术，可以实现更大规模的数据集成与分析，提高评估模型的泛化能力和稳定性。此外，随着算法的优化和计算能力的提升，实时的企业价值评估将成为可能，为企业决策提供更加动态和及时的信息支持。

然而，BP 神经网络算法的应用也面临一些挑战。首先，神经网络模型通常被视为"黑箱"模型，其决策过程缺乏透明度，这可能会影响管理者和投资者对评估结果的信任。其次，模型的性能高度依赖于数据质量，数据收集和预处理成为关键步骤。最后，随着企业经营环境的快速变化，如何确保模型的适应性和鲁棒性也是一大挑战。

为了克服这些挑战，未来的研究可以集中在以下几个方向：一是提高模型的解释能力，通过可视化技术帮助用户理解模型决策的依据；二是加强数据质量管理，确保数据的准确性和代表性；三是探索模型自适应机制，使模型能够根据新的数据和市场变化自动调整参数。同时，企业也需要加强对财务分析师在人工智能领域的培训，提升他们运用新技术进行财务分析的能力。

综上所述，BP 神经网络算法在企业价值评估中的应用前景广阔，但也需要在实践中不断完善和创新。随着技术的成熟和应用的深入，基于 BP 神经网络的企业价值评估有望成为企业决策的重要工具，为企业的可持续发展提供强有力的数据支持。

练习题

一、单选题

1. 企业价值评估的目的是(　　)。
   A. 分析和衡量企业的公平市场价　　B. 确定企业的销售策略
   C. 评估员工的工作绩效　　D. 设计新产品

2. 在企业价值评估中，(　　)不是评估的主要方面。
   A. 偿债能力　　B. 成长能力　　C. 市场占有率　　D. 非财务指标

3. 神经网络的设计灵感来源于(　　)。

A. 计算机算法 B. 人脑神经元的结构和功能
C. 经济学理论 D. 物理学定律

4. 神经网络可以用于处理( )。

A. 仅图像识别 B. 仅自然语言处理
C. 仅声音识别 D. 图像识别、自然语言处理和声音识别等

5. BP网络的基本思想包括( )。

A. 输入层接收特征向量,隐藏层处理权重向量,输出层输出预测结果
B. 仅包含输入层和输出层,直接输出预测结果
C. 使用反馈循环持续优化直至收敛
D. 仅使用单一的隐藏层进行计算

6. BP网络训练过程中误差传播的方式是( )。

A. 从输入层到输出层 B. 从输出层到输入层
C. 在隐藏层内部循环 D. 误差不传播,直接调整权重

7. 企业价值评估使用的数据类型包括( )。

A. 仅定量分析模型 B. 仅主观估计的数据
C. 定量分析模型和主观估计的数据 D. 无需数据

8. 神经网络通过( )学习和适应复杂的输入输出关系。

A. 线性回归分析 B. 大量训练数据
C. 经验公式 D. 直觉判断

9. BP网络中的激活函数的作用是( )。

A. 减少模型的计算复杂度 B. 将输入特征向量转换为权重向量
C. 增加网络的线性特性 D. 控制数据流向的方向

10. 企业价值评估对投资者和管理当局很重要,原因是( )。

A. 它可以减少税收 B. 它可以直接增加利润
C. 它提供信息帮助改善决策 D. 它确保产品质量

二、简答题

1. 描述企业价值评估过程中定量分析和主观估计数据的作用。
2. 简述神经网络如何模拟人脑神经元的功能。
3. 解释BP网络的误差逆传播训练机制。
4. 描述如何使用神经网络解决自然语言处理问题。
5. 讨论企业价值评估在决策过程中的重要性。

10 基于文本分析算法的企业管理会计报告分析

章节引入

在现代企业管理中，会计报告不仅是企业对外披露财务状况的重要文件，也是内部管理和决策的重要依据。随着信息技术的发展，文本分析算法在会计报告分析中的应用日益广泛，它可以从大量非结构化的文本数据中提取有价值的信息，帮助管理者和投资者更深入地理解企业的经营状况和市场表现。本章将探讨如何基于文本分析算法对企业管理会计报告进行深入分析，包括管理层语调分析、情感分析、文本挖掘等，旨在揭示文本分析在提升会计报告信息利用效率和决策支持中的作用。

章节分析

本章通过构建基于文本分析算法的企业管理会计报告分析流程，展示了从数据收集、预处理到文本分析和情感分析的完整过程。首先，通过爬虫工具收集了24家A股上市银行的年报数据，然后利用正则表达式提取管理层讨论与分析部分，并进行中文分词、去停用词、词频统计等预处理操作。接着，通过情感分析技术对文本进行情感倾向的判断，构建了MD&A语调指标，并使用词云图和语义网络等可视化技术直观展示分析结果。此外，本章还探讨了文本分析在风险管理、市场趋势预测等方面的应用，为企业管理提供了新的视角。

10 基于文本分析算法的企业管理会计报告分析

学习目标

知识目标
- 了解文本分析在企业管理会计报告分析中的应用。
- 掌握管理层语调、情感分析、文本挖掘等概念。

能力目标
- 能够运用文本分析算法对会计报告进行分析。
- 能够使用正则表达式、中文分词等技术进行文本预处理。

素质目标
- 培养数据分析能力，提高利用技术手段进行财务分析的能力。
- 增强批判性思维，评估文本分析方法的优势与局限。

10.1 理论概述

10.1.1 管理层语调

管理层语调是指公司高层或管理团队在公开场合发言时，对于公司未来的战略、业绩、市场竞争等问题的态度和用词。它可以通过公司年报，高管在投资者会议、分析师电话会议、业绩发布会等场合的讲话来传达，反映了公司未来的发展方向和战略，以及管理层对于市场环境、竞争态势的看法。

在测量年报中管理层讨论与分析（Management Discussion and Analysis，MD&A）部分的语气或情感时，研究人员通常通过文档中的总词数来计算与特定情感单词列表相关联的单词数。现在的学者在对管理层讨论与分析进行情感分析时，更多引用的是 Henry、谢德仁和林乐等提出的方法，以 MD&A 文本中积极词汇数和消极词汇数之差对比积极词汇数和消极词汇数之和构建 MD&A 语调指标。大量文献指出，管理层语调具有信息传递作用，其所有的信息增量对资本市场具有深远影响。

10.1.2 文本分析

文本分析是对文本内容进行分析、处理和挖掘的过程，目的是从大量的文本数据中提取有用的信息和知识。文本分析的应用非常广泛，如搜索引擎、社交媒体、医疗保健、金融等领域。例如，搜索引擎可以通过文本分析技术来优化搜索结果，提高用户的搜索体验；社交媒体可以通过文本分析技术了解用户的兴趣和需求，提供更好的个性化服务；医疗保健可以通过文本分析技术从医疗文献中提取有用的信息，帮助医生更好地诊断和治疗疾病；金融领域可以通过文本分析技术分析市场趋势和投资者情绪，帮助投资者做出更明智的投资决策。

10.1.3 正则匹配

正则表达式(Regular Expression,在代码中常简写为 regex、regexp 或 RE),又称规则表达式,是一种文本模式,包括普通字符(例如,a~z 的字母)和特殊字符(称为元字符)。正则表达式使用单个字符串来描述、匹配一系列匹配某个句法规则的字符串。通过使用正则表达式,可以轻松地筛选、查找、替换或验证文本数据,以满足特定需求。

10.1.4 语义网络

语义网络是一种以网络格式表达人类知识构造的形式,它由奎林(J. R. Quillian)于 1968 年提出。在人工智能领域,语义网络起初是作为人类联想记忆的一个明显公理模型。随后,它被用于自然语言理解,表示命题信息。在专家系统(Expert System,ES)中,语义网络由 PROSPEUTOR 实现,用于描述物体概念与状态及其间的关系。

语义网络一般由一些最基本的语义单元/语义基元组成,语义基元是由有向图表示的三元组(节点 A,弧,节点 B),如图 10-1 所示。

图 10-1 语义基元有向图

节点代表实体,表示各种事物、概念、情况、属性、状态、事件、动作等。

弧是有方向和标注的,方向体现了节点所代表的实体的主次关系,即节点 A 为主,节点 B 为辅;线上的标注表示它所连接的两个实体之间的语义联系。(在语义网络中,弧的方向是不能随意调换的)

10.1.5 情感分析

情感分析是 2018 年公布的计算机科学技术名词,它指的是对文本、声音、图像等多媒体数据进行分析,以识别和分析其中的情感色彩和意见倾向。情感分析也称意见挖掘或情感智能,其应用范围广泛,包括市场调查、客户满意度分析、舆情分析、金融风险管理、医学诊断等领域。

情感分析的主要挑战在于如何准确、高效地处理和分析大规模的多媒体数据,以及如何将情感分析结果转化为可理解和可用的格式。常用的情感分析工具有自然语言处理技术、机器学习算法、深度学习模型等。

情感分析在商业、政府和社会领域都有着广泛的应用。例如,企业可以使用情感分析来了解消费者对其产品和服务的看法和意见,从而制定更加精准的市场策略;政府可以使用情感分析来监测和分析公众对其政策和行动的意见和反馈,以便更好地改进和调整政策;社会学家可以使用情感分析来研究社会情绪和趋势,以帮助制定更加科学的社会政策和发展规划。

总之,情感分析是一种利用计算机技术和人工智能算法对多媒体数据进行情感分析和意见挖掘的综合性技术。

10.2　流程分析

文本分析流程如图 10-2 所示。

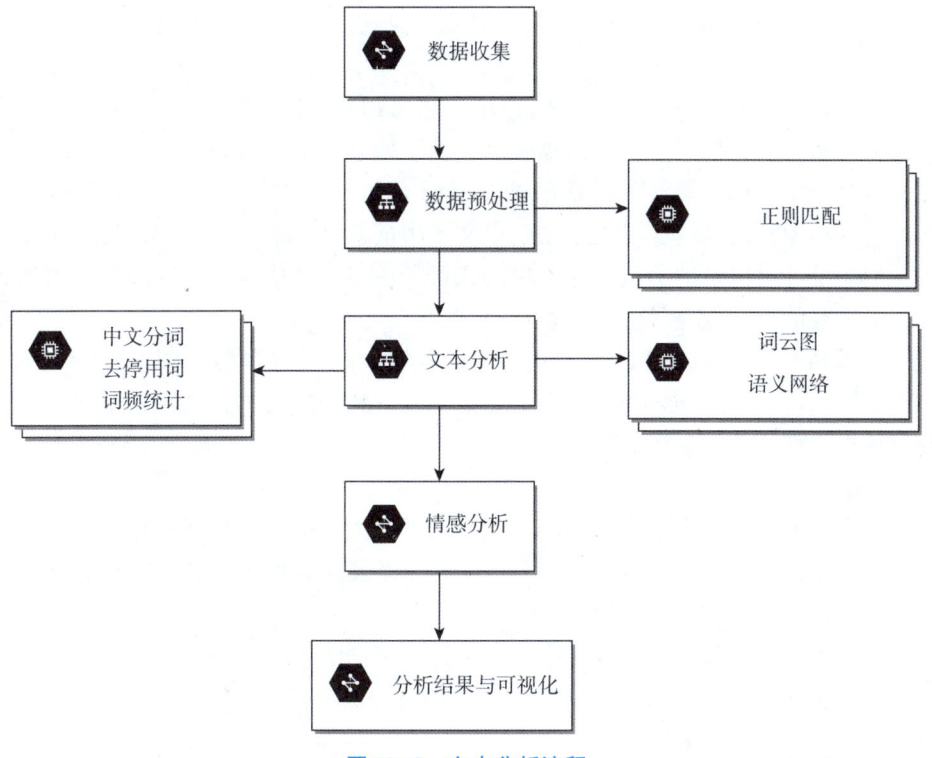

图 10-2　文本分析流程

10.2.1　数据收集

本案例选择了 24 家在中国 A 股市场上市的银行作为研究对象。这些银行在业内具有较高的知名度和影响力，其经营状况对于了解中国银行业的发展趋势和特点具有重要参考价值。为了获取这些银行在 2015—2021 年的年报数据，利用爬虫工具，从巨潮资讯网下载了相关年报，作为后续对 MD&A 部分进行文本分析的基础数据来源。

10.2.2　数据预处理

由于本次分析仅需对年报中的 MD&A 进行深入研究，因此采用正则表达式进行匹配，将每份年报的 MD&A 部分独立提取并保存为一份 TXT 文档，以便后续处理使用。

10.2.3　文本分析

（1）中文分词。

在中文文本分析中，由于中文并不是以词为单位进行分隔的，因此需要对中文文本进行分词以获得单个的词汇或词组，以便进行更高级别的文本分析。

(2) 去停用词。

在文本分析中，停用词是指那些在自然语言文本中非常常见的单词，通常不携带特定含义，但却可能干扰模型的训练效果。例如，英文的停用词包括 the、a、an、in 等，中文的停用词则包括"的""了""和""是""在""有""不""我""他""你"等。对于中文停用词，可以参考中文停用词库、哈工大停用词表、百度停用词列表等。在 Python 语言中，可以将中文停用词存储在一个列表中，然后在分词后对文本进行处理，去掉其中的停用词。

(3) 词频统计。

词频统计在文本分析中有着重要的作用。它可以帮助了解文本中的关键字和出现频率，进而为文本分类、情感分析、机器翻译、信息检索等任务做好准备。

在文本分类中，词频统计可以帮助确定最重要的单词或符号，以帮助分类器进行分类；在情感分析中，词频统计可以帮助确定文本中最常见的情感，以便进行分类；在机器翻译中，词频统计可以帮助确定翻译的单词或符号；在信息检索中，词频统计可以帮助确定查询中最重要的单词或符号，以便进行查询匹配。

此外，词频统计还可以用于研究词义、词语搭配等语言学问题，以及探索文本内容的主题和情感倾向等。通过词频统计，可以更好地理解和挖掘文本数据中的信息，为后续的分析和处理提供有价值的参考。

(4) 词云图。

词云图是一种数据可视化技术，用于表示文本数据中词语的频率和重要性。通过将高频词语放大并呈现为颜色鲜艳的词云，可以快速了解文本数据的主要内容和重点。

以下是制作词云图的一般步骤。

①收集文本数据并将其整理成一个文本文件或数据集。

②使用 Python 语言中的文本处理库(如 jieba 或 NLTK)对文本数据进行分词处理，并将分词结果保存到一个列表中。

③统计每个单词在文本数据中出现的频率，并将频率高的单词提取出来。

④使用 Python 语言中的词云库(如 wordcloud)生成词云图。将提取出的高频单词输入到词云库中，设置相应的参数(如字体、颜色、大小等)，生成词云图。

⑤根据需求对词云图进行优化和调整，使其符合展示的要求。

需要注意的是，制作词云图的过程中需要关注数据的预处理、分词的准确性及参数设置的合理性，以避免出现误解或误导观众的情况。

(5) 语义网络。

语义网络是一种以网络格式表达人类知识构造的形式，是人工智能程序运用的表示方式之一。它模拟人类的认知过程，用于表示知识和建立认知模型。

建立语义网络的过程可以归纳为以下几个步骤。

①确定问题中涉及的对象及其属性。

②确定对象之间的关系。

③根据语义网络中的继承关系，整理同一层节点共同属性，并抽取这些属性加入上层节点中，避免造成属性信息冗余。

④将各个对象作为语义网络中的一个节点，而各个对象之间的关系作为网络中各节点之间的弧，连接形成语义网络。

10.2.4 情感分析

情感分析技术可以识别文本中的正面、负面和中性情感，对上市公司年报中的 MD&A 部分进行情感分析，可以帮助投资者更好地理解公司的经营状况和发展前景，从而做出更明智的投资决策。

情感分析的过程可以归纳为以下三个步骤。

(1) 对文本进行预处理，即中文分词和去停用词。

(2) 设置正向、负向情感词表。

(3) 分别统计文本中的积极词汇数量、消极词汇数量，用于计算积极/消极主义指标。

10.3 具体流程

【微课视频】10 基于文本分析算法的企业管理会计报告分析 1

10.3.1 数据收集

部分年报数据如图 10-3 所示。

  2016年年度报告

  2017年年度报告

  2018年年度报告

  2019年年度报告

  杭州银行2020年年度报告

  杭州银行2021年年度报告

图 10-3 部分年报数据

10.3.2 数据预处理

(1) 导入相关库。

```
import os
import pandas as pd
import pdfplumber
import re
```

(2) 提取年报中 MD&A 部分。

定义函数，通过正则表达式匹配年报中的 MD&A 部分。

```
def analysis(content):
```

定义一个正则表达式,用于匹配包含"讨论与分析"的文本。

  regex=r"讨论与分析\s* \n+[\s\S]* ? 第．节|讨论与分析\s* \n+[\s\S]* ? 第．章"

使用正则表达式在 content 中搜索匹配项。

  match=re. search(regex,content)

检查搜索结果是否为空(即未找到匹配项)。

  if match==None:

如果初始匹配失败,则更改正则表达式以尝试匹配包含"讨论与分析"的文本,后面紧跟"社会责任""变动及股东情况"或"银行业务信息与数据"等关键词,以及对应的内容。

  regex=r"讨论与分析\s* \n+[\s\S]* ? 社会责任|讨论与分析\s* \n+[\s\S]* ? 变动及股东情况|讨论与分析\s* \n+[\s\S]* ? 银行业务信息与数据"
  match=re. search(regex, content)

检查新的搜索结果是否为非空(即找到匹配项)。

  if match:

若找到匹配项,则将匹配到的文本片段赋值给变量 management_analysis_text。

  management_analysis_text=match. group()

从 management_analysis_text 中移除所有数字字符。

  text=re. sub('\d+', ", management_analysis_text, re. S)

去除其中的空白字符、换行符和回车符,最终得到纯净的文本内容并赋值给变量 text。

  text=management_analysis_text. strip(). replace(", "). replace('\n', "). replace('\r', ")
  return text

如果所有匹配尝试都失败(即未找到匹配项),则返回"无"。

  else:
    a='无'
    return a

由于不同公司年报对于 MD&A 部分的表述、段落位置不同,故选取满足大部分年报表述方式的正则表达式进行匹配,尽可能地匹配更多的年报。对于少部分未顺利匹配到的 MD&A 部分,本案例选择放弃。若想继续匹配,可以通过观察其在年报中的表述方式及段落位置,针对性地编写正则表达式进行匹配。

初始化一个空列表,用于存储提取的文本内容。

  all_c=[ ]

使用 os. walk( )函数遍历名为"银行年报"的文件夹中的所有文件。os. walk( )函数会为每一个子目录返回一个三元组(root, dirs, files),其中,root 是正在查看的文件夹名;dirs 是子文件夹名列表;files 是文件名列表。

  for root, dirs, files in os. walk('银行年报'):
    for file in files:
      path=os. path. join(root, file)

读取 PDF 文档内容。

```
with pdfplumber.open(path) as pdf:
    content=''
```

len(pdf.pages)为 PDF 文档页数。

```
for i in range(len(pdf.pages)):
```

pdf.pages[i]是读取 PDF 文档第 i+1 页。

```
page=pdf.pages[i]
```

page.extract text()函数即读取文本内容,下面这步是去掉文档最下面的页。

```
if page.extract_text() is not None:
    page_content='\n'.join(page.extract_text().split('\n')[:-1])
    content=content + page_content
```

提取年报中 MD&A 部分。

```
c=analysis(content)
```

输出为 TXT 文档。

```
file_names=file +'(管理层讨论与分析).txt'
with open(root +"/"+ file_names ,'w+',encoding='utf-8') as f:
    f.write(c)
    f.close()
all_c.append(c)
print(path)
```

汇总所有 MD&A 并输出为 CSV 文件。

```
df=pd.DataFrame(all_c, columns=['管理层讨论与分析'])
df.to_csv('2.0.管理层讨论与分析.csv')
```

部分提取结果如图 10-4 和图 10-5 所示。

图 10-4　单个管理层讨论与分析 TXT 文档

| 讨论与分析一、本行整体经营情况报告期内，本行积极推动核心存款增长，加大资产投放力度，严守风险 |
| 讨论与分析一、本行整体经营情况报告期内，本行立足核心存款的增长，积极推动资产投放，严守风险底 |
| 讨论与分析一、本行整体经营情况报告期内，本行坚持稳中求进工作总基调，紧紧围绕"服务实体经济、 |
| 讨论与分析一、本行整体经营情况2018年，本行以"打造一流财富管理银行"的战略愿景为指引，紧紧围 |
| 讨论与分析一、本行整体经营情况（一）资产负债平稳增长，业务结构持续优化报告期末，本集团资产总 |
| 讨论与分析一、本行整体经营情况（一）业务规模平稳增长，负债成本持续优化报告期末，本集团资产总 |
| 讨论与分析一、报告期内经济、金融与监管环境2021年，国际环境更趋复杂严峻和不确定，全球疫情仍在持 |
| 讨论与分析一、报告期内主要经营情况（一）概述1、总体经营情况报告期内，面对复杂严峻的经营环境， |
| 讨论与分析一、报告期内主要经营情况（一）概述1、总体经营情况报告期内，面对复杂严峻的经营环境， |
| 讨论与分析一、报告期内主要经营情况（一）概述1、总体经营情况报告期内，商业银行的经营环境依然复 |
| 讨论与分析一、报告期内主要经营情况（一）概述1、总体经营情况报告期内，公司按照稳中求进的基调， |
| 讨论与分析一、报告期内主要经营情况（一）概述1、总体经营情况报告期内，公司按照"稳中求进、稳中 |
| 讨论与分析（一）行业格局和趋势2021年是"两个一百年"历史交汇之年、"十四五"规划和二〇三五年 |
| 讨论与分析一、公司主要业务及行业情况（一）主要业务公司成立于1988年8月，是经国务院、中国人民银 |

图 10-5　汇总管理层讨论与分析 CSV 文件

10.3.3　文本分析

（1）导入相关库。

```
import pandas as pd
import numpy as np
```

导入 imageio，这是一个用于读取和写入图像、视频、动画等多媒体文件的 Python 库。

```
from imageio import imread
```

导入 networkx 库，这是一个用于创建、操作和研究复杂网络结构的库。在这段代码中，它用于构建词汇网络。

```
import networkx as nx
import matplotlib.pyplot as plt
from tkinter import _flatten
```

导入 itertools 库，它提供了用于高效循环的迭代器函数。

```
import itertools
```

导入 jieba 库中的 posseg 模块，并简写为 jp，以及直接导入整个 jieba 库。jieba 是一个用于中文分词的流行库。

```
import jieba.posseg as jp, jieba
```

从 gensim 库中导入 CoherenceModel 类，这个类可能用于评估语料库的质量或模型的连贯性。

```
from gensim.models.coherencemodel import CoherenceModel
```

从 gensim 库中导入 LdaModel 类，这是 LDA 模型的实现类，常用于主题建模和文档分类。

```
from gensim.models.ldamodel import LdaModel
```

从 gensim 库的 corpora 模块中导入 Dictionary 类，用于创建词典。

```
from gensim.corpora.dictionary import Dictionary
```

从 gensim 库中导入 corpora 模块和 models 模块，前者用于创建和处理语料库，后者包含各种模型算法。

```
from gensim import corpora
from gensim import models
import re
```

（2）导入数据。

```
df=pd.read_csv('2.0.管理层讨论与分析.csv',encoding='gbk')
```

（3）中文分词。

```
def mycut(s):
    return " ".join(jieba.cut(s))
df['管理层讨论与分析']=df['管理层讨论与分析'].astype(str)
df['管理层讨论与分析']=df['管理层讨论与分析'].apply(mycut)
```

（4）去除停用词、数字、字母。

读取停用词表。

```
stoplist="0.2.停用词表.txt"
stop=pd.read_csv(stoplist,encoding="utf8",header=None,sep="tipdm",engine="python")
```

读取停用词表时自动过滤空格，这里手动添加。

```
stop=[" ",""] + list(stop[0])
```

转换成数组。

```
df['管理层讨论与分析']=df['管理层讨论与分析'].apply(lambda s: s.split(" "))
```

去除停用词。

```
df['管理层讨论与分析']=df['管理层讨论与分析'].apply(lambda x: [i for i in x if i not in stop])
```

以空格分隔并拼接。

```
df['管理层讨论与分析']=df['管理层讨论与分析'].apply(lambda s: " ".join(s))
```

输出文件。

```
df['管理层讨论与分析'].to_csv('2.1.词源.txt')
```

删除数字、字母。

```
with open('2.1.词源.txt') as file:
    content=file.read()
    string=re.sub(r"[A-Za-z]","",content)
    string=re.sub('%',"",string)
    s="".join([i for i in string if not i.isdigit()])
with open('2.1.词源.txt','w') as f:
    print(s,file=f)
```

部分词源结果如图 10-6 所示。

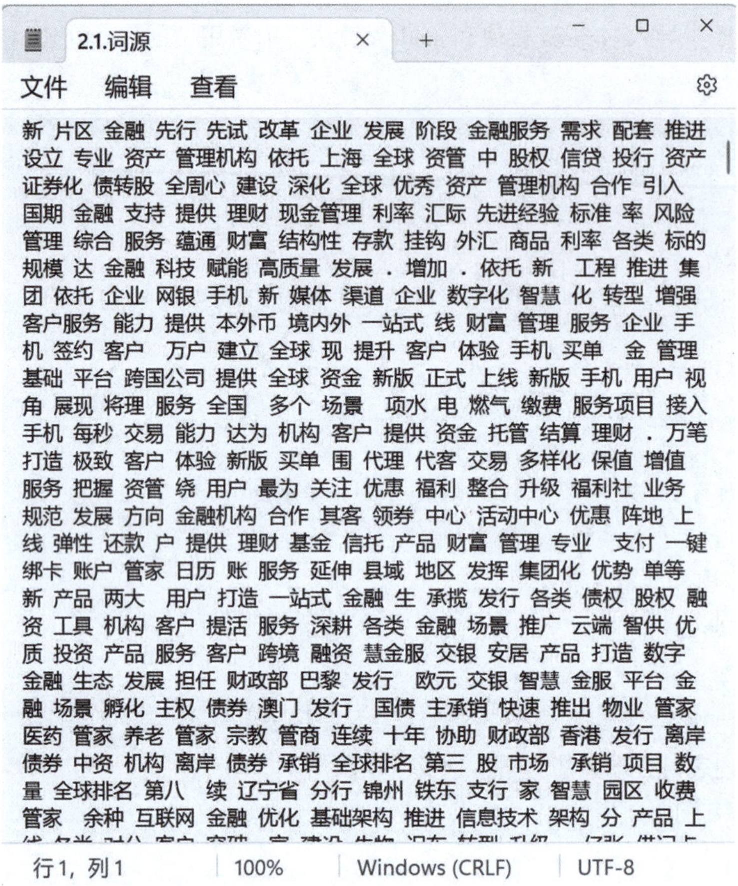

图 10-6 部分词源结果

(5) 词频统计。

```
word_lst=[ ]
word_dict={}
with open('2.1.词源.txt') as wf,open("2.2.词频统计.txt",'w') as wf2:
    for word in wf:
        word_lst.append(word.split(''))
    for item in word_lst:
        for item2 in item:
            if item2 not in word_dict:
                word_dict[item2]=1
            else:
                word_dict[item2]+=1
    for key in word_dict:
```

将每个单词及其出现次数写入结果文件中,每个单词一行。

wf2. write(key+" "+str(word_dict[key])+'\n')

部分词频统计结果如图 10-7 所示。

宏观经济	16239	全球	39656
金融	418080	经济	178484
形势	30688	增长	509821
发挥	25719	放缓	10172
综合化	24014	贸易	41024
优势	45617	摩擦	2276
提升	300860	持续	259892
跨业	1438	体	3093
跨境	44092	能力	174601
跨	6907	首批	14552
市场	234184	成立	31420
服务	327213	理财	97671

图 10-7　部分词频统计结果

（6）根据词频统计结果生成词云图。

txt=open('2.2.词频统计.txt').read()
w=wordcloud.WordCloud(background_color='white',width=800,height=600,

导入新的库。

from cv2 import imread

设置词云中词汇大小的相对缩放系数，0.5 表示缩小一半。

  txt=open('2.2.词频统计.txt').read()
w=wordcloud.WordCloud(background_color='white',width=800,height=600,
relative_scaling=0.5,
  font_path='C:\Windows\Fonts\simfang.ttf',
  mask=imread('0.3.词云模板.png'))
w.generate(txt)
w.to_file('2.3.词云图.png')

结果如图 10-8 所示。

图 10-8　词云图

(7) 构造 MD&A 的语义网络。

```
content=df['管理层讨论与分析']
```

将 content 中的每个元素(可能为字符串)拆分为独立的词,然后用空格连接,得到一个词列表。

```
cut_word_list=list(map(lambda x: ''.join(x), content.tolist()))
```

将上一步得到的词列表用空格连接成一个字符串,然后再将这个字符串拆分成独立的词,得到一个包含所有独立词的列表。

```
content_str=''.join(cut_word_list).split()
```

对上一步得到的词列表进行词频统计,得到一个关键词词频统计表。

```
word_fre=pd.Series(_flatten(content_str)).value_counts()
```

选取词频最高的 50 个关键词作为研究对象。

```
keywords=word_fre[:50].index
```

创建一个初始的二维矩阵,大小为(len(keywords)+1)*(len(keywords)+1),所有元素初始化为 0。

```
matrix=np.zeros((len(keywords)+1)* (len(keywords)+1)).reshape(len(keywords)+1,
        len(keywords)+1).astype(str)
```

将矩阵的左上角元素设为 NaN,表示这个位置不参与计算。

```
matrix[0][0]=np.NaN
```

将矩阵的第一列(以及第一行,因为矩阵是对称的)的元素设为关键词列表。

```
matrix[1:,0]=matrix[0,1:]=keywords
```

将 cut_word_list 中的每个元素(可能为字符串)拆分为独立的词,得到一个词列表的列表。

```
cont_list=[cont.split() for cont in cut_word_list]
```

计算关键词之间的共现次数。如果两个关键词在同一个列表(即同一个句子)中,并且它们之间的位置距离不超过 1,则它们的共现次数加 1。这个过程针对所有关键词组合进行。

```
for i, w1 in enumerate(word_fre[:50].index):
    for j, w2 in enumerate(word_fre[:50].index):
        count=0
        for cont in cont_list:
            if w1 in cont and w2 in cont:
                if abs(cont.index(w1)- cont.index(w2))==0 or abs(cont.index(w1)- cont.index(w2))==1:
                    count+=1
```

```
            if i==j:
                 matrix[i+1][j+1]=0
            else:
                 matrix[i+1][j+1]=count
kwdata=pd. DataFrame(data=matrix)
kwdata. to_csv('2. 4. 关键词共现矩阵. csv', index=False, header=None, encoding='utf-8-sig')
```

根据关键词共现矩阵绘制语义网络图。

```
d=pd. read_csv('2. 4. 关键词共现矩阵. csv')
d. index=d. iloc[:, 0]. tolist()
df_=d. iloc[:20, 1:21]
df_. astype(int)
plt. rcParams['font. sans-serif']=['SimHei'] # 正常显示中文标签
plt. rcParams['axes. unicode_minus']=False # 正常显示负号
plt. figure(figsize=(10, 15))
```

使用 networkx 库的 from_pandas_adjacency()函数，根据数据框 df_ 中的数据创建一个网络图，并将结果存储在名为 graph1 的变量中。

```
graph1=nx. from_pandas_adjacency(df_)
```

使用 networkx 库的 draw()函数绘制网络图。具体参数如下：网络图的节点颜色为黄色，边缘颜色为蓝色，字体大小为 25，同时显示节点和边缘的标签。

```
ax=plt. gca()    #创建坐标轴对象
pos=nx. spring_layout(graph1)    #设置节点位置
nx. draw(graph1, pos, with_labels=True, node_color='yellow', font_size=25, edge_color='blue', ax=ax)
#绘制图形,并传入坐标轴对象
plt. savefig('2. 5. 语义网络图. jpg')    # 保存图像
plt. show()    #显示图形
```

结果如图 10-9 所示。

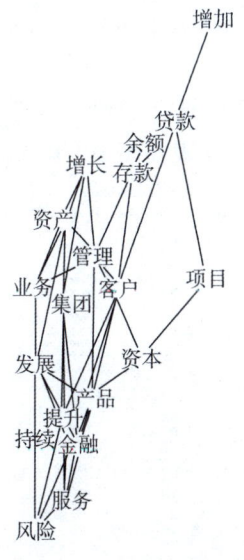

图 10-9　语义网络图

10.3.4 情感分析

(1) 导入相关库。

```
import jieba
import pandas as pd
import os
import re
import numpy as np
```

(2) 定义文本预处理的函数。

设置停用词表。

```
stopwords_path='0.2.停用词表.txt'
```

从"0.2.停用词表.txt"文件中读取所有行,将每行内容去除首尾的空白字符后存储到一个集合中。

```
stopwords=set([line.strip() for line in open(stopwords_path, 'r', encoding='utf-8').readlines()])
# 对文本进行分词并过滤停用词
def segment(text):
```

对输入的文本进行分词,返回一个分词后的列表。

```
seg_list=jieba.cut(text)
```

使用列表推导式遍历这个分词后的列表,将其中在停用词表中的词过滤掉,得到一个新的列表。

```
filtered_words=[word for word in seg_list if word not in stopwords]
return filtered_words
```

(3) 定义统计词汇数量的函数。

设置情感词表。

```
posdict_path='0.4.正向词表.txt'
posdict=set([line.strip() for line in open(posdict_path, 'r', encoding='utf-8').readlines()])
negdict_path='0.5.负向词表.txt'
negdict=set([line.strip() for line in open(negdict_path, 'r', encoding='utf-8').readlines()])
```

部分停用词表、正向词表、负向词表如图10-10所示。

图10-10 部分停用词表、正向词表、负向词表

计算积极词汇数量、消极词汇数量、段落总词数。

```
def analyze_text(text):
    pos_word_count=0
    neg_word_count=0
    word_count=0
```

将文本按照段落分割。

```
paragraphs=re.split('\n|\r', text)
for para in paragraphs:
    if not para.strip():
        continue
```

将段落分割成句子。

```
sentences=re.split('[。!?]', para)
for sentence in sentences:
    if not sentence.strip():
        continue
```

将句子分词并过滤停用词。

```
        words=segment(sentence)
        word_count+=len(words)
        pos_word_count+=len([word for word in words if word in posdict])
        neg_word_count+=len([word for word in words if word in negdict])
return pos_word_count, neg_word_count, word_count
```

(4)定义计算积极主义指标的函数。

```
def calculate_emo(pos_word_count, neg_word_count):
    if pos_word_count + neg_word_count==0:
        return 0
    pos=pos_word_count / (pos_word_count + neg_word_count)    # 管理层正面语调
    return pos
```

(5)定义分析单个文档的函数。

```
def analyze_report(file_path):
```

使用 with 语句打开文件，这样可以确保文件在使用后被正确关闭。使用 r 模式打开文件以进行读取，并指定文件的编码为 UTF-8。

```
with open(file_path, 'r', encoding='utf-8') as f:
```

将文件路径按照\\进行分割，取得到的第二个元素作为公司名称。

```
company=file_path.split('\\')[1]
```

使用正则表达式\d{4}搜索文件路径，匹配任意 4 个数字，返回匹配的结果。

```
y1=re.search('\d{4}', file_path)
```

获取上一步匹配的结果，即年份。

```
year=y1.group(0)
text=f.read()
```

调用 analyze_text( ) 函数对读取的文本进行分析，返回积极词汇数量、消极词汇数量和总词汇数量。

```
pos_word_count, neg_word_count, word_count=analyze_text(text)
```

调用 calculate_emo( ) 函数，使用上一步得到的积极词汇数量和消极词汇数量来计算情绪指数。

```
emo=calculate_emo(pos_word_count, neg_word_count)
return {
    'company': company,
    'year': year,
    'pos_word_count': pos_word_count,
    'neg_word_count': neg_word_count,
    'word_count': word_count,
    'pos': pos
}
```

(6) 定义读取分析目录下所有文档的函数。

```
def analyze_reports(dir_path):
```

初始化一个空字典 company_reports，用于存储分析结果。

```
company_reports={}
```

使用 os.walk( ) 函数遍历指定目录下的所有文件和子目录。os.walk( ) 会依次返回每个子目录的路径、子目录名列表和文件名列表。

```
for root, dirs, files in os.walk(dir_path):
    for file in files:
```

检查文件是否以 .txt 结尾。如果是，说明该文件是一个文本报告文件。

```
if file.endswith('.txt'):
```

从文件名中提取公司代码。这里假设公司代码是文件名中"."以前的部分。

```
company_code=file.split('.')[0]
```

构造文件的完整路径。

```
file_path=os.path.join(root, file)
```

调用 analyze_report( ) 函数分析当前报告文件，并返回分析结果。

```
report_data=analyze_report(file_path)
```

检查公司代码是否已经存在于 company_reports 字典中。

```
if company_code in company_reports:
```

如果存在，将分析结果 report_data 添加到该公司代码对应的列表中。

```
            company_reports[company_code].append(report_data)
        else:
```

如果不存在，创建一个新列表，并将分析结果 report_data 添加到该列表中。

```
            company_reports[company_code]=[report_data]
    return company_reports
```

(7) 定义存储结果的函数。

将数据存储在数据框中并输出到 CSV 文件。

```
def save_to_csv(company_reports, output_path):
    rows=[]
    for company_code, reports in company_reports.items():
        for report in reports:
```

对于每一个报告，将其中的 company、year、pos 列提取出来，存储在 row 中。

```
            row={
                'company': report['company'],
                'year': report['year'],
                'pos': report['pos']
            }
            rows.append(row)
    df=pd.DataFrame(rows)
```

从数据框 df 中筛选出 pos 列值不为 0 的行。

```
    df=df[df['pos']!=0]
    df.to_csv(output_path, index=False)
```

(8) 调用函数完成情感分析。

设置年报文件目录和输出 CSV 文件路径。

```
dir_path='银行年报'
output_path='2.8.情感分析指标.csv'
```

分析年报并存储数据到 CSV 文件中。

```
company_reports=analyze_reports(dir_path)
save_to_csv(company_reports, output_path)
```

10.3.5 分析结果可视化

(1) 导入相关库。

```
import matplotlib.pyplot as plt
import pandas as pd
from matplotlib.ticker import FuncFormatter
```

(2) 导入数据。

```
d=pd.read_csv('2.8.情感分析指标.csv')
data=d.copy()
data=data.sort_values('year')
```

(3) 选择目标公司。

```
company=input('请输入银行名称:')
data_company=data[data.company==company]
```

(4) 可视化。

防止中文乱码。

```
plt.rcParams['font.sans-serif']=['SimHei']
plt.rcParams['axes.unicode_minus']=False
```

定义数据。

```
x=data_company['year']
y=data_company['emo']
```

创建折线图。

```
plt.plot(x, y)
```

定义标题和轴标签。

```
plt.title('目标公司历年语调积极程度')
plt.xlabel('年份')
plt.ylabel('语调积极程度')
```

保存图形。

```
plt.savefig('2.9.目标公司历年语调积极程度.png')
```

以北京银行为例，目标公司历年语调积极程度可视化结果如图10-11所示。

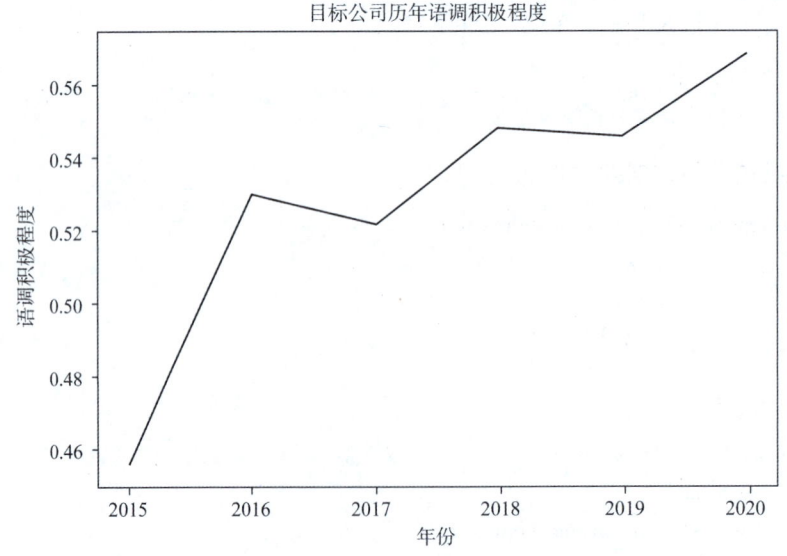

图10-11　目标公司历年语调积极程度

10 基于文本分析算法的企业管理会计报告分析

【微课视频】10 基于文本分析算法的企业管理会计报告分析 3

知识拓展

文本分析算法在会计和财务领域的应用，正逐渐成为企业决策支持的重要工具。通过文本分析，企业可以从年报、季报、新闻发布、社交媒体等多渠道文本中提取有价值的信息，用于市场趋势分析、消费者行为研究、品牌形象管理等。随着自然语言处理技术的进步，文本分析的准确性和深度不断提高，其在企业价值评估、风险预警、投资者关系管理等方面的应用也越来越广泛。

未来，文本分析算法的发展将更加注重算法的可解释性和适应性，以及与其他数据分析技术的融合。例如，结合机器学习和深度学习技术，文本分析可以更好地理解复杂的文本语义，提高情感分析的准确度。同时，随着大数据技术的发展，文本分析将面临更大规模数据的处理挑战，需要更高效的算法和更强大的计算能力支持。此外，文本分析在企业中的应用也需要考虑数据隐私和安全性的问题，确保企业信息的安全和合规使用。

总之，文本分析算法在企业管理会计报告分析中的应用前景广阔，但也需要在实践中不断完善和创新。随着技术的成熟和应用的深入，文本分析有望成为企业决策的重要辅助工具，帮助企业更好地理解和利用非结构化数据，提升管理效率和决策质量。

练习题

一、单选题

1. 文本分析是指对文本内容进行分析和挖掘的过程。以下(   )不属于文本分析的应用领域。

    A. 搜索引擎优化　　　　　　　　B. 社交媒体分析
    C. 医疗保健诊断　　　　　　　　D. 股票交易预测

2. 情感分析的预处理步骤包括(   )。

    A. 文本的分词和去停用词处理
    B. 根据正向和负向词汇进行分类
    C. 计算情感得分来表示情感倾向
    D. 对文本中的语法属性进行分析和统计

3. 语义网络是一种以网络格式表达人类知识构造的方式。以下(   )描述了语义网络中的语义基元。

    A. 有向图中的节点表示实体，弧表示实体之间的语义联系
    B. 有向图中的弧表示实体，节点表示实体之间的语义联系
    C. 有向图中的节点和弧都表示实体之间的语义联系

D. 有向图中的节点和弧分别表示实体和语义联系

4. 情感分析是对文本、声音、图像等多媒体数据进行分析，以识别和分析其中的情感色彩和意见倾向。以下（　　）不是情感分析的应用。

A. 市场调查　　　　　　　　　　B. 客户满意度分析
C. 天气预报　　　　　　　　　　D. 舆情分析

5. 管理层语调是指公司高层或管理团队在公开场合发言时，对于公司未来的战略、业绩、市场竞争等问题的态度和用词。管理层语调可以通过（　　）来传达。

A. 公司年报　　　　　　　　　　B. 高管在投资者会议上的发言
C. 分析师电话会议　　　　　　　D. 以上都是

6. 文本分析的目的是从大量的文本数据中提取有用的信息和知识。以下（　　）不是文本分析的常见技术。

A. 自然语言处理　　　　　　　　B. 机器学习算法
C. 卷积神经网络　　　　　　　　D. 图像处理技术

7. 正则表达式是一种用来描述和匹配文本模式的方法。以下（　　）表达式可以匹配一个连续的数字序列。

A. \d+　　　　B. \w+　　　　C. \s+　　　　D. \W+

8. 语义网络是一种用网络格式表达人类知识构造的方式。以下（　　）描述了语义网络中的语义联系。

A. 节点　　　　　　　　　　　　B. 弧
C. 实体　　　　　　　　　　　　D. 节点和弧都表示语义联系

二、多选题

1. 情感分析是对文本中的情感色彩和意见倾向进行分析。以下（　　）是情感分析可能考虑的内容。

A. 情绪　　　　B. 意见　　　　C. 主观性　　　　D. 文本长度

2. 在文本分析中，常见的预处理步骤包括（　　）。

A. 分词　　　　B. 去除停用词　　　　C. 词性标注　　　　D. 句法分析

三、简答题

1. 请简要说明管理层语调的概念和作用，以及如何通过管理层讲话来推断公司的未来发展方向和战略。

2. 解释文本分析的概念并列举至少三个文本分析的应用领域，详细说明其中一个领域的应用案例。

3. 介绍正则表达式的用途和基本语法，并举例说明如何使用正则表达式进行文本的筛选和替换。

4. 解释语义网络的概念和构成要素，以例子说明如何使用语义网络来表示概念和关系。

5. 简述情感分析的定义，并举例说明情感分析在一个领域中的应用场景和意义。

11 基于管理层驾驶舱的企业财务报表分析

章节引入

在企业管理中，财务报表分析是评估企业经营状况的重要手段。然而，传统的财务分析往往局限于数字和表格，缺乏直观性和互动性。随着信息技术的发展，管理层驾驶舱作为一种新兴的决策支持工具，通过数据可视化技术，将复杂的财务和业务数据转换为直观的图表和指标，帮助管理者快速把握企业运营的关键信息。本章将探讨如何利用基于Streamlit框架的管理层驾驶舱进行企业财务报表分析，展示如何通过整合和可视化关键财务指标，提升企业的决策效率和质量。

章节分析

本章通过构建基于Streamlit框架的管理层驾驶舱，实现了对企业财务报表的多维度分析。首先，介绍了管理层驾驶舱的概念和重要性，然后通过实际的编程步骤，展示了如何导入数据、设置网页信息、筛选数据、绘制图表，以及整合四大能力面板(盈利能力、偿债能力、营运能力和发展能力)。通过这一流程，管理者可以直观地监控企业的财务状况，及时发现问题并做出决策。本章还提供了详细的代码实现，包括数据预处理、图表绘制和页面布局等，为读者提供了一个完整的参考模板。

学习目标

知识目标
- 理解管理层驾驶舱的概念和在企业决策中的作用。
- 掌握财务报表分析的主要内容和常用指标。

> **能力目标**
> - 能够使用 Streamlit 框架构建管理层驾驶舱。
> - 能够进行数据预处理、图表绘制和网页布局设计。
>
> **素质目标**
> - 培养数据驱动的决策思维,提高利用数据解决问题的能力。
> - 增强创新意识和实践能力,推动企业在数字化时代实现转型升级。

11.1 理论概述

11.1.1 管理层驾驶舱

管理层驾驶舱(Management Dashboard)是企业管理信息系统的一部分,通过集成和可视化企业的关键业务指标、数据和信息,为企业决策者提供全面、实时的管理视图。管理层驾驶舱的设计目的是为管理者提供一个直观、清晰的数据视图,帮助他们迅速了解企业的整体运营情况和业务绩效。通过可视化的图表、仪表盘和报表,管理层驾驶舱展示关键指标的趋势、警示信号和异常情况,让管理者能够及时发现问题、分析原因并做出相应的决策。

管理层驾驶舱通常整合多个数据源,包括财务、销售、生产、人力资源等领域的数据,从而为管理者提供全面的数据分析能力。它通过数据可视化和交互式功能,使管理者能够自定义查询和筛选数据,进行多维度的数据分析和比较,帮助他们发现业务模式、趋势和关联性,从而更好地制定战略、优化业务流程和提升绩效。

总而言之,管理层驾驶舱是一种强大的决策支持工具,通过整合、可视化和分析数据,帮助管理者全面了解企业的运营情况,做出准确的决策,推动企业的持续发展。

11.1.2 财务报表分析

财务报表分析是通过对企业的财务报表数据进行解读和分析,评估企业的盈利能力、营运能力、偿债能力和发展能力等方面的表现。

盈利能力是评估企业盈利情况的重要指标。常用的指标包括净利润率、毛利率和营业利润率。净利润率反映了企业净利润与营业收入的比例,是评估企业经营盈利状况的核心指标。毛利率则反映了企业销售产品或提供服务的毛利润水平,营业利润率则衡量了企业在经营活动中实现营业利润的能力。

营运能力是评估企业运作效率和资源利用效率的指标,常用的指标包括资产周转率、存货周转率和应收账款周转率等。资产周转率反映了企业利用资产创造销售收入的能力,存货周转率则衡量了企业存货流动性和销售速度,应收账款周转率评估了企业对客户信用的管理和回款能力。

偿债能力是评估企业偿债能力和债务风险的指标,常用的指标包括流动比率、速动比率和负债比率。流动比率反映了企业短期偿债能力,速动比率则排除了存货的影响,更加突出了企业紧急偿债能力。负债比率则衡量了企业债务资金对其资产的占比,帮助评估企业的负债状况。

发展能力评估企业的成长潜力和可持续发展能力,主要指标包括营业收入增长率和资本回报率。营业收入增长率反映了企业的销售收入增长速度,资本回报率和净资产收益率则分别衡量了企业在资本和净资产利用方面创造利润的能力。

通过综合分析这些财务指标,可以全面了解企业的盈利能力、营运能力、偿债能力和发展能力。财务分析帮助管理层和投资者更好地评估企业的财务状况和业绩,并为决策提供参考依据。

11.2 流程分析

管理层驾驶舱面板设计流程如图 11-1 所示。

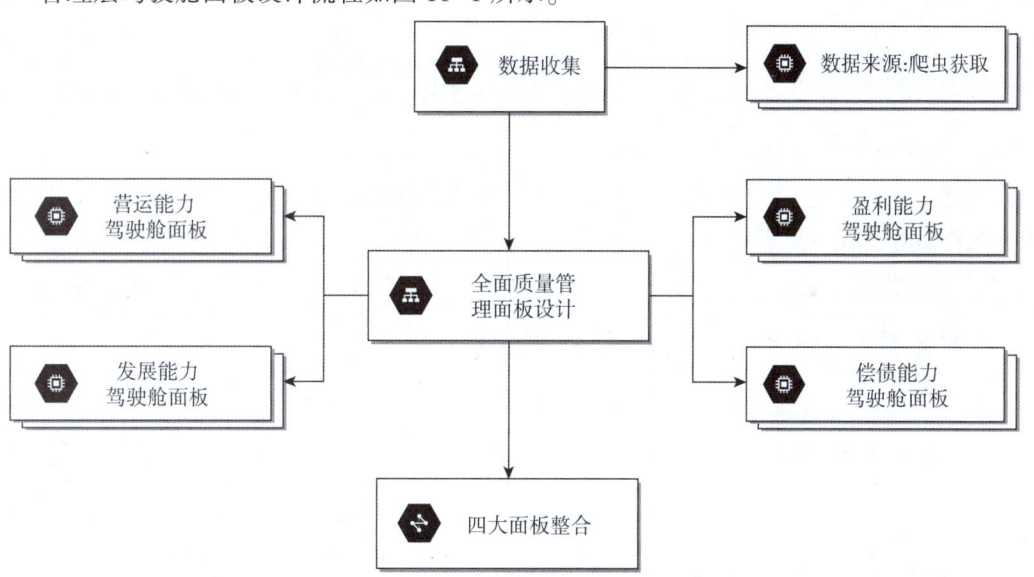

图 11-1 管理层驾驶舱面板设计流程

11.3 具体流程

11.3.1 基于盈利能力的管理层驾驶舱分析

(1) 导入数据。

首先,使用 pandas 库读取名为 xbrl.xlsx 文件中的数据,并且仅选择从列 B 到列 HG 的数据,限制行数为 5 000 行。

```python
import pandas as pd
def get_data_from_excel():
    df=pd.read_excel(
        io="D:\\jupyterfile\\Visualization panel\\xbrl.xlsx",
        engine="openpyxl",
        sheet_name="Sheet1",
        usecols="B:HG",
        nrows=5000,
    )
    return df
df=get_data_from_excel()
```

(2)设置网页信息。

使用 Streamlit 库的 set_page_config() 函数设置页面的标题为"盈利能力分析驾驶舱面板",布局为宽屏。

```python
import streamlit as st
st.set_page_config(page_title="盈利能力分析驾驶舱面板", page_icon=":fire:", layout="wide")
```

(3)设置侧边栏并进行数据的筛选。

创建了一个侧边栏,让用户可以选择筛选条件,包括年份和企业。年份和企业的选项来自数据集中的唯一值。

```python
st.sidebar.header("请在这里筛选:")
year=st.sidebar.multiselect(
    "选择年份:",
    options=df["报表年份"].unique(),
    default=df["报表年份"].unique()
)

company=st.sidebar.multiselect(
    "选择企业:",
    options=df["企业简称"].unique(),
    default=df["企业简称"].unique(),
)
```

根据用户在侧边栏中选择的年份和企业,从数据框中筛选出相应的数据,并将结果存储在新的数据框 df_selection 中。

```python
df_selection=df.query(
    "报表年份==@year & 企业简称==@company"
)
```

(4)设置主页面。

```
st.title(":fire:盈利能力分析驾驶舱面板")
st.markdown("##")
```

添加一个水平分隔符,用于区分核心指标和图表部分。

```
st.markdown("""---""")
```

通过筛选数据框 df,仅选择报表类型为 5000 的数据,存储在新的数据框 filtered_df 中,以便后续分析和可视化使用。

```
filtered_df=df[df['报表类型']==5000]
```

(5)主页面图表绘制。

导入相关库。

```
import pandas as pd
import plotly.express as px
```

对数据按照报表年份进行分组,并计算每年营业利润率的总和。

```
df_operating_profit_margin_summed=filtered_df.groupby('报表年份')['营业利润率'].sum().reset_index()
```

使用 Plotly 库的 px.bar( ) 函数绘制柱状图,其中,报表年份作为 x 轴;营业利润率作为 y 轴;text 参数指定在图表中显示营业利润率的值;title 参数设置图表标题;color_discrete_sequence 参数指定柱状图的颜色;template 参数设置图表的样式模板;labels 参数用于自定义标签名称。

```
fig_sales=px.bar(
    df_operating_profit_margin_summed,
    x='报表年份',
    y='营业利润率',
    text='营业利润率',
    title="<b>营业利润率</b>",
    color_discrete_sequence=["#FFB6C1"] * len(df_operating_profit_margin_summed),
    template="plotly_white",
    labels={"报表年份": "年份", "营业利润率": "营业利润率"},
)
```

最后,用 update_traces( ) 函数和 update_layout( ) 函数更新柱状图的布局和样式。

```
#更新柱状图的布局
#将文本放置在柱子的外部(顶部)
fig_sales.update_traces(texttemplate='%{text:.2s}', textposition='outside')
fig_sales.update_layout(
    plot_bgcolor="rgba(0,0,0,0)",
    xaxis=dict(
        title='年份',
```

```
            showgrid=False,
            fixedrange=False    #允许x轴进行缩放
        ),
        yaxis=dict(
            title='营业利润率',
            fixedrange=True    #禁止y轴进行缩放,可以根据需要开启或关闭
        )
    )
```

绘制的营业利润率柱状图如图11-2所示。

营业利润率

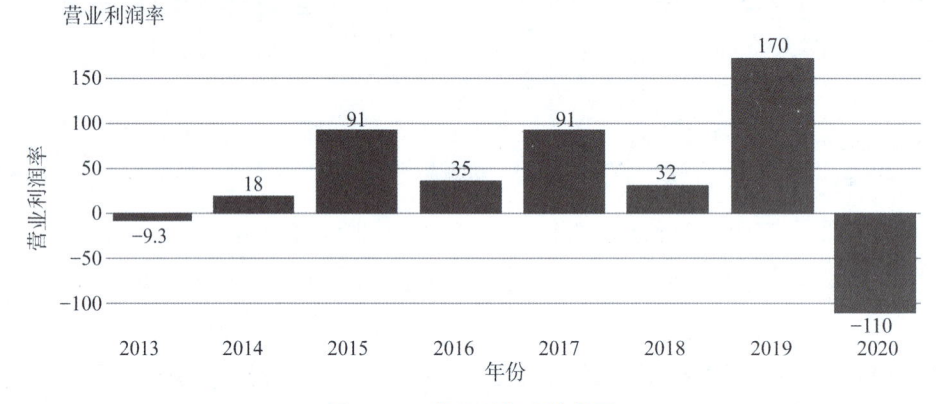

图11-2 营业利润率柱状图

接下来绘制净资产收益率堆叠区域图,这段代码与绘制营业利润率的代码类似,不同之处在于绘制的图表类型为堆叠区域图,其余参数设置和布局更新方式与柱状图相似。

```
#对'报表年份'进行分组并计算每一个'净资产收益率'的总和
df_ROE=filtered_df.groupby('报表年份', as_index=False)['净资产收益率'].sum()
```

使用px.area()函数绘制堆叠区域图,指定区域颜色为粉色。

```
fig=px.area(
    df_ROE,
    x='报表年份',
    y='净资产收益率',
    title="<b>净资产收益率堆叠区域图</b>",
    template="plotly_white",
    labels={"报表年份": "年份", "净资产收益率": "净资产收益率"},
    color_discrete_sequence=['pink']    #指定区域颜色为粉色
)
```

用update_layout()函数更新堆叠区域图的布局。

```
fig.update_layout(
    plot_bgcolor="rgba(0,0,0,0)",
    xaxis=dict(
        title='年份',
```

```
            showgrid=False,
            type='category'    #使得x轴按照类别(年份)进行显示,避免日期自动排序等问题
        ),
        yaxis=dict(
            title='净资产收益率'
        )
)
```

绘制的净资产收益率堆叠区域图如图11-3所示。

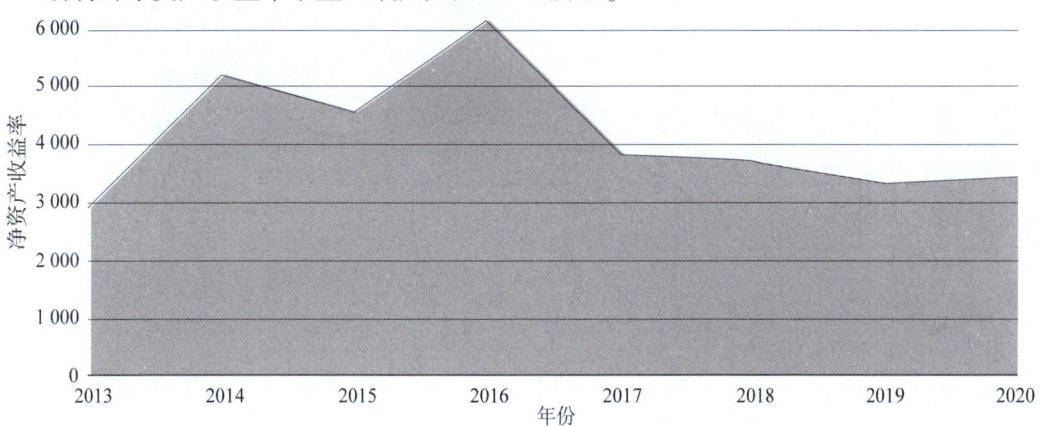

图 11-3 净资产收益率堆叠区域图

接下来绘制营业净利率折线图。

按报表年份对营业净利率进行分组并求和。

```
df_net_profit_margin=filtered_df.groupby('报表年份', as_index=False)['营业净利率'].sum()
```

绘制折线图。

```
fig_net_profit=px.line(
    df_net_profit_margin,
    x='报表年份',
    y='营业净利率',
    title="<b>营业净利率折线图</b>",
    labels={"报表年份": "年份", "营业净利率": "营业净利率总和"},
    markers=True,   #折线图上显示标记点
    color_discrete_sequence=['pink']    #折线图颜色设置为粉色
)
```

更新布局。

```
fig_net_profit.update_layout(
    plot_bgcolor="rgba(0,0,0,0)",
    xaxis=dict(
        title='年份',
        showgrid=True,
```

```
            type='category'    #保证 x 轴按照类别(年份)而非数值排序
        ),
        yaxis=dict(
            title='营业净利率'
        )
)
```

绘制的营业净利率折线图如图 11-4 所示。

营业净利率折线图

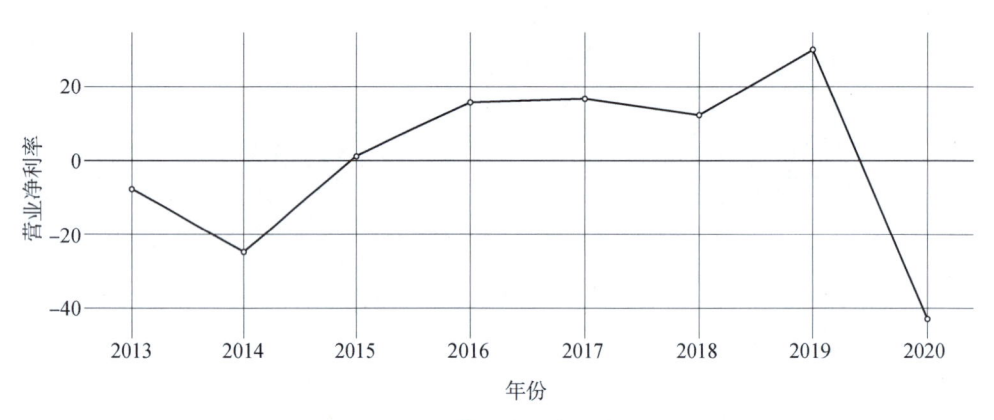

图 11-4　营业净利率折线图

接下来绘制总资产报酬率折线图。

按报表年份对总资产报酬率进行分组并求和。

```
df_ROA=filtered_df.groupby('报表年份', as_index=False)['总资产报酬率'].sum()
```

绘制折线图。

```
fig_ROA=px.line(
    df_ROA,
    x='报表年份',
    y='总资产报酬率',
    title="<b>总资产报酬率折线图</b>",
    labels={"报表年份":"年份","总资产报酬率":"总资产报酬率"},
    markers=True,    #折线图上显示标记点
    color_discrete_sequence=['pink']    #折线图颜色设置为粉色
)
```

更新布局。

```
fig_ROA.update_layout(
    plot_bgcolor="rgba(0,0,0,0)",
    xaxis=dict(
        title='年份',
        showgrid=True,
```

```
            type='category'   #保证x轴按照类别(年份)而非数值排序
        ),
        yaxis=dict(
            title='总资产报酬率'
        )
)
```

绘制的总资产报酬率折线图如图11-5所示。

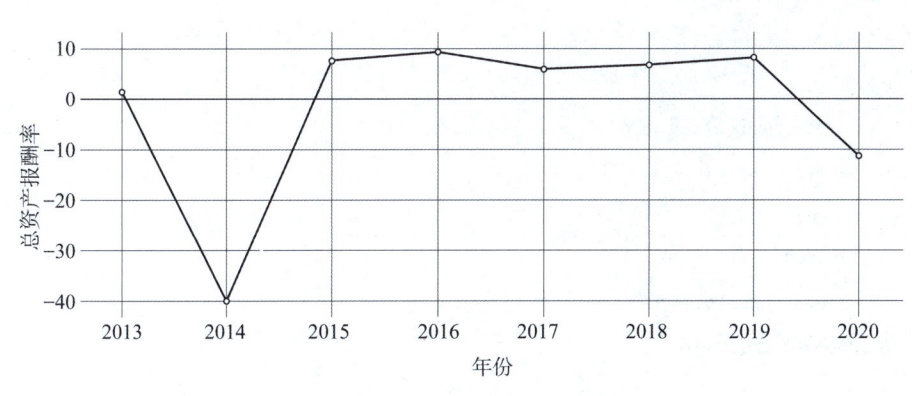

图11-5 总资产报酬率折线图

接下来绘制毛利率双轴图。

```
import plotly.subplots as sp
import plotly.graph_objects as go
```

按报表年份对营业收入和营业成本进行分组并求和。

```
grouped_df=filtered_df.groupby('报表年份').agg({'营业收入(元)': 'sum', '营业成本(元)': 'sum'}).reset_index()
grouped_df['毛利']=grouped_df['营业收入(元)'] - grouped_df['营业成本(元)']
grouped_df['毛利率']=grouped_df['毛利'] / grouped_df['营业收入(元)'] * 100
```

创建一个带有两个y轴的图表。

```
fig_shuangzhou=sp.make_subplots(specs=[[{"secondary_y": True}]])
```

添加营业收入柱状图到主y轴。

```
fig_shuangzhou.add_trace(
    go.Bar(
        x=grouped_df['报表年份'], y=grouped_df['营业收入(元)'],
        name='营业收入',
        marker_color='lightblue'
    ), secondary_y=False,
)
```

添加营业成本柱状图到主y轴。

```
fig_shuangzhou.add_trace(
    go.Bar(
        x=grouped_df['报表年份'], y=grouped_df['营业成本(元)'],
        name='营业成本',
        marker_color='blue'
    ), secondary_y=False,
)
```

添加毛利率折线图到次 y 轴。

```
fig_shuangzhou.add_trace(
    go.Scatter(
        x=grouped_df['报表年份'],
        y=grouped_df['毛利率'],
        name='毛利率',
        marker_color='pink',
        mode='lines+markers'
    ), secondary_y=True,
)
```

设置图表的标题和轴线标签。

```
fig_shuangzhou.update_layout(
    title_text="<b>毛利率双轴图</b>",
    xaxis_title="报表年份",
    yaxis_title="金额 (元)",
    legend=dict(x=0.01, y=0.99, traceorder="reversed"),
    barmode='group',
    bargap=0.15   #设定柱状图之间的间隔大小
)
```

设置次 y 轴的标题和刻度格式。

```
fig_shuángzhou.update_yaxes(title_text="<b>毛利率 (%)</b>", secondary_y=True, tickformat=".1f")
```

绘制的毛利率双轴图如图 11-6 所示。

(6) 成绩单。

```
grouped_greads=filtered_df.groupby('报表年份').agg({'营业收入(元)': 'sum', '毛利率': 'sum','净资产收益率': 'sum','营业净利率': 'sum','总资产报酬率': 'sum'}).reset_index()
```

(7) 设置图标布局。

用 Streamlit 库来创建一个简单的 Web 应用界面，用于展示盈利能力成绩单及相关的图表。

```
import streamlit as st
```

11 基于管理层驾驶舱的企业财务报表分析

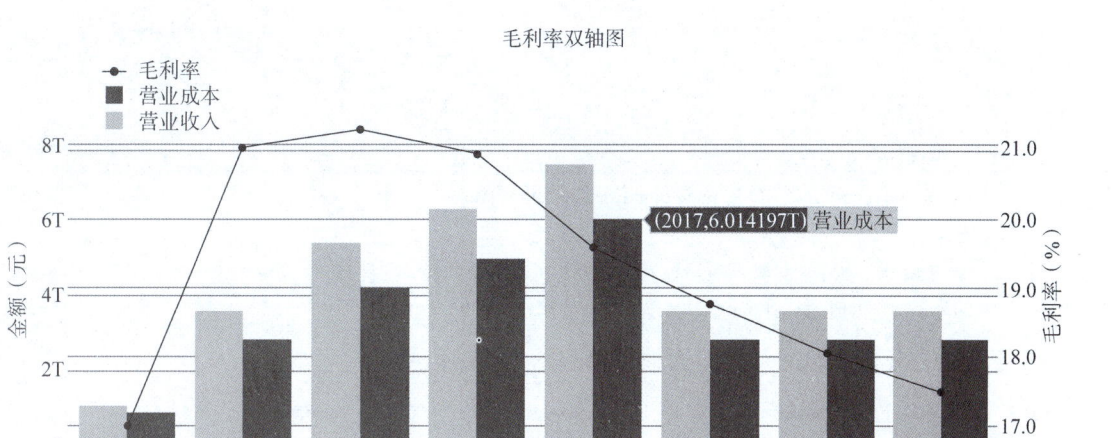

毛利率双轴图

图 11-6 毛利率双轴图

页面头部和表格展示。

```
#第一行
st.header("盈利能力成绩单")
st.table(grouped_greads)
#隐藏 Streamlit 默认格式信息
hide_st_style="""
    <style>
    #MainMenu {visibility: hidden;}
    footer {visibility: hidden;}
    header {visibility: hidden;}
    <![ ]()yle>
    """
st.markdown(hide_st_style, unsafe_allow_html=True)
```

分列展示图表,创建一个三列的布局,并在每列中分别展示不同的 Plotly 图表。

```
#第二行
col1,col2,col3=st.columns(3)
with col1:
    st.header("营业利润率")
    st.plotly_chart(fig_sales, use_container_width=True)
with col2:
    st.header("净资产收益率")
    st.plotly_chart(fig, use_container_width=True)
with col3:
    st.header("营业净利率")
    st.plotly_chart(fig_net_profit, use_container_width=True)
```

再次分列展示图标,创建一个两列的布局,在左侧列中展示总资产报酬率的图表,在右侧列中展示毛利率双轴图的图表。

```
#第三行
col4, col5 = st.columns(2)
with col4:
    st.header("总资产报酬率")
    st.plotly_chart(fig_ROA, use_container_width=True)
with col5:
    st.header("毛利率双轴图")
    st.plotly_chart(fig_shuangzhou, use_container_width=True)
```

盈利能力分析管理层驾驶舱面板效果如图11-7所示。

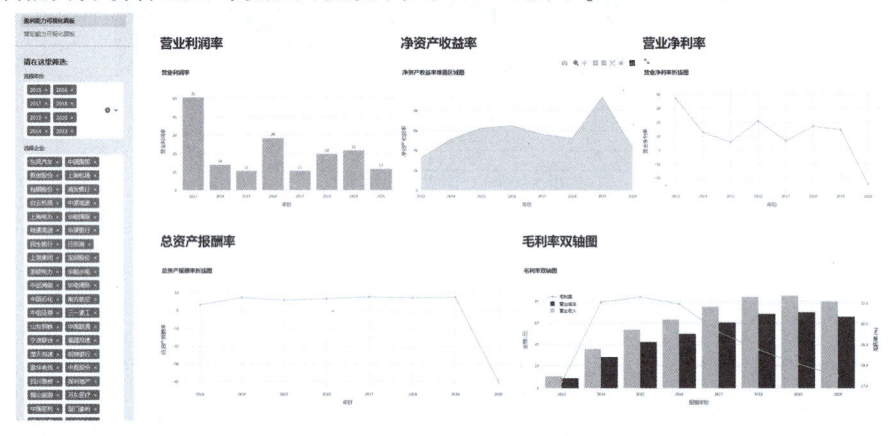

图11-7　盈利能力分析管理层驾驶舱面板

【微课视频】11-1　基于盈利能力的管理层驾驶舱分析

11.3.2　基于偿债能力的管理层驾驶舱分析

具体步骤参考11.3.1节。

偿债能力分析管理层驾驶舱面板效果如图11-8所示。

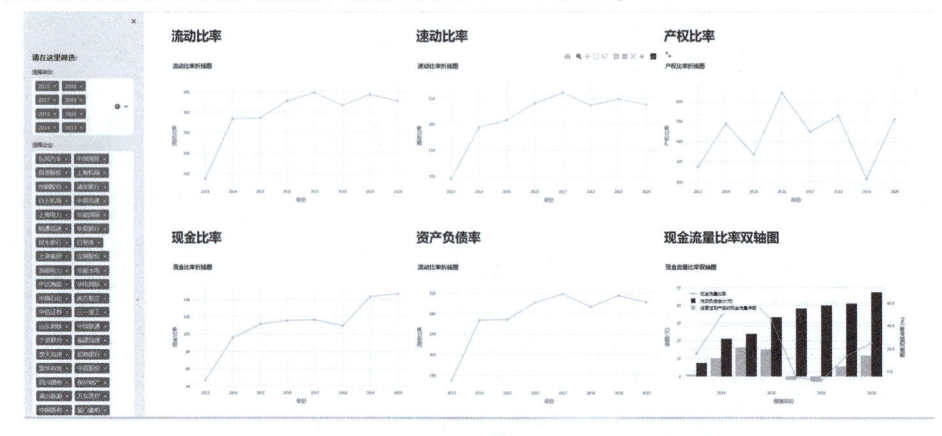

图11-8　偿债能力分析管理层驾驶舱面板

【微课视频】11-2 基于偿债能力的管理层驾驶舱分析

11.3.3　基于营运能力的管理层驾驶舱分析

具体步骤参考 11.3.1 节。

营运能力分析管理层驾驶舱面板效果如图 11-9 所示。

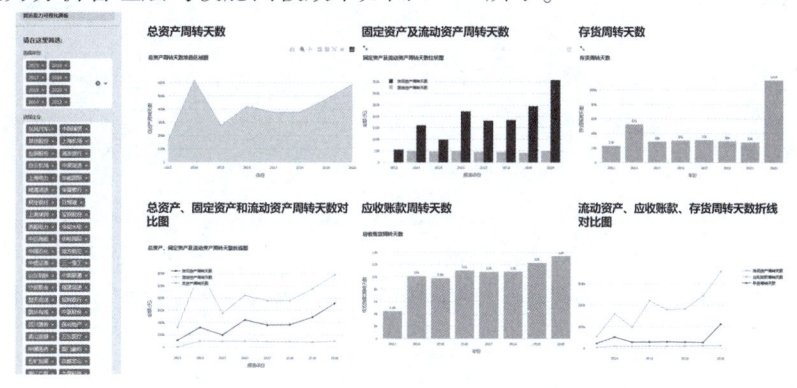

图 11-9　营运能力分析管理层驾驶舱面板

【微课视频】11-3 基于营运能力的管理层驾驶舱分析

11.3.4　基于发展能力的管理层驾驶舱分析

具体步骤参考 11.3.1 节。

发展能力分析管理层驾驶舱面板效果如图 11-10 所示。

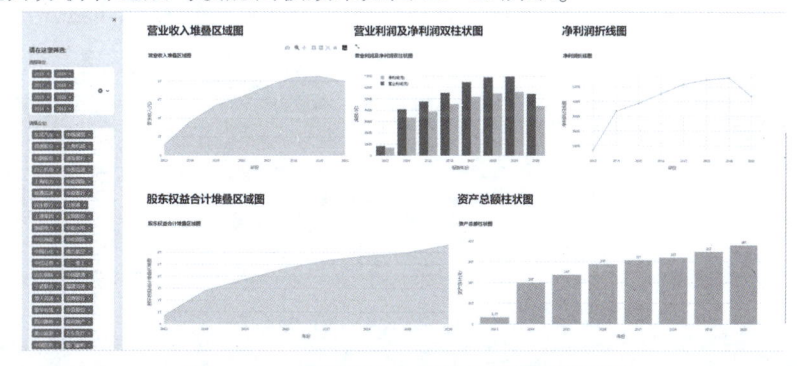

图 11-10　发展能力分析管理层驾驶舱面板

【微课视频】11-4 基于发展能力的管理层驾驶舱分析

11.3.5 四大面板整合

(1)代码展示。

从 11.3.1~11.3.4 节中已经得到四大能力的可视化面板,下面这段代码将所有面板整合展示。

```python
import streamlit as st
st.set_page_config(
    page_title="你好",
)
st.write("# 欢迎使用 管理员驾驶舱! ")
st.sidebar.success("在上方选择一个能力面板。")
st.markdown(
    """
    管理层驾驶舱是企业管理信息系统的一部分,通过集成和可视化企业的关键业务指标(KPI)、数据和信息,为企业决策者提供全面、实时的管理视图。
    **从侧边栏选择一个面板**,看看 管理员驾驶舱 告诉我们什么吧!
    """
)
```

(2)运行指南。

①相关文件及其存放位置。

总面板整合.py,这是用"streamlit run"命令来运行的文件。

pages 文件夹,这是存放其他页面的目录,和总面板整合.py 在一个文件夹下面。

盈利能力面板.py,这是一个页面,存储在 pages 文件夹下面。

偿债能力面板.py,这是一个页面,存储在 pages 文件夹下面。

营运能力面板.py,这是一个页面,存储在 pages 文件夹下面。

发展能力面板.py,这是一个页面,存储在 pages 文件夹下面。

②具体运行方式:新建终端,在终端输入"streamlit run 总面板整合.py"即可运行,运行后会弹出可视化网页。

(3)可视化页面展示。

管理层驾驶舱面板如图 11-11 所示。

图 11-11 管理层驾驶舱面板

【微课视频】11-5 四大面板整合

知识拓展

管理层驾驶舱作为一种数据可视化工具，在企业中的应用越来越广泛。随着大数据、云计算和人工智能技术的发展，管理层驾驶舱的功能也在不断扩展，不仅可以用于财务报表分析，还可以集成更多业务数据，如客户关系管理、供应链管理、人力资源管理等，为企业提供全面的决策支持。

未来，管理层驾驶舱将更加智能化和个性化。通过机器学习算法，驾驶舱可以预测业务趋势，自动调整展示内容，为不同层级的管理者提供定制化的决策支持。同时，随着移动设备的普及，管理层驾驶舱也将更加移动化和实时化，使管理者能够随时随地掌握企业动态，及时做出响应。

然而，管理层驾驶舱的发展也面临一些挑战，如数据安全、用户隐私保护、数据质量控制等问题。此外，驾驶舱的设计也需要考虑用户体验，避免信息过载，确保信息的清晰和准确。因此，企业在实施管理层驾驶舱时，需要综合考虑技术、管理和用户体验等多方面因素，以确保驾驶舱的有效性和实用性。

练习题

一、单选题

1. 管理驾驶舱的主要功能是(　　)。
   A. 采集和存储企业数据　　　　　　B. 提供综合管理指标和信息展示
   C. 激发人的智能和思维判断　　　　D. 领导和控制公司业务

2. 管理驾驶舱的设计原则是基于以下(　　)科学领域。
   A. 人脑科学　　　B. 管理科学　　　C. 信息科学　　　D. 所有以上都是

3. 管理驾驶舱可以最大化发挥高层经理的(　　)作用。
   A. 了解和领导公司业务　　　　　　B. 改善决策环境
   C. 控制公司业务　　　　　　　　　D. 提供决策支持

4. 管理驾驶舱可以通过(　　)将企业管理决策提升到一个新的高度。
   A. 形象化、直观化和具体化的数据展示　B. 高层管理层的了解和领导
   C. 激发人的智能和思维连贯　　　　　　D. 综合的管理信息中心系统

5. 我国财务报表的种类包括(　　)。
   A. 资产负债表、损益表、现金流量表和附表
   B. 董事报告、管理分析和财务情况说明书
   C. 资金平衡表、专用基金及专用拨款表、利润表

D. 经营情况表、专用资金表、产品销售利润明细表

6. 财务报表要求的编制是基于( )。
A. 统一的会计制度　　　　　　　　B. 国家法律法规
C. 企业自行制定的规定　　　　　　D. 财务报表准则

7. 财务报表不包括( )。
A. 董事报告　　　　　　　　　　　B. 管理分析
C. 附注　　　　　　　　　　　　　D. 专用基金及专用拨款表

8. 管理层驾驶舱( )方式展示关键指标的趋势和异常情况。
A. 通过文字报告　　　　　　　　　B. 通过电子邮件发送
C. 通过可视化的图表、仪表盘和报表　D. 通过口头通知

9. 盈利能力分析驾驶舱的目的是( )。
A. 实时反映企业的运行状态　　　　B. 使采集的数据形象化、直观化、具体化
C. 聚焦各企业财务状况变化趋势　　D. 为管理者提供决策所需信息

10. 本次创建的四个管理层驾驶舱主要用于分析( )四个方面的财务能力。
A. 盈利能力、营运能力、偿债能力、发展能力
B. 利润能力、市场能力、创新能力、人才能力
C. 资产能力、生产能力、销售能力、风险能力
D. 资金能力、投资能力、战略能力、竞争能力

二、简答题

1. 管理层驾驶舱的设计目的是什么？
2. 管理层驾驶舱通常整合哪些数据源？
3. 管理层驾驶舱如何通过数据可视化和交互式功能帮助管理者？
4. 财务报表分析的目的是什么？

参考文献

[1] 安然, 储继华, 洪先锋. 面向非结构化数据的情报分析方法体系框架研究[J]. 情报理论与实践, 2024, 47(02): 143-150.

[2] 宝斯琴塔娜, 齐二石. 制造系统精益设计的绩效评价体系构建[J]. 统计与决策, 2018, 34(10): 174-177.

[3] 财政部. 关于印发《管理会计基本指引》的通知[J]. 财会[2016]10号.

[4] 曹玉红, 尤建新, 胡伟. 对BSC非财务指标的重新思考——基于智力资本管理角度[J]. 华东经济管理, 2013, 27(05): 110-114.

[5] 陈爱珍, 王闯. 企业环境责任、绿色技术创新与企业财务绩效[J]. 税务与经济, 2023, (04): 82-89.

[6] 陈利军, 李延喜. 企业内部控制、资本成本与EVA绩效评价[J]. 江汉论坛, 2022, (01): 58-64.

[7] 陈一君, 胡文莉, 武志霞. 白酒企业绩效评价指标体系构建与评价方法——基于BSC和熵权的改进TOPSIS模型[J]. 四川轻化工大学学报(社会科学版), 2020, 35(05): 68-87.

[8] 迟国泰, 章彤, 张志鹏. 基于非平衡数据处理的上市公司ST预警混合模型[J]. 管理评论, 2020, 32(03): 3-20.

[9] 董斐然, 谢永珍, 曹琳君. 董事会权力层级对企业价值的影响研究——企业使命的调节效应与战略选择的中介效应[J]. 东岳论丛, 2022, 43(08): 123-134.

[10] 董小红, 刘博. 管理层语调操纵会影响政府补助吗?——基于MDA的文本分析[J]. 商业经济与管理, 2023, (02): 53-65.

[11] 高乐华, 刘洋. 基于BP神经网络的海洋文化资源价值及产业化开发条件评估——以山东半岛蓝色经济区为例[J]. 理论学刊, 2017, (05): 94-100.

[12] 高雅, 刘嫦. 管理层讨论与分析披露语调对资产误定价的影响[J]. 投资研究, 2020, 39(01): 77-91.

[13] 苟小菊, 王芊. 基于数据挖掘技术的股票收益率方向研究[J]. 运筹与管理, 2021, 30(01): 163-169.

[14] 郭慧婷, 王昭茜. 管理层超额乐观语调"如愿"降低了股价同步性吗?——基于文本分析的经验证据[J]. 投资研究, 2023, 42(01): 52-72.

[15] 郭婧, 张新民. 财务战略激进与企业债务违约[J]. 管理科学, 2023, 36(04): 88-104.

[16] 郭婧, 张新民. 企业战略激进、信贷周期与债务违约[J]. 外国经济与管理, 2021, 43(07): 38-53.

[17] 郭晓晶, 何倩, 张冬梅, 等. 综合运用主客观方法确定科技评价指标权重[J]. 科技

管理研究，2012，32(20)：64-67+71.

[18] 郭宇辰，加鹤萍，余涛，等. 基于CNN-LSTM组合模型的碳价预测方法[J]. 科技管理研究，2023，43(11)：200-206.

[19] 何湾. 大数据在制造业企业战略管理中的应用[J]. 辽宁大学学报(哲学社会科学版)，2020，48(05)：76-81.

[20] 胡玉明. 管理会计应用指引详解与实务[M]. 北京：经济科学出版社，2018.

[21] 江泽茹，王冉冉. 基于MF-LSTM的上市公司现金流预测研究[J]. 数理统计与管理，2024(5)：1-15.

[22] 姜旭，胡雪芹. 基于组合赋权模型的物流企业绩效评价指标体系构建研究[J]. 管理评论，2020，32(08)：304-313. DOI:10.14120/j.cnki.cn11-5057/f.2020.08.025.

[23] 蒋翠清，王香香，王钊. 基于消费者关注度的汽车销量预测方法研究[J]. 数据分析与知识发现，2021，5(01)：128-139.

[24] 蒋盛益，汪珊，蔡余冲. 基于机器学习的上市公司财务预警模型的构建[J]. 统计与决策，2010，(09)：166-167.

[25] 李红霞，庄鹏，张亚璟. 大数据时代预算绩效现实羁绊与路径选择[J]. 经济与管理研究，2023，44(10)：3-13.

[26] 李岚. 大数据背景下企业财务管理的创新之处——评《大数据时代下的企业财务管理研究》[J]. 广东财经大学学报，2020，35(05)：116-117.

[27] 李丽珍. 地方政府或有隐性债务风险预警系统构建与应用研究——基于BP神经网络分析法[J]. 财经论丛，2021，(03)：14-25.

[28] 李晓燕. 中国上市公司财务危机预警研究——基于BP神经网络的分析[J]. 西南民族大学学报(人文社会科学版)，2012，33(12)：156-160.

[29] 李扬，李晓宇. 大数据时代企业数据边界的界定与澄清——兼谈不同类型数据之间的分野与勾连[J]. 福建论坛(人文社会科学版)，2019(11)：35-45.

[30] 李长山. 基于Logistic回归法的企业财务风险预警模型构建[J]. 统计与决策，2018，34(06)：185-188.

[31] 梁积江，刘文亮. 新能源汽车产业创新能力如何影响财务绩效——基于中国上市公司的实证分析[J]. 产业经济评论，2023(06)：5-26.

[32] 刘澄，雷秋原，张楠，等. 基于BP神经网络的专利价值评估方法及其应用研究[J]. 情报杂志，2021，40(12)：195-202.

[33] 刘红霞，张心林. 以主成分分析法构建企业财务危机预警模型[J]. 中央财经大学学报，2004(04)：70-75.

[34] 刘建秋，徐雨露. 中小股东群体负面情绪对管理层讨论与分析语调管理的影响[J]. 首都经济贸易大学学报，2024，26(02)：98-112.

[35] 刘景江，郑畅然，洪永淼. 机器学习如何赋能管理学研究？——国内外前沿综述和未来展望[J]. 管理世界，2023，39(09)：191-216.

[36] 刘松林，王坦，戚琳琳. 基于客观组合赋权的就业质量测度与评价[J]. 统计与决策，2023，39(20)：168-173.

[37] 刘云菁，伍彬，张敏. 上市公司财务舞弊识别模型设计及其应用研究——基于新兴机器学习算法[J]. 数量经济技术经济研究，2022，39(07)：152-175.

[38] 罗锦珍. 平衡计分卡在中小企业绩效管理中的应用研究[J]. 湖南社会科学, 2019 (01): 120-125.

[39] 马蔡琛, 孙小雪. 数字经济背景下的预算绩效管理质量提升[J]. 河北大学学报(哲学社会科学版), 2023, 48(01): 102-111.

[40] 孟庆斌, 杨俊华, 鲁冰. 管理层讨论与分析披露的信息含量与股价崩盘风险——基于文本向量化方法的研究[J]. 中国工业经济, 2017(12): 132-150.

[41] 苗霞, 李秉成. 管理层超额乐观语调与企业财务危机预测——基于年报前瞻性信息的分析[J]. 商业研究, 2019(02): 129-137.

[42] 穆瑞欣, 陈晓红, 游达明. 基于主客观综合赋权的长株潭城市群循环经济评价[J]. 系统工程, 2010, 28(01): 113-117.

[43] 倪渊, 李子峰, 张健. 基于AGA-BP神经网络的网络平台交易环境下数据资源价值评估研究[J]. 情报理论与实践, 2020, 43(01): 135-142.

[44] 吕云翔. Python基础及应用[M]. 北京: 机械工业出版社, 2020.

[45] 荣飞琼, 郭梦飞. 基于卷积神经网络的在线产品销量预测分析研究[J]. 西北民族大学学报(哲学社会科学版), 2019, (02): 15-26. DOI:10.14084/j.cnki.cn62-1185/c.2019.02.003.

[46] 尚策. 大数据时代的数据拥有者——专业出版视角的数据类型与价值分析[J]. 科技与出版, 2016, (01): 13-16.

[47] 佟成生, 李扣庆, 钱毓益, 等.《管理会计基本指引》在企业中的应用研究——基于管理会计要素的调查证据[J]. 财政研究, 2017, (05): 100-113.

[48] 吴云峰. 多维数据融合的高校科研数据管理模型构建与运行保障研究[J]. 情报科学, 2020, 38(12): 110-115.

[49] 程显毅, 曲平, 李牧. 数据分析师养成宝典[M]. 北京: 机械工业出版社, 2018.

[50] 宋晓缤, 王苑琢, 孙莹, 等. 中国上市公司资本效率与财务风险调查: 2022[J]. 会计研究, 2023(09): 180-189.

[51] 宋新平, 刘馥宁, 申真, 等. 大数据下企业供应链风险管理与竞争情报融合模型构建——以华为公司为例[J]. 情报杂志, 2024, 43(06): 185-192+176.

[52] 田庆锋, 徐朗. 基于轻量级卷积神经网络的科技型中小企业估值研究[J]. 科技管理研究, 2023, 43(14): 49-57.

[53] 王飞, 徐芳. 我国图情档领域关联数据的研究现状与前沿热点[J]. 图书馆理论与实践, 2022(05): 96-104.

[54] 王嘉鑫, 陈今, 史亚雅. 年报非财务信息的文本披露语言特征会影响股价崩盘风险吗?[J]. 北京工商大学学报(社会科学版), 2022, 37(03): 98-112.

[55] 王俊领, 刘志远, 全晶晶. 公司战略激进度对管理层语调操纵的影响研究——基于融资需求和股权激励的分析[J]. 上海金融, 2023(01): 69-79. DOI:10.13910/j.cnki.shjr.2023.01.006.

[56] 王克敏, 王华杰, 李栋栋, 等. 年报文本信息复杂性与管理者自利——来自中国上市公司的证据[J]. 管理世界, 2018, 34(12): 120-132+194.

[57] 王天奇, 管新潮. 语料库语言学研究的技术拓展——《Python文本分析: 用可实现的方法挖掘数据价值》评介[J]. 外语电化教学, 2017(05): 93-96.

[58] 王勇,窦斌,宋培睿,等.管理层语调偏离会影响投资者决策吗?——基于我国上市公司文本与财务数据的经验研究[J].金融研究,2023(03):169-187.

[59] 王治,李馨岚.互联网企业价值评估模型比较研究[J].财经理论与实践,2021,42(05):75-82.

[60] 吴昊旻,张可欣.长计还是短谋:战略选择、市场竞争与企业环境责任履行[J].现代财经(天津财经大学学报),2021,41(07):19-38.

[61] 吴亮亮.完善评价标准提升企业绩效——评《企业绩效评价标准值2015》[J].山西财经大学学报,2022,44(02):129.

[62] 吴少华,李语佳.基于主成分分析的西部地区城市竞争力评价研究[J].经济问题,2021(11):115-120.

[63] 吴翌琳,南金伶.互联网企业广告收入预测研究——基于低频数据的神经网络和时间序列组合模型[J].统计研究,2020,37(05):94-103.

[64] 武常岐,张昆贤,周欣雨,等.数字化转型、竞争战略选择与企业高质量发展——基于机器学习与文本分析的证据[J].经济管理,2022,44(04):5-22.

[65] 谢德仁,林乐.管理层语调能预示公司未来业绩吗?——基于我国上市公司年度业绩说明会的文本分析[J].会计研究,2015(02):20-27+93.

[66] 谢姝青,朱平芳.中国工业上市公司创新能力评价研究[J].社会科学,2020,(02):40-51.

[67] 邢斐,陈诗英,蔡嘉瑶.企业集团、产业生命周期与战略选择[J].中国工业经济,2022,(06):174-192.

[68] 许宇鹏,潘飞.数字经济时代中国企业管理会计研究框架的初步思考[J].财务研究,2024,(02):12-19.

[69] 杨子晖,张平淼,林师涵.系统性风险与企业财务危机预警——基于前沿机器学习的新视角[J].金融研究,2022,(08):152-170.

[70] 姚楠.大数据背景下企业财务管理的创新模式[J].山西财经大学学报,2024,46(S1):190-192.

[71] 姚潇,李可,余乐安.非平衡样本下基于生成对抗网络过抽样技术的公司债券违约风险预测研究[J].系统工程理论与实践,2022,42(10):2617-2634.

[72] 于孝建,刘国鹏,刘建林,等.基于LSTM网络和文本情感分析的股票指数预测[J].中国管理科学,2024,32(08):25-35.DOI:10.16381/j.cnki.issn1003-207x.2021.0084.

[73] 于莹,姚梅芳.客户管理层负面语调与供应商未来绩效关系研究——基于MD&A的文本分析[J].税务与经济,2022(02):79-87.

[74] 俞建飞,石学彬.基于层析分析法的农机装备企业创新能力评价研究[J].科学管理研究,2022,40(06):100-106.

[75] 张涵钰,张文韬,李涛.数字技术应用与企业绩效——基于中国上市公司的经验发现[J].宁夏社会科学,2023(05):118-129.

[76] 张华,李明.大数据环境下的管理会计创新与应用[J].会计研究,2023(2):45-52.

[77] 张庆龙,邢春玉,张延彪,等.上市公司财务违规特征分析及预测研究——基于企业画像和机器学习的经验证据[J].审计研究,2023(02):73-87.

[78] 张识宇, 杨凯悦, 刘书龙. 基于改进CRITIC权重法的民营科技孵化器绩效组合评价方法[J]. 科技管理研究, 2022, 42(17): 57-64.

[79] 张新民, 金瑛. 资产负债表重构: 基于数字经济时代企业行为的研究[J]. 管理世界, 2022, 38(09): 157-175+207+176.

[80] 张新民, 钱爱民. 财务报表分析(第5版·立体化数字教材版)[M]. 北京: 中国人民大学出版社, 2019.

[81] 张新民. 资产负债表: 从要素到战略[J]. 会计研究, 2014, (05): 19-28+94.

[82] 张喆, 颜菁, 徐剑刚, 等. 物联网生态企业的价值评估模型及应用案例[J]. 研究与发展管理, 2023, 35(06): 184-194.

[83] 张振刚, 尚钰, 陈一华. 大数据能力对企业创新绩效的影响——IT-业务融合与双元环境的调节作用[J]. 科技进步与对策, 2021, 38(14): 82-90.

[84] 章璐, 许啸, 侯元东, 等. 基于组合赋权法的区域教育数据治理体系构成要素研究[J]. 电化教育研究, 2023, 44(02): 72-78.

[85] 赵雪峰, 吴伟伟, 吴德林, 等. 面向特征因果分析的CFW-Boost企业财务风险预警模型[J]. 系统管理学报, 2022, 31(02): 317-328.

[86] 郑秀田, 兰情情. 机构投资者调研能否抑制上市公司管理层语调操纵?——来自深市A股年报MDA文本的证据[J]. 上海金融, 2024(03): 3-17.

[87] 钟凯, 董晓丹, 彭雯, 等. 一叶知秋: 情感语调信息具有同业溢出效应吗?——来自业绩说明会文本分析的证据[J]. 财经研究, 2021, 47(09): 48-62.

[88] 朱喜安, 李良. 综合评价赋权优良标准的研究[J]. 统计与决策, 2016(19): 23-26.

[89] Shrestha Y R, He V F, Puranam P, et al. Algorithm Supported Induction for Building Theory: How Can We Use Prediction Models to Theorize? [J]. Organization Science, 2021.

[90] Ang J S, Cole R A, Lin J W. Agency Costs and Ownership Structure[J]. The Journal of Finance, 2000, 55: 81-106.

[91] Armando C, Roberta C, Tamara M. Using Fuzzy AHP to Manage Intellectual Capital Assets: An Application to the ICT Service Industry[J]. Expert Systems with Applications, 2013, 40(9): 3747-3755.

[92] Bao Y, Ke B, Li B, Yu Y J, Zhang J. Detecting Accounting Fraud in Publicly Traded US Firms Using a Machine Learning Approach [J]. Journal of Accounting Research, 2020, 58(1), 199-235.

[93] Barton J, Simko P J. The Balance Sheet As An Earnings Management Constraint[J]. The Accounting Review, 2020, 77: 1-27.

[94] Bochkay K Levine C B, Using MD&A to Improve Earings forecasts[J]. Journal of Accounting, Audi-ting, and Finance, 2019, 34(3): 458-482.

[95] Bartov E, Faurel L, Mohanram P S. Can Twitter Help Predict Firm-level Earnings and Stock Returns? [J]. The Accounting Review, 2018, 93(3): 25-57.

[96] Castro V, Gul F A, Muttakin M B, Mihret D G. Optimistic Tone and Audit Fees: Some Australian Evidence[J]. International Journal of Auditing, 2019, 23(2): 352-364.

[97] Bargagli Stoffi F J, Gnecco G. Causal Tree With Instrumental Variable: an Extension of the Causal Tree Framework to Irregular Assignment Mechanisms[J]. International Journal of

Data Science and Analytics, 2020, 9(3): 315-337.

[98] Chen L, Pelger M, Zhu J. Deep Learning in Asset Pricing[J]. Management Science, 2024, 70(2): 714-750.

[99] du Jardin P. Forecasting Corporate Failure Using Ensemble of Self-organizing Neural Networks[J]. European Journal of Operational Research, 2021, 288(3): 869-885.

[100] Abadie A, Cattaneo M D. Econometric Methods for Program Evaluation[J]. Annual Review of Economics, 2018, 10(1): 465-503.

[101] Perols J L, Bowen R M, Zimmermann C, et al. Finding Needles in a Haystack: Using Data Analytics to Improve Fraud Prediction[J]. The Accounting Review, 2017, 92(2): 221-245.

[102] Athey S, Tibshirani J, Wager S. Generalized Random Forests[J]. The Annals of Statistics, 2019.

[103] Huang X, Teoh S H, Zhang Y. Tone Management[J]. The Accounting Review, 2014, 89: 1083-1113.

[104] Kaplan R S, Norton D P. Putting the Balanced Scorecard to Work[M]//the Economic Impact of Knowledge. Routledge, Boston: Harvar Business Review, 2009: 315-324.

[105] Kim I, Skinner D J. Measuring Securities Litigation Risk[J]. Journal of Accounting and Economics, 2012, 53: 290-310.

[106] Kothari S P, Shu S, Wysocki P D. Do Managers Withhold Bad News?[J]. Journal of Accounting Research, 2009, 47: 241-276.

[107] Krishnan A R, Kasim M M, Hamid R, et al. A Modified CRITIC Method to Estimate the Objective Weights of Decision Criteria[J]. Symmetry, 2021, 13(6): 973.

[108] Loughran T, McDonald B. Measuring Readability in Financial Disclosures[J]. The Journal of Finance, 2014, 69: 1643-1671.

[109] Choudhury P, Starr E, Agarwal R. Machine Learning and Human Capital Complementarities: Experimental Evidence on Bias Mitigation[J]. Strategic Management Journal, 2020, 41(8): 1381-1411.

[110] Harrison J S, Thurgood G R, Boivie S, et al. Measuring CEO Personality: Developing, Validating, and Testing a Linguistic tool[J]. Strategic Management Journal, 2019, 40(8): 1316-1330.

[111] Merkley K J. Narrative Disclosure and Earnings Performance: Evidence from R&D Disclosures[J]. Accounting Review, 2014, 89: 725-757.

[112] Peng X, Zhang X, Luo Z. Pythagorean Fuzzy MCDM Method Based on CoCoSo and CRITIC with Score Function for 5G Industry Evaluation[J]. Artificial Intelligence Review, 2020, 53(5): 3813-3847.

[113] Harrison J S, Thurgood G R, Boivie S, et al. Perception is reality: How CEOs' Observed Personality Influences Market Perceptions of Firm Risk and Shareholder Returns[J]. Academy of Management Journal, 2020, 63(4): 1166-1195.

[114] Shaik M N, Abdul K W. A Hybrid Multiple Criteria Decision Making Approach for Measuring Comprehensive Performance of Reverse Logistics Enterprises[J]. Computers & Industrial

Engineering, 2018, 123: 9-25.

[115] Tailab M, Jburak M. Is the Rhetorical Tone in a MD&A Consistent with Financial Performance? [J]. Journal of Finance and Accountancy, 2017, 23(1): 15-33.

[116] Brown N C, Crowley R M, Elliott W B. What are You Saying? Using Topic to Detect Financial Misreporting[J]. Journal of Accounting Research, 2020, 58(1): 237-291.

练习题参考答案

1　大数据管理会计概述

一、多选题

1. ABCD　2. ABD　3. ABCD　4. ABCD

二、判断题

1. ×　2. √　3. √　4. √

2　大数据管理会计的数据基础

一、单选题

1. B　2. B　3. B　4. B　5. C　6. C　7. B　8. B　9. C　10. B

二、简答题

1.（1）内部数据。内部数据指的是企业内部系统和过程中生成的数据，可以为企业提供更深入的洞察力，支持财务决策、风险管理和绩效评估。

（2）外部数据。外部数据指的是来自企业所在的外部环境和市场的数据，可以用于分析和评估企业的财务和业务情况，以及了解市场趋势和竞争对手的表现。

2. 结构化数据是按照一定的格式和规则组织和存储的数据。它通常是以表格或数据库的形式存在。

优点：确保了数据的一致性和可靠性，这样能够简化数据录入和验证，从而高效地分析数据。

缺点：限制了数据的表达能力。

3. 半结构化数据是指具有一定结构但不符合传统关系型数据库表格结构的数据类型。它相对于结构化数据不具备严格的模式和格式要求，但仍然有一定程度的组织性和可解释性。

4. 非结构化数据是指在存储和处理上不具有明确结构和模式的数据，如文本文档、图像、音频、视频等。非结构化数据通常以文件或多媒体格式存储，存储时没有固定的模式，因此需要特定的技术和算法进行数据提取和分析。

非结构化数据是企业重要的信息资产，本质上是结构化数据之外的一切数据，难以用预定义的模型进行描述，不容易组织和格式化，一般存储在非关系数据库中，使用 NoSQL 进行查询。

5. (1) 客户数据管理表格：可以被用于了解客户的购买偏好、行为模式、反馈意见等，以支持客户关系管理和个性化营销。

(2) 人力资源管理表：包括员工基础信息、岗位、在职时间等，可以为企业提供人力资源管理和决策支持。

(3) 企业组织架构表：可以帮助企业了解员工的层级关系、团队归属、工作职责等，以支持人力资源管理和协作。

3 大数据管理会计的 Python 基础

一、单选题

1. D 2. D 3. B 4. B 5. C 6. B 7. B

二、多选题

1. BD 2. ABCD 3. AB

三、简答题

1. 空缺值处理技术包括删除空缺值、插值填补以及使用默认值填充等方法。例如，在一个包含学生考试成绩的数据集中，如果某个学生的数学成绩缺失，可以选择通过均值插值，用该学生在其他科目的成绩均值来填充数学成绩空缺值。

2. 关联分析用于发现数据集中项之间的关联规则，即一个事件发生时另一个事件也可能发生。在零售业中，关联分析常用于购物篮分析，以确定哪些商品经常一起购买。例如，如果在购物历史中发现顾客购买了咖啡豆，那么与之关联的可能是咖啡滤纸，这可以帮助超市优化货架陈列，提高销售效益。

3. 雷达图是一种用于显示多个维度上数据分布的图表，通过不同的轴表示不同的维度。在销售业务中，可以使用雷达图展示产品在多个方面的性能，如质量、价格、品牌知名度等。这有助于比较不同产品在多个方面的表现，为制定市场策略提供参考。

4. 常见的数据挖掘算法包括决策树、聚类、关联规则等。以决策树为例，它可用于分类问题，如预测一个客户是否会购买某个产品。聚类算法，如 K 均值算法，可以用于将数据集中的观测分为不同的群组，例如市场细分，以便更好地理解和满足不同群体的需求。

5. 词云图通过展示文本数据中关键词的频率来强调单词的重要性。它的特点是通过字体大小和颜色等视觉效果直观地传达关键词的重要性。词云图特别适用于文本数据的可视化，例如用户评论、新闻报道等，可以帮助快速了解文本中的主要关键词和主题。

4 基于可视化算法的战略分析

一、单选题

1. A 2. C 3. C 4. C 5. B 6. B 7. D 8. C 9. B 10. C

二、简答题

1. 战略分析是企业管理中的一个重要环节，旨在通过对企业内外部环境的深入了解，确定企业的长期目标和策略。它主要由组织诊断和环境分析两部分组成，前者关注企业内部的资源配置和能力，后者分析行业趋势、竞争对手和市场机会。

2. 企业战略通常分为三个层次：公司层面战略、业务单位层面战略和功能部门层面战略。公司层面战略涉及整个企业的方向和范围；业务单位层面战略关注特定业务单元的竞争优势；功能部门层面战略则聚焦于如何高效利用资源支持上述两个层面的战略。

3. 通过分析资产负债表，企业可以根据资产的类别（如经营资产、投资资产）和负债的类型（如长期债务、短期债务）来分类其战略类型。不同的资产和负债配置反映了企业对风险、增长和盈利的不同偏好，进而可以归类为经营主导型、投资主导型等战略类型。

4. 战略激进度指标包括研发支出占销售收入的比重、营业收入增长率和销售及管理费用占销售收入的比值等。这些指标共同反映了企业在追求增长和创新方面的积极程度。根据这些指标的不同表现，可以判断企业采用的是保守型战略、分析型战略还是激进型战略。

5. 动态能力理论强调企业能够通过其资源和能力的重新配置来适应外部环境的变化，从而维持和增强其竞争优势。这包括识别和利用新的机会，应对威胁，以及通过创新来提升产品或服务。通过这种方式，动态能力使企业能够灵活调整其战略，促进持续的创新和改进，以适应快速变化的市场和技术条件。

5 基于 LSTM 算法的预算分析

一、单选题
1. D 2. B 3. C 4. A 5. C 6. B 7. A 8. D 9. B 10. D

二、简答题

1. 销量预算和现金流预算之间存在紧密关系。销量预算通过预测销售量和销售收入，为企业制订其他预算计划提供依据，如生产预算和成本预算。现金流预算则考虑预计的现金流入和流出，以估计企业在特定时间段内的现金余额变化。销量预算的合理性直接影响着现金流预算的制定，确保企业有足够的现金流量来支持日常运营和资金需求。

2. 在神经网络中，激活函数决定每个节点的输出，即节点是否激活并传递信息给下一层。激活函数引入非线性特性，使神经网络能够学习复杂的关系和模式。它对输入进行加权求和后，通过激活函数进行非线性映射，引入非线性因素，使得神经网络可以逼近任何复杂的函数。常见的激活函数包括 sigmoid、ReLU（Rectified Linear Unit）等。

3. LSTM 神经网络包括三个门：遗忘门、输入门、输出门。遗忘门控制着网络是否忘记之前的信息；输入门决定有多少新信息加入到细胞中；输出门决定每一时刻是否有信息输出。这三个门的存在使 LSTM 网络能够更好地处理长期依赖关系，克服了传统循环神经网络容易遇到的梯度消失与梯度爆炸问题，从而提高网络的训练效果。

4. 数据标准化是为了将所有特征缩放到同一尺度，以确保模型在计算距离等方面不受特征尺度差异的影响。这对于加速模型收敛速度、提高性能和避免梯度问题至关重要。

5. 选择适合的损失函数是为了衡量模型输出与实际值之间的差异，而选择适合的优化器是为了调整模型参数以最小化损失函数，从而提高模型的性能。

6　基于 Streamlit 框架的全面质量管理分析

一、单选题
1. D　2. B　3. A　4. C　5. B　6. D　7. C　8. B　9. C　10. C

二、简答题

1. 全员参与：在全面质量管理中，产品质量控制不仅仅是某个部门的特定员工的个人任务，而是企业团队中每个人员的共同责任。全员参与强调了每个人都在整个产品质量控制流程中扮演关键角色，确保产品质量得以有效保证。

全过程性：全过程性强调对企业各环节和流程的有效控制。通过以预防为核心，对从顾客需求输入到产品发货的全过程进行细致的管理和控制，确保与产品质量相关的各个过程都能为交付合格的产品和服务提供必要的支持。

全范围：全范围包含了产品设计、生产、辅助和质量管理。全面质量管理认为公司的所有职能部门都在公司全面质量管理工作下有着特殊的重要位置和具体作用，各个部门在公司整体品质管理工作流程中都起到了关键作用，涵盖了公司所有的制造流程和整个产品过程。

2. 检查表：用于系统地收集资料、积累信息、确认事实，并对数据进行初步整理和分析。

排列图：通过一系列步骤找出影响产品质量的主要因素，也称为帕累托曲线。

因果图：也称为特性要因图或鱼骨图，是寻找质量问题产生原因的有效工具。

分层法：也叫分类法，是分析影响质量原因的方法，将数据按不同目的分类，以便更好地分析。

直方图：通过一系列宽度相等、高度不等的长方形表示数据，直观地显示质量波动的状态。

控制图：是一种常用的质量控制统计方法，用于判断和预测生产过程中质量状况是否发生波动。

散布图：通过分析两种因素的数据之间的关系来控制影响产品质量的相关因素的方法。

3. Streamlit 框架的可扩展性体现在用户可以根据自己的需求和技能水平进行自定义和扩展。这意味着用户可以根据项目的具体要求进行定制，添加新的功能或调整现有功能，以满足个性化的需求。这种自定义性使得 Streamlit 适用于各种不同类型的应用程序，并能够满足用户对应用程序外观和功能的灵活性需求。

7　基于主客观组合赋权算法的绩效评价

一、单选题
1. C　2. B　3. C　4. B　5. C　6. A　7. D　8. D　9. C　10. A

二、简答题

1. 企业绩效评价是管理会计中的重要工作，通过对企业在特定时间段内的业绩和成果进行评估和衡量，帮助企业了解自身的经营状况，发现问题和改进业务。

绩效评价通过分析财务绩效和非财务绩效，如利润、收入、市场份额等多个方面，提供全面的企业表现画面。这为企业识别优势和不足、制定改进措施以及制定长期战略和短期目标提供了依据。通过绩效评价，企业能够识别潜在的问题和机会。同时，它也作为内部管理和控制的工具，可以激励员工，推动整体组织的卓越表现。企业绩效评价不仅关注单一的指标或数字，而且综合考量多个因素和维度，确保评价的全面性和准确性。

2. 主成分分析通过线性变换将数据集映射到新的坐标系统，其中第一主成分对应着第一大方差在新坐标系统的投影，第二主成分对应第二大方差，依次类推。通过保留低阶主成分，即对应着最大方差的成分，而忽略高阶主成分，可以实现数据集的维度减少。这样做的目的是在减少维度的同时最大限度地保持数据集的方差贡献，确保新的综合指标能够尽可能地保留原始数据的最重要方面。这一过程有助于简化数据集、降低计算复杂度，同时保持数据的关键特征。需要注意的是，具体应用中是否成功取决于数据的特性和分析的目标。

3. 在层次分析法中，对于每一层次的元素，决策者使用判断矩阵来表达各元素之间的相对重要性。通过对判断矩阵求解其特征向量，然后将特征向量中的元素标准化为权重向量，即得到每个元素对上一层次某元素的优先权重。这一过程通过数学方法将主观判断转化为具体的数值，帮助决策者量化对各元素的偏好，为后续的层次递阶归并提供了基础。

4. 熵值是在系统论中应用的概念，用来衡量系统的混乱程度或无序程度。根据熵值的原理，系统的熵值越大，系统越无序，信息量越少，效用值越低，权重越小；反之，熵值越小，系统越有序，信息量越多，效用值越高，权重越大。

熵值法是一种客观赋权方法，通过计算指标的信息熵，根据指标的相对变化程度对系统的整体影响来确定指标的权重。这意味着，相对变化程度越大，即指标离散程度越大，就说明该指标对综合评价的影响越大。因此，利用熵值计算各个指标的权重可以为企业综合评价提供依据，使评价更客观、准确。

5. CRITIC 法考虑指标变异性通过对比强度，即同一个指标各个评价方案之间取值差距的大小，用标准差来表示。标准差越大，说明波动越大，各方案之间的取值差距越大，权重会越高。

指标之间的冲突性在 CRITIC 法中通过相关系数表示。如果两个指标之间的冲突性越小，即相关系数越接近-1，权重会越低。当两个指标间的正相关程度越大，相关系数越接近 1 时，冲突性越小，表明这两个指标在评价方案的优劣上反映的信息有较大的相似性。这种相似性会影响权重，使其趋向较小值。

8　基于随机森林和逻辑回归算法的风险管理分析

一、单选题

1. C　2. B　3. B　4. B　5. B　6. B　7. B　8. C　9. B　10. C

二、简答题

1. 通过财务危机预警系统，企业可以及时识别和预测可能面临的财务困境或危机。系统通过全面评估企业的财务和经营状况，包括财务指标、资产负债表、现金流量等，以及分析市场环境、行业趋势和潜在风险因素，帮助企业及时采取相应的措施来避免或减轻潜在风险的影响。这样，企业能够保持稳定，避免意外的财务危机，从而支持其可持续发展。

2. 随机森林算法首先利用决策树作为基本分类器。通过自助法重采样，在初始样本数据中随机选择部分样本作为模型训练集，采用有放回抽样的方法。然后，利用这些训练集对决策树进行训练，重复此过程多次，生成多棵决策树。最终，将这些决策树组合起来形成一个"森林"，用于样本分类判别。多棵树的集成不仅提高了分类的准确性，也减少了模型的偏误和分类误差。

3. 逻辑回归算法通过使用线性回归模型和逻辑函数（sigmoid 函数）对给定的输入变量（特征）来预测一个二元输出变量，以判断公司是否可能发生财务危机。假设输入变量和输出变量之间存在一种线性关系，并通过逻辑函数来建模这种关系。当计算出的概率值（p 值）大于 0.5 时，表明公司可能面临财务危机，需要引起重视；反之，则认为公司财务状况正常。逻辑回归模型的优点在于它不要求自变量的正态分布，适用于多种财务数据分析。

4. 过采样通过增加少数类样本的数量来平衡数据集，其优点是可以更好地利用数据，避免信息丢失，尤其适用于样本量较小的情况。其缺点是可能导致模型对少数类样本过拟合。欠采样通过减少多数类样本的数量来平衡数据集。其优点是可以快速减少数据集大小，有助于减少计算负担。缺点是可能导致模型欠拟合，因为重要信息可能会在样本删除过程中丢失。

5. 随机森林算法通过构建多棵决策树并将它们组合起来解决单一决策树容易过拟合的问题。每棵树都是在数据集的不同随机子样本上训练得到的，使用有放回抽样（自助法），并且在分裂节点时随机选择特征子集。这种方法增加了模型的多样性，减少了单棵树对训练数据过度拟合的风险。当进行分类决策时，随机森林采取多数投票的方式，即选择出现次数最多的类别作为最终结果，从而提高了整体模型的准确性和泛化能力。

9 基于 BP 神经网络算法的企业价值评估

一、单选题

1. A 2. C 3. B 4. D 5. A 6. B 7. C 8. B 9. B 10. C

二、简答题

1. 在企业价值评估过程中，定量分析模型提供了一种科学和客观的方法来衡量企业的价值，通过财务指标、偿债能力、成长能力等量化数据进行评估。而主观估计的数据则考虑了那些难以量化的因素，如管理团队的质量、市场潜力、品牌价值等。结合这两种数据类型，可以从多个维度全面评估企业价值，既保证了评估的科学性和客观性，也兼顾了企业独特性和市场环境的变化，从而为投资者和管理当局提供准确、全面的决策支持。

2. 神经网络通过人工神经元（模拟人脑神经元）的集成来模拟人脑的功能。每个人工神经元接收多个输入(类似神经元的突触接收信号),并通过加权和(模拟神经元处理信息的方式)以及激活函数(模拟神经元的激活阈值)来产生输出。这些人工神经元被组织成层,包括输入层、一个或多个隐藏层和输出层。通过训练数据的输入,网络调整权重和偏差,以学习复杂的输入输出关系,从而在功能上模拟人脑处理信息、学习和记忆的能力。

3. BP网络的误差逆传播训练机制包括两个主要步骤:前向传播和反向传播。在前向传播阶段,输入数据通过网络前向传递,经过每一层的处理,最终产生输出结果。然后,计算输出结果与实际结果之间的误差。在反向传播阶段,这个误差会从输出层反向传播回网络的每一层,过程中根据误差梯度调整各层的权重和偏差,以减少输出误差。通过反复的前向传播和误差逆传播过程,网络逐渐学习到能够显著减少输出误差的权重和偏差,从而完成训练过程。

4. 解决自然语言处理问题时,神经网络可以通过学习文本数据中的复杂模式和关系来实现。首先,文本数据需要通过预处理转换为网络可以处理的格式,通常是将单词转换为向量(词嵌入)。然后,这些向量作为输入提供给神经网络。网络可能包括多层,如卷积层、循环层或Transformer层,以捕捉文本数据的序列性和上下文依赖性。通过训练过程,网络学习如何根据给定的任务(如情感分析、机器翻译、文本分类)对输入数据进行正确的预测或分类。最终,神经网络能够识别自然语言中的复杂模式,并对新的文本数据做出准确的响应或分析。

5. 企业价值评估在决策过程中至关重要,因为它为投资者和管理当局提供了企业当前价值的客观和全面的视角。通过评估,决策者可以了解企业在市场上的位置、财务健康状况以及潜在的成长机会,从而在投资、并购、融资或企业战略规划等关键决策时做出更加明智的选择。此外,企业价值评估还可以揭示企业内部管理和运营的潜在问题,为改进管理实践和提升业务绩效提供依据。总的来说,企业价值评估是支持高质量决策制定的基础,有助于企业实现长期的可持续发展。

10 基于文本分析算法的企业管理会计报告分析

一、单选题
1. A 2. A 3. C 4. D 5. D 6. C 7. A 8. D

二、多选题
1. ABC 2. ABD

三、简答题

1. 管理层语调是指公司高层或管理团队在公开场合发言时,对于公司未来的战略、业绩、市场竞争等问题的态度和用词。可以通过分析高管的讲话内容和情绪来推断公司的未来发展方向和战略。例如,如果管理层在讲话中强调创新和技术投资,可能意味着公司未来将加大研发方面的投入,推动产品创新和市场拓展。

2. 文本分析是对文本内容进行分析和挖掘的过程。文本分析的应用领域包括但不限于以下几个方面:

情感分析:用于分析社交媒体评论、消费者反馈等,以了解人们对产品或服务的情感倾向。

舆情分析：通过分析大众媒体、社交媒体等渠道上的信息，评估和预测公众对某个企业或品牌的态度和反应。

市场调研：通过分析消费者的需求、偏好和口碑，帮助企业做出市场定位和决策，优化产品和服务。

以情感分析为例，其应用场景可以是在社交媒体上分析用户对某个新发布的产品的评论，以了解用户对产品的情感倾向，从而帮助公司改进产品和市场营销策略。

3. 正则表达式是一种用来描述和匹配文本模式的方法。它主要用于文本的筛选、搜索和替换。正则表达式的基本语法包括：

字符匹配：使用普通字符来匹配文本中的相应字符。

元字符：使用特殊字符来匹配一组字符，如"\d"匹配一个数字字符。

量词：用来表示匹配字符、字符组或模式的次数，如"+"表示匹配一个或多个前面的元素。

边界匹配：用于匹配字符或单词的边界，如"\b"匹配一个单词的边界。

举例来说，使用正则表达式"\b[A-Za-z]+\b"可以匹配一个文本中的所有单词。

4. 语义网络是一种以网络格式表达人类知识构造的方式。语义网络由两个基本组成要素构成。

节点（也称为实体）：表示现实世界中的对象、概念或事物。

弧（也称为关系）：表示节点之间的语义联系或关系。

例如，对于动物的语义网络，"猫"可以是一个节点，"是"可以是一个弧，而"哺乳动物"可以是另一个节点。这样，通过节点和弧的组合，可以表示出动物之间的分类和关系，如"猫"是"哺乳动物"的子类。

5. 情感分析是对文本、声音、图像等多媒体数据进行分析，以识别和分析其中的情感色彩和意见倾向。

情感分析在不同领域具有广泛的应用场景。

社交媒体分析：通过分析用户在社交媒体上的帖子、评论和推文等，了解公众对某一事件、产品或服务的情感态度和舆论倾向。

品牌管理：通过监测消费者在互联网上对品牌的评价，了解品牌形象和声誉，并进行品牌战略调整。

用户调研：通过对用户反馈和意见进行情感分析，了解用户感受，优化产品和服务。

在以上举例的社交媒体分析中，情感分析可以帮助企业了解用户对新发布的产品或服务的情感倾向，以及用户对产品的满意度。这有助于企业及时调整产品和营销策略，满足用户需求，提升用户体验。

11 基于管理层驾驶舱的企业财务报表分析

一、单选题

1. B　2. D　3. D　4. A　5. A　6. A　7. D　8. C　9. D　10. A

二、简答题

1. 管理层驾驶舱的设计目的是为管理者提供一个直观、清晰的数据视图，通过集成和可视化企业的关键业务指标（KPI）、数据和信息，帮助管理者迅速了解企业的整体运营情况和业务绩效。通过图表、仪表盘和报表的可视化方式，展示关键指标的趋势、警示信号和异常情况，使管理者能够及时发现问题、分析原因并做出相应的决策。

2. 管理层驾驶舱通常整合多个数据源，包括财务、销售、生产、人力资源等领域的数据。这种综合性的数据整合为管理者提供全面的数据分析能力，使其能够综合考虑企业不同方面的信息，做出更全面的决策。

3. 管理层驾驶舱通过数据可视化和交互式功能，使管理者能够自定义查询和筛选数据，进行多维度的数据分析和比较。这有助于管理者发现业务模式、趋势和关联性，从而更好地制定战略、优化业务流程和提升绩效。通过图表和仪表盘的形式，数据以直观的方式呈现，让管理者更容易理解和利用数据来做出决策。

4. 财务报表分析旨在通过对企业的财务报表数据进行解读和分析，评估企业的盈利能力、营运能力、偿债能力和发展能力等方面的表现。通过深入分析财务指标，管理层和投资者可以更好地评估企业的财务状况和业绩，做出正确决策。